南海更路簿

中国人经略祖宗海的历史见证

《南海更路簿——中国人经略祖宗海的历史见证》编委会 编

海南出版社
HAINAN PUBLISHING HOUSE

图书在版编目（CIP）数据

南海更路簿：中国人经略祖宗海的历史见证 /《南海更路簿：中国人经略祖宗海的历史见证》编委会编. —海口：海南出版社，2016.6

ISBN 978-7-5443-6638-0

Ⅰ. ①南… Ⅱ. ①南… Ⅲ. ①南海诸岛—史料 Ⅳ. ①K296.6

中国版本图书馆 CIP 数据核字(2016)第 145702 号

南海更路簿——中国人经略祖宗海的历史见证

编　　者：《南海更路簿——中国人经略祖宗海的历史见证》编委会
责任编辑：何晓玲　卫淑霞
封面设计：黎花莉
印刷装订：海口永发印刷厂有限公司
出版发行：海南出版社
地址：海口市金盘开发区建设三横路 2 号
邮编：570216
电话：0898-66817036
经销：全国新华书店
开本：787 mm × 1092 mm　　1/16
字数：350 千字
印张：25
版次：2016 年 6 月第 1 版
印次：2016 年 6 月第 1 次印刷
书号：ISBN 978-7-5443-6638-0
定价：98.00 元

《南海更路簿——中国人经略祖宗海的历史见证》编委会

前 言

一叶风帆逐风破浪，描绘海洋文明经纬；富足琼岛坐拥南海，见证海上丝路古今。

自古以来，我国劳动人民就经营开发南海，浩渺烟波印映了千年的帆影，座座岛礁留下了先人的足迹。靠着手中代代相传的更路簿，琼海潭门及附近沿海的渔民扬帆南海，搏击风浪。他们闯岛礁，下海作业，收获丰富的渔获物；下南洋，以货易货，开创丝路传奇。历史的帆影虽已远去，现在行船已不再需要更路簿，但这一本本凝结着海南渔民汗水、智慧和生命的手抄小册子，已成为我国人民经略南海的历史见证、海上丝路航线的珍贵遗存，更是研究世界海洋文明和我国海洋文化的宝贵读本。

当先进的卫星定位代替了渔民手中的更路簿和罗盘，那一代靠更路簿闯荡南海的潭门渔民已垂垂老矣。手抄本的更路簿自此散落民间，或灰尘满面，或黯然湮灭，或不知所终。随着老一代渔民的离去和手抄本的消失，承载着灿烂海上传奇的更路簿，也将嵌入历史。为了彰显海南渔民的历史功勋，传承他们热爱祖宗海的深厚情怀和不畏艰难、勇于开拓的探索精神，尽可能地保留住更路簿文化和老一代渔民的历史记忆，我们编辑出版了《南海更路簿——中国人经略祖宗海的历史见证》一书。本书以研究学者对更路簿的形成、作用、传承、意义的阐释和使用更路簿的老渔民的口述历史，以及《人民日报》等国内大媒体、《海南日报》等省内主流媒体对保护更路簿文化的呼吁为依据，讲述我国人民经略祖宗海、开拓海上丝路的历史故事，旨在推动海洋意识、海洋文化的培育和普及，促进海南海洋强省建设和发展，为海南建设二十一世纪海上丝绸之路重要支点提供历史和文化支撑。

《南海更路簿——中国人经略祖宗海的历史见证》
编委会

目录

第一章

史海钩沉

第一节　珍贵历史图片

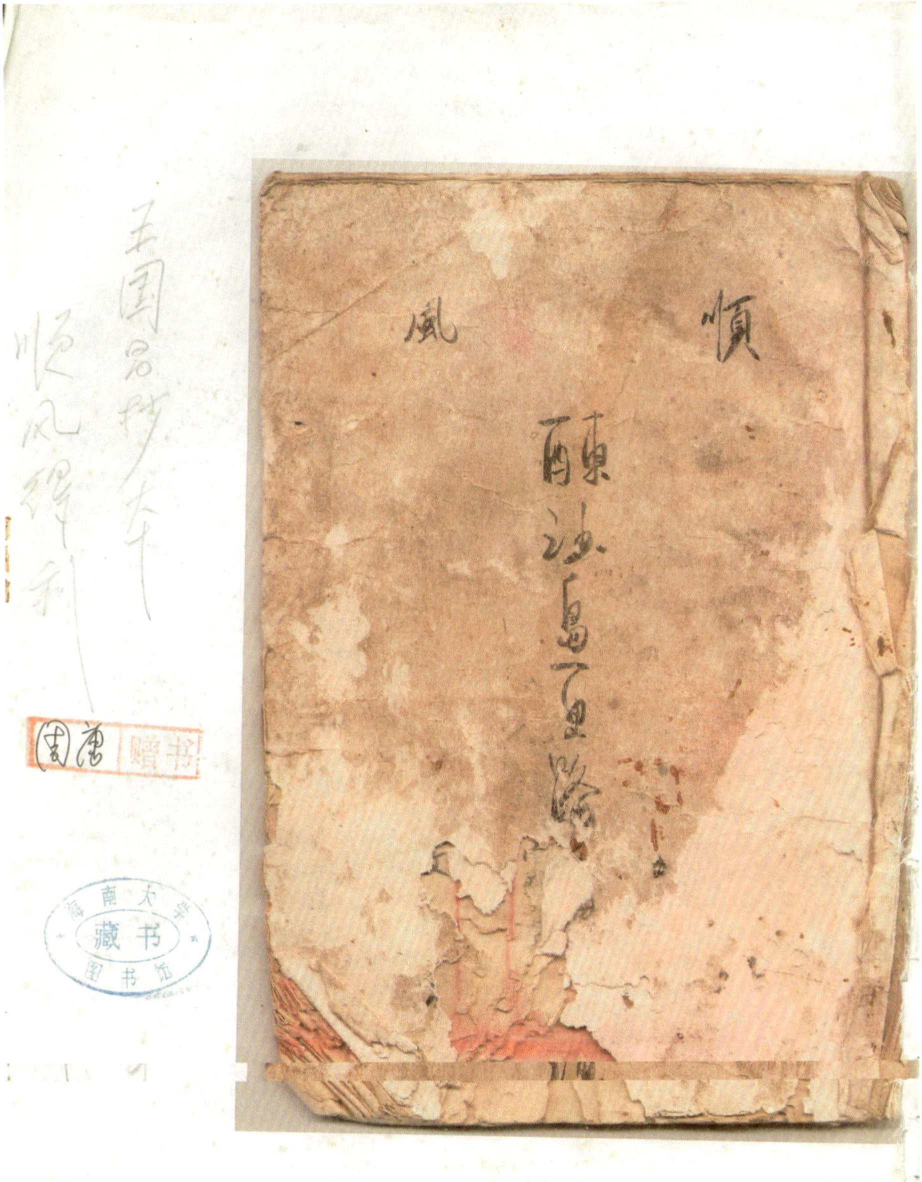

◎《顺风东西沙岛更路簿》封面

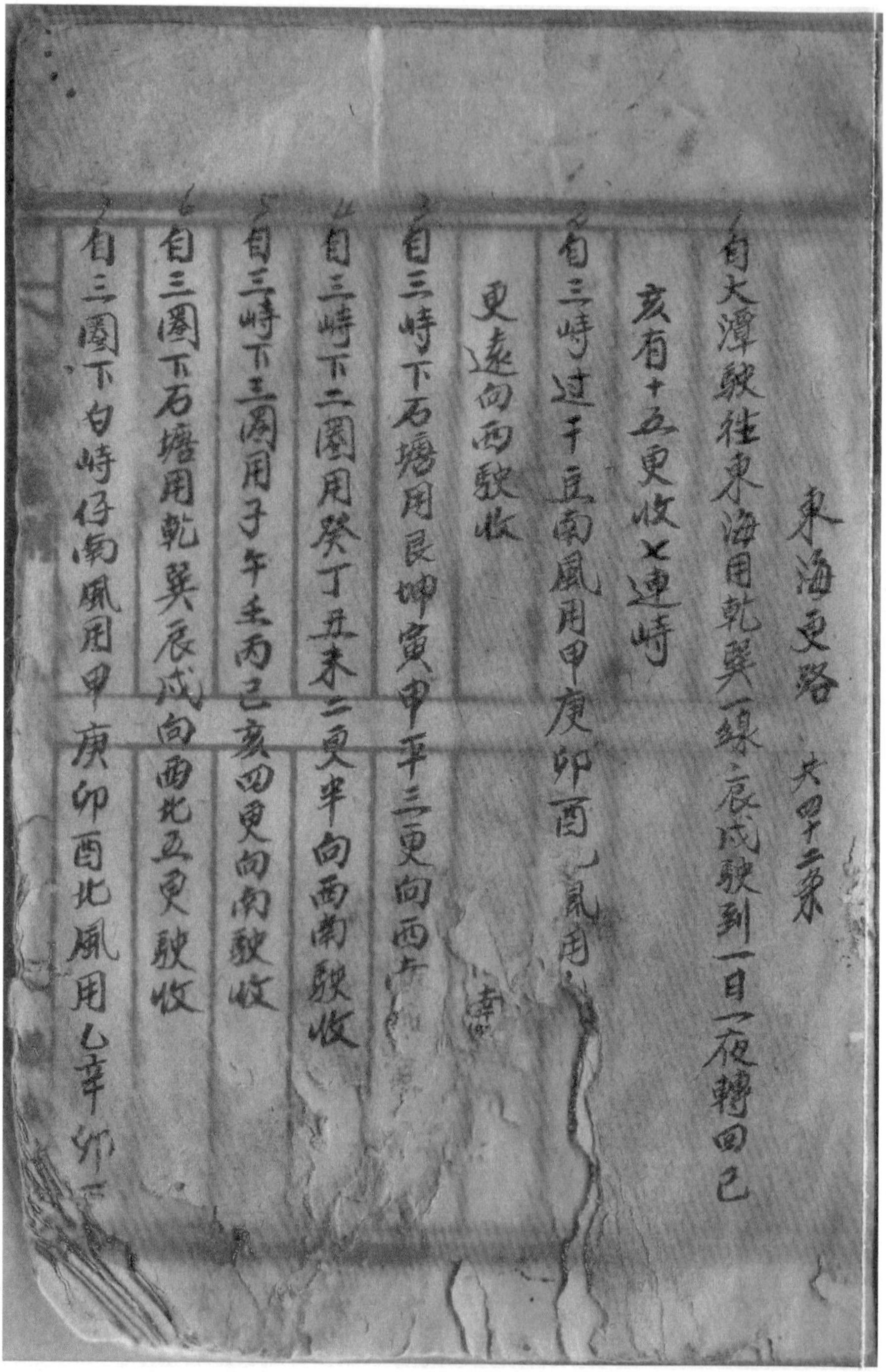
東海更路 共四十二条
自大潭駛往東海用乾巽一線辰戌駛到一日一夜轉回巳
亥有十五更收七連峙
自三峙過干豆南風用甲庚卯酉 風用
更遠向西駛收
自三峙下石塘用艮坤寅申平三更向西
自三峙下二圈用癸丁丑未二更半向西南駛收
自三峙下三圈用子午壬丙巳亥四更向南駛收
自三圈下石塘用乾巽辰戌向西北五更駛收
自三圈下白峙仔南風用甲庚卯酉北風用乙辛卯

◎《顺风东西沙岛更路簿》第一页

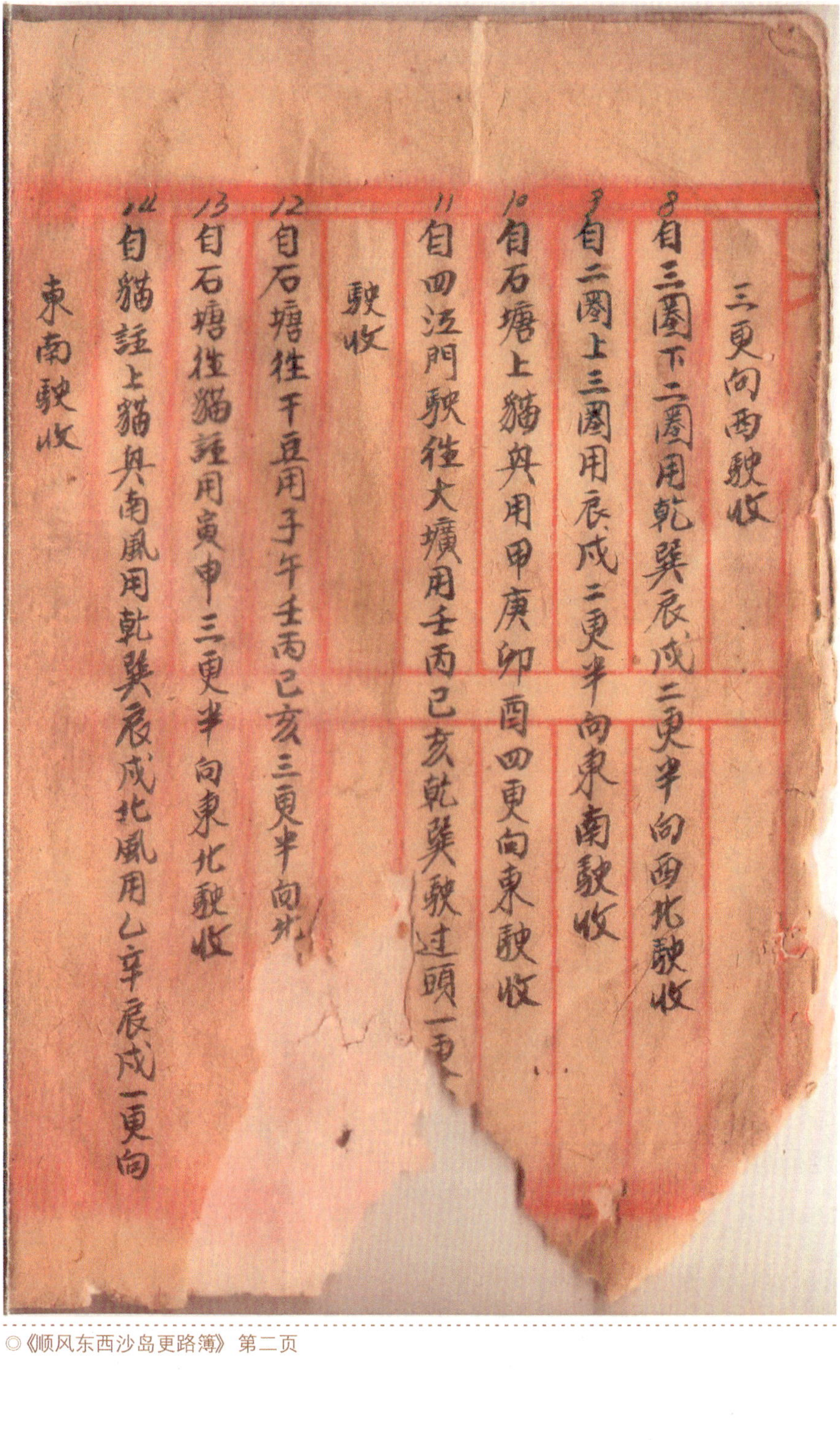
三更向西駛收
8 自三圈下二圈用乾巽辰戌二更半向西北駛收
9 自二圈上三圈用辰戌二更半向東南駛收
10 自石塘上貓興用甲庚卯酉四更向東駛收
11 自四江門駛往大壙用壬丙巳亥乾巽駛过頭一更
12 自石塘往干豆用子午壬丙巳亥三更半向外
駛收
13 自石塘往貓註用寅申三更半向東北駛收
14 自貓註上貓興南風用乾巽辰戌北風用乙辛辰戌一更向
東南駛收

◎《顺风东西沙岛更路簿》第二页

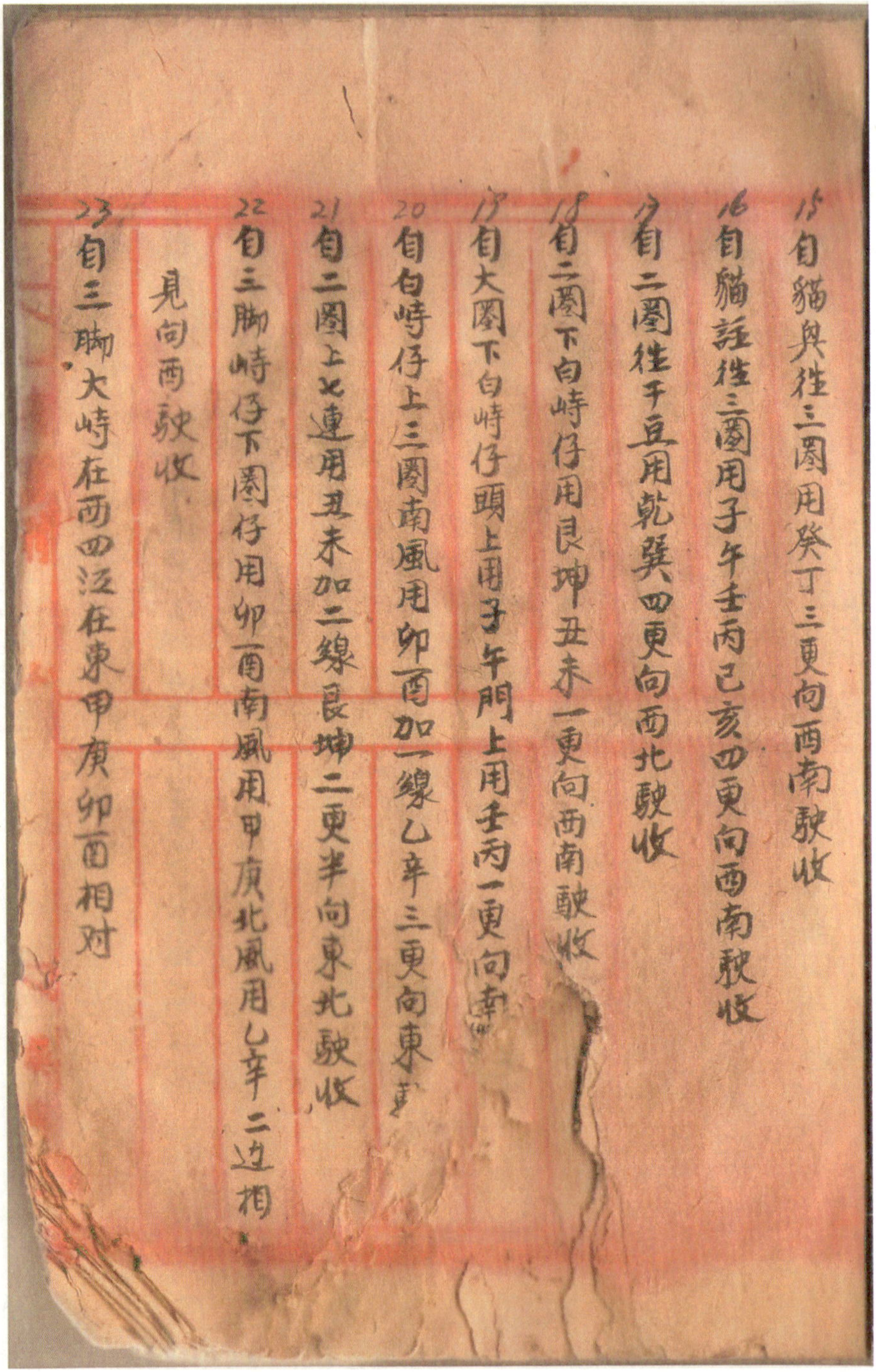
15 自貓興往三圈用癸丁三更向西南駛收
16 自貓註往三圈用子午壬丙巳亥四更向西南駛收
17 自二圈往干豆用乾巽四更向西北駛收
18 自二圈下白峙仔用艮坤丑未一更向西南駛收
19 自大圈下白峙仔頭上用子午門上用壬丙一更向南
20 自白峙仔上三圈南風用卯酉加一線乙辛三更向東
21 自二圈上七連用丑未加二線艮坤二更半向東北駛收
22 自三腳峙仔下圈仔用卯酉南風用甲庚北風用乙辛二边相
見向西駛收
23 自三腳大峙在西四江在東甲庚卯酉相对

◎《顺风东西沙岛更路簿》第三页

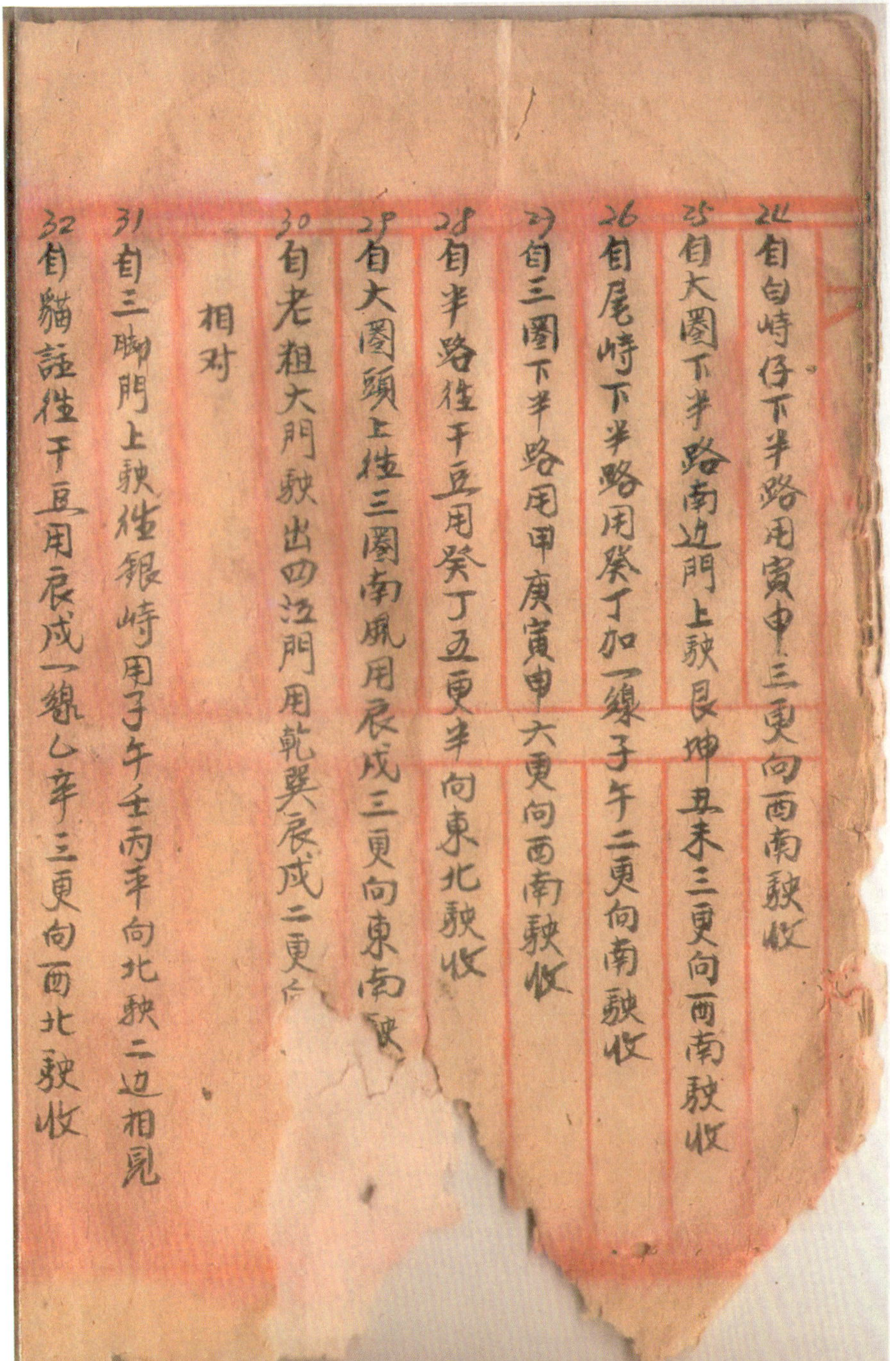
24 自白峙仔下半路用寅申三更向西南駛收
25 自大圈下半路南边門上駛艮坤丑未三更向西南駛收
26 自尾峙下半路用癸丁加一線子午二更向南駛收
27 自三圈下半路用甲庚寅申六更向西南駛收
28 自半路往干豆用癸丁五更半向東北駛收
29 自大圈頭上往三圈南風用辰戍三更向東南駛
30 自老祖大門駛出四边門用乾巽辰戍二更向
相对
31 自三脚門上駛往銀峙用子午壬丙平向北駛二边相見
32 自貓註往干豆用辰戍一線乙辛三更向西北駛收

◎《顺风东西沙岛更路簿》第四页

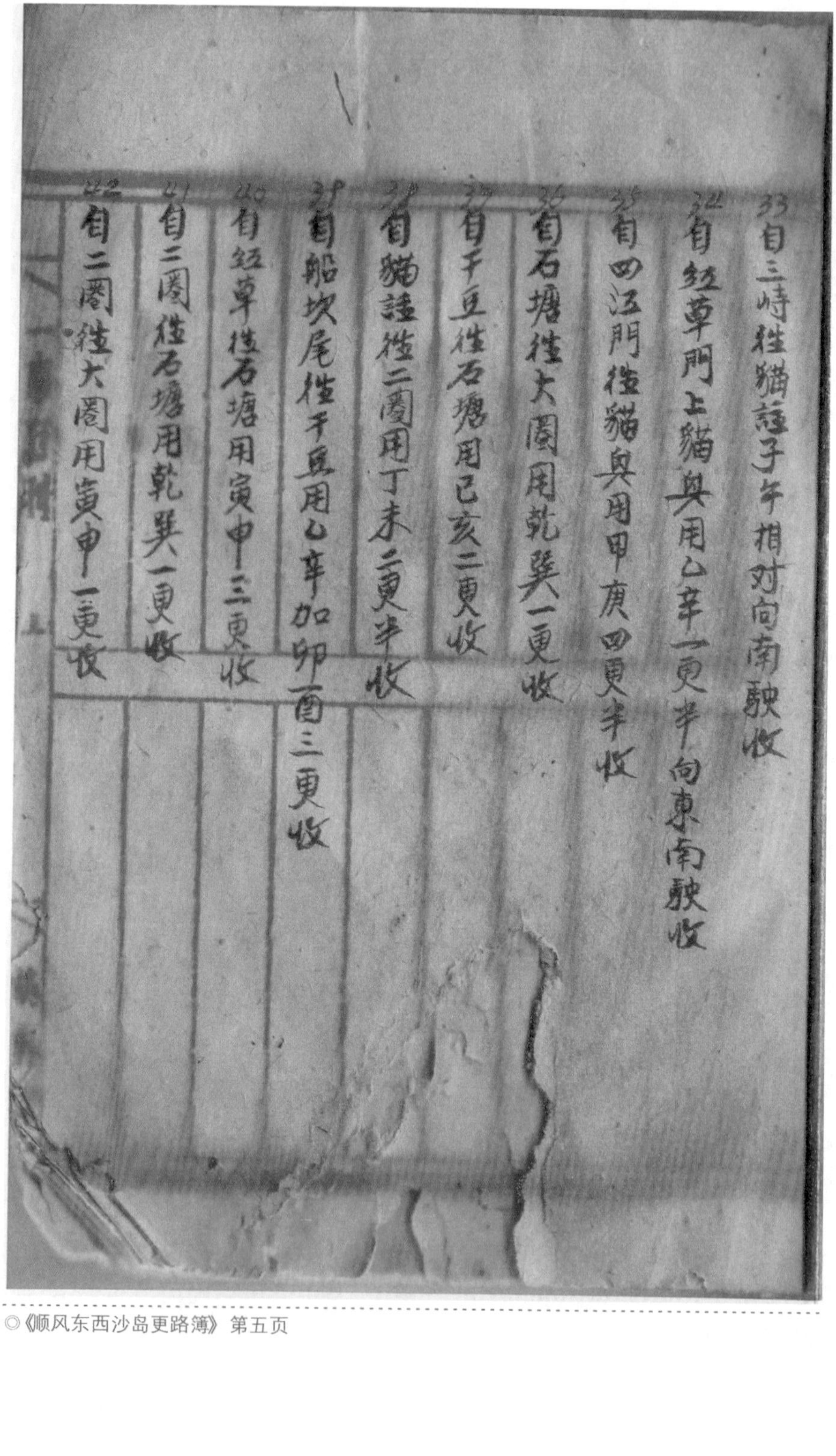

33 自三峙往貓註子午相对向南駛收
34 自紅草門上貓興用乙辛一更半向東南駛收
35 自四江門往貓興用甲庚四更半收
36 自石塘往大圈用乾巽一更收
37 自干豆往石塘用巳亥二更收
38 自貓註往二圈用丁未二更半收
39 自船坎尾往干豆用乙辛加卯酉三更收
40 自紅草往石塘用寅申三更收
41 自二圈往石塘用乾巽一更收
42 自二圈往大圈用寅申一更收

◎《顺风东西沙岛更路簿》第五页

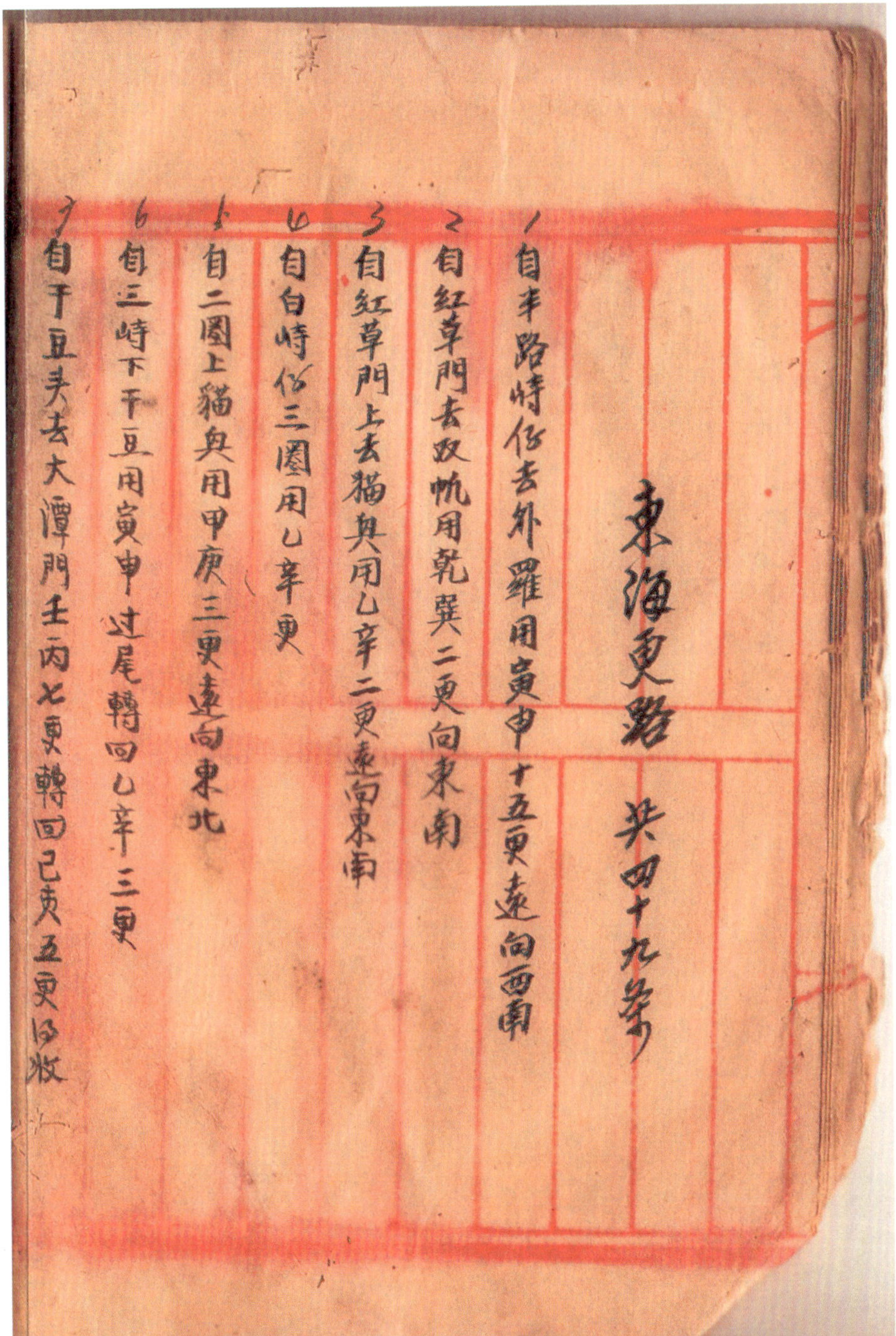

東海更路 共四十九条

1 自半路峙仔去外羅用寅申十五更遠向西南

2 自紅草門去双帆用乾巽二更向東南

3 自紅草門上去貓興用乙辛二更遠向東南

4 自白峙仔三圈用乙辛更

5 自二圈上貓興用甲庚三更遠向東北

6 自三峙下干豆用寅申过尾轉回乙辛三更

7 自干豆头去大潭門壬丙七更轉回已亥五更収妝

◎《顺风东西沙岛更路簿》第六页

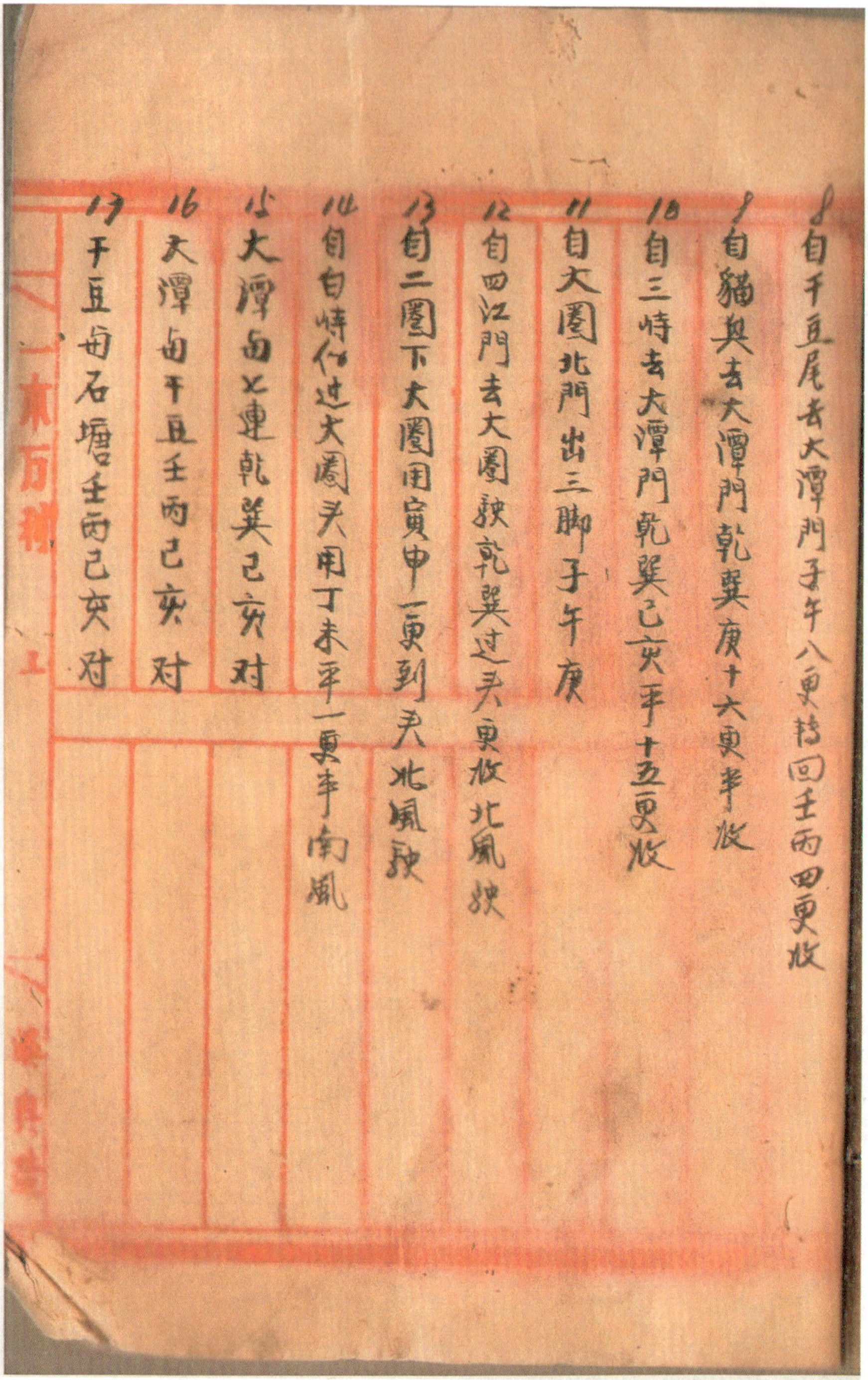
8 自干豆尾去大潭門子午八更转回壬丙四更收
9 自貓興去大潭門乾巽庚十大更平收
10 自三峙去大潭門乾巽巳亥平十五更收
11 自大圈北門出三脚子午庚
12 自四江門去大圈駛乾巽过头更收北風駛
13 自二圈下大圈用寅申一更到头北風駛
14 自白峙仔过大圈头用丁未平一更半南風
15 大潭由乙連乾巽巳亥对
16 大潭由干豆壬丙巳亥对
17 干豆由石塘壬丙巳亥对

◎《顺风东西沙岛更路簿》第七页

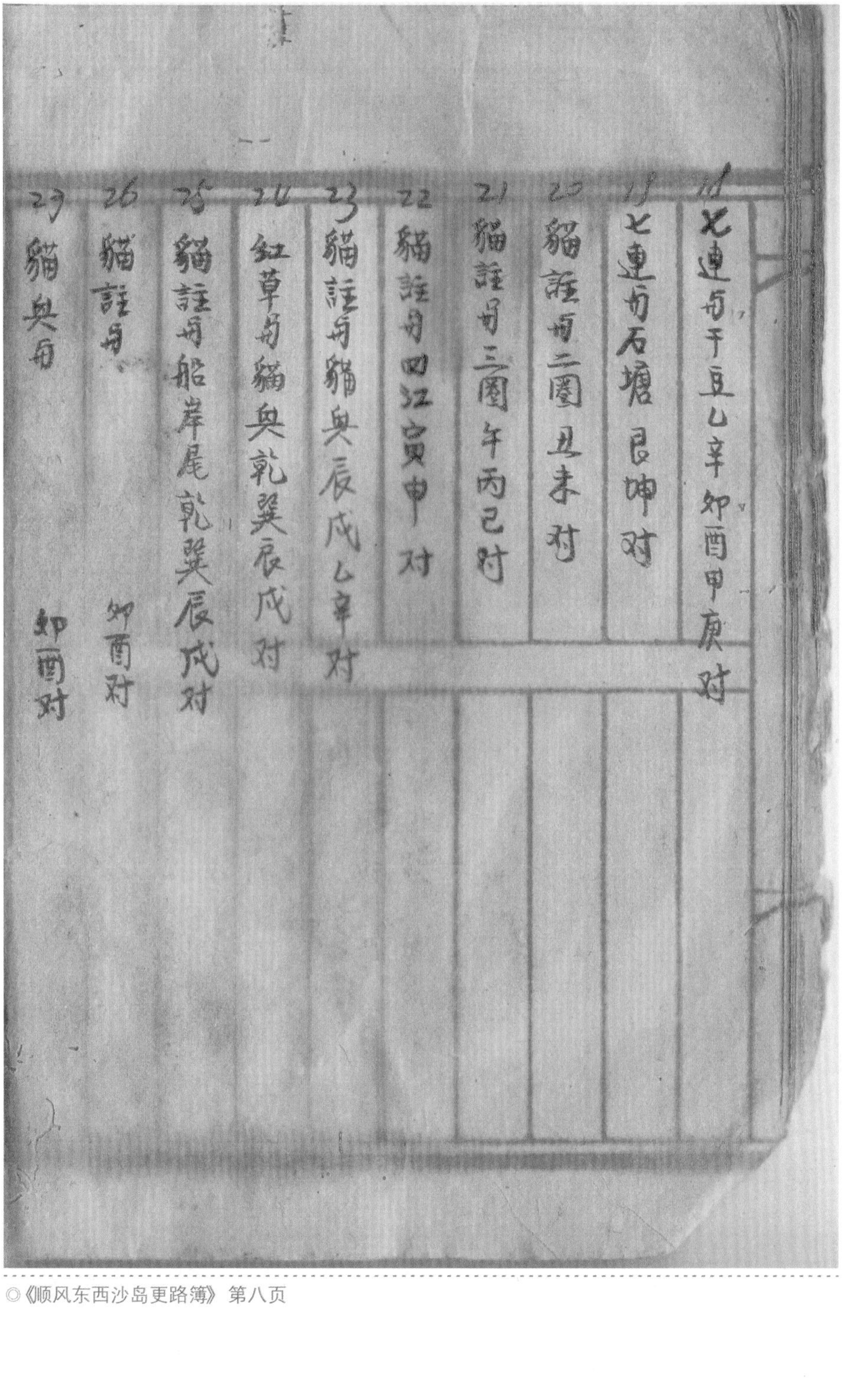

18 七連去干豆乙辛卯酉甲庚对
19 七連去石塘艮坤对
20 貓註去二圈丑未对
21 貓註去三圈午丙巳对
22 貓註去四江寅申对
23 貓註去貓興辰戌乙辛对
24 紅草去貓興乾巽辰戌对
25 貓註去船岸尾乾巽辰戌对
26 貓註去卯酉对
27 貓興去卯酉对

◎《顺风东西沙岛更路簿》第八页

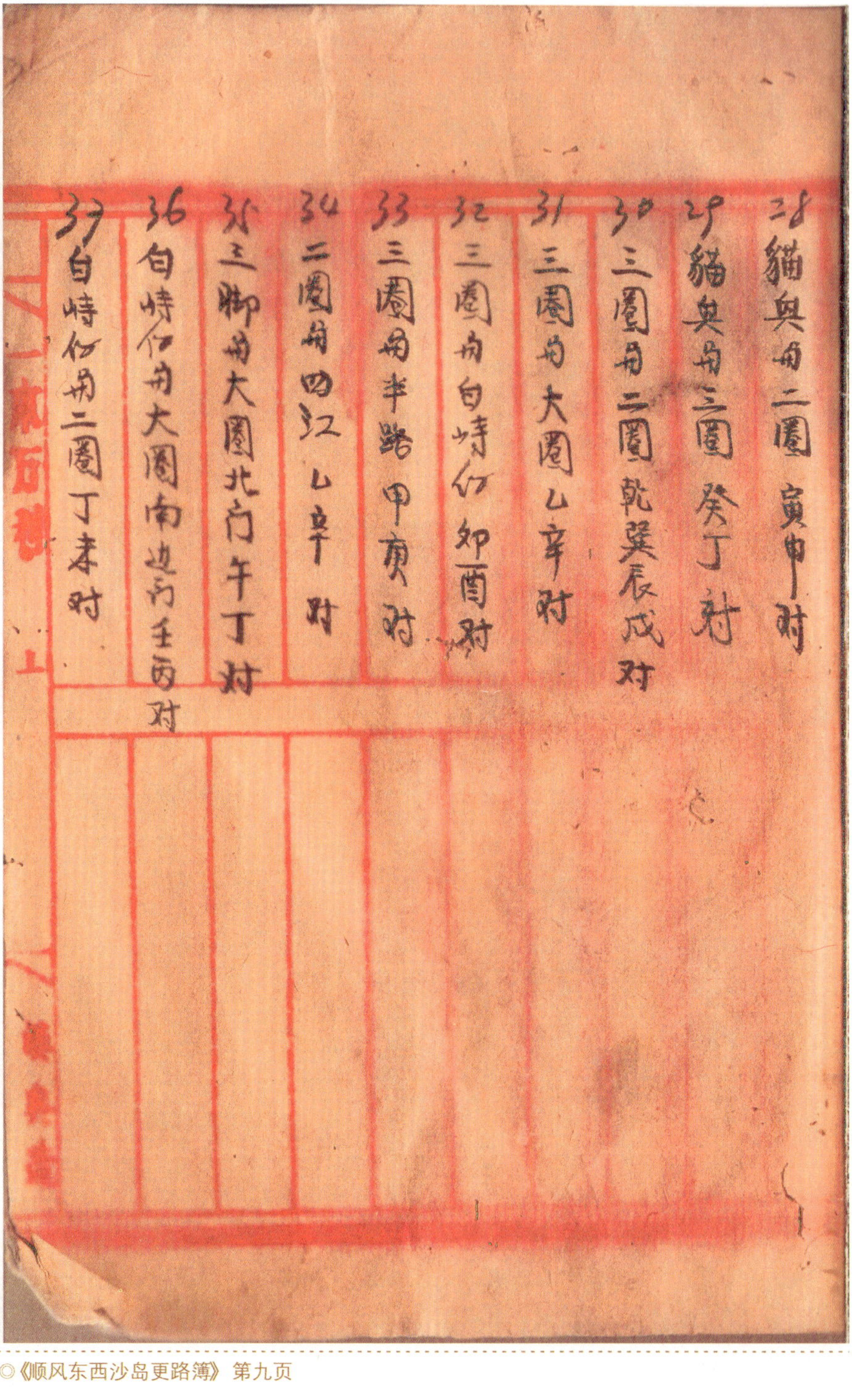
28 貓興去二圈 寅申對
29 貓興去三圈 癸丁對
30 三圈去二圈 乾巽辰戌對
31 三圈去大圈 乙辛對
32 三圈去白峙仔 卯酉對
33 三圈去半路 甲庚對
34 二圈去四江 乙辛對
35 三腳去大圈北門 午丁對
36 白峙仔去大圈南邊門 壬丙對
37 白峙仔去二圈 丁未對

◎《顺风东西沙岛更路簿》第九页

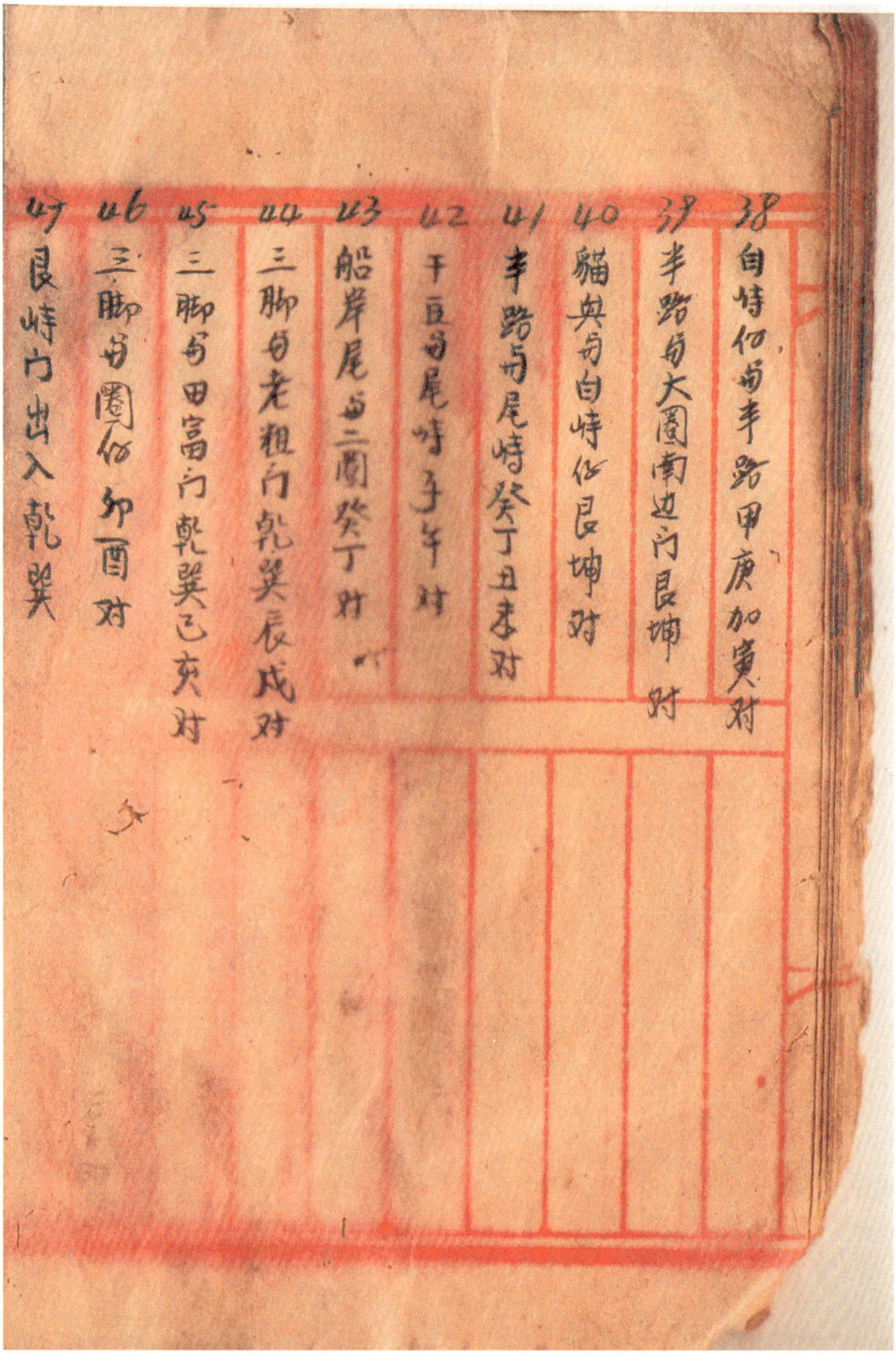
38 白峙仔与半路甲庚加寅对
39 半路与大圈南边门艮坤对
40 貓兴与白峙仔艮坤对
41 半路与尾峙癸丁丑未对
42 干豆与尾峙子午对
43 船岸尾与三圈癸丁对
44 三脚与老粗门乾巽辰戌对
45 三脚与田富门乾巽巳亥对
46 三脚与圈仔卯酉对
47 艮峙门出入乾巽

◎《顺风东西沙岛更路簿》第十页

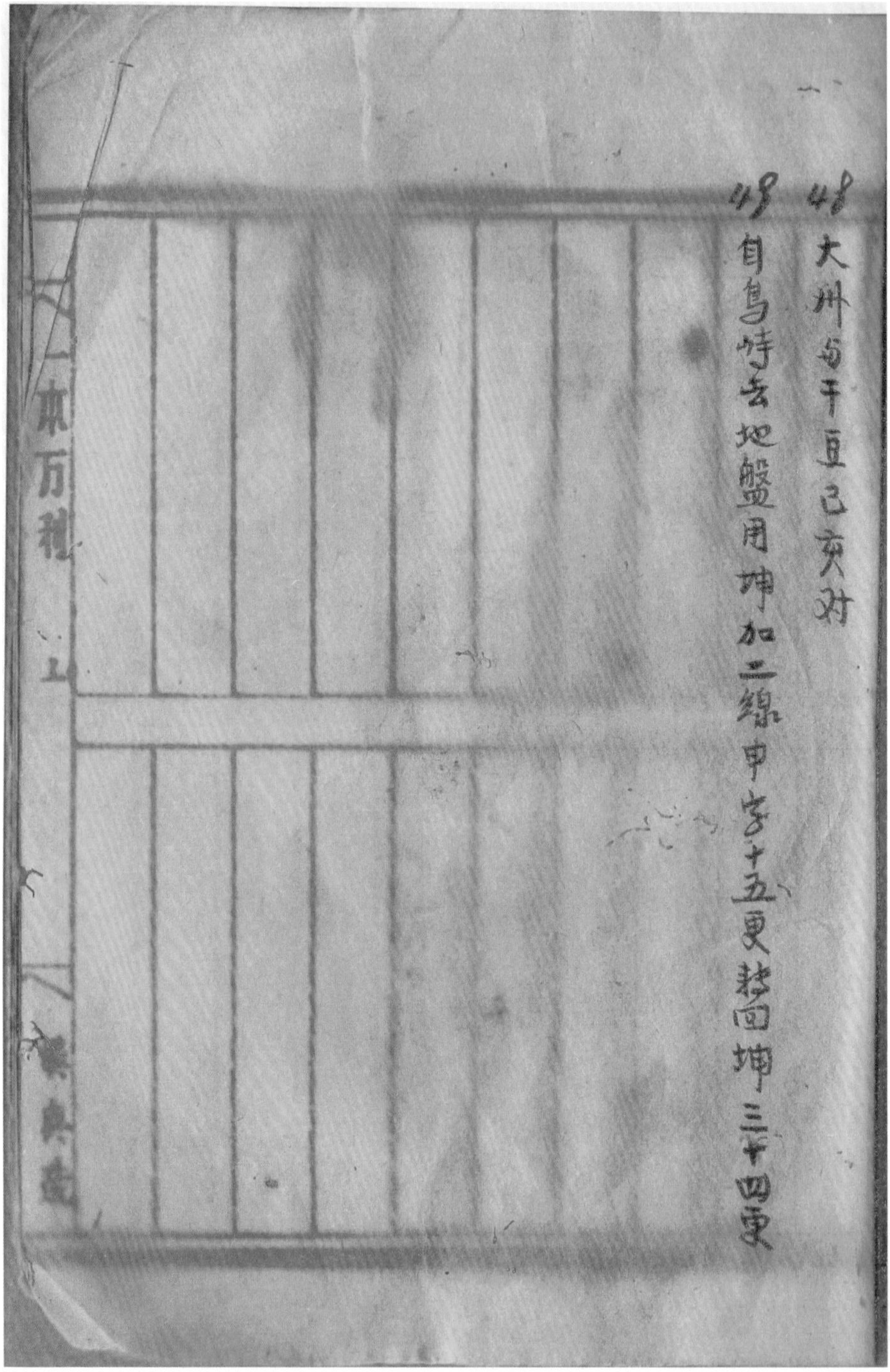

◎《顺风东西沙岛更路簿》第十一页

◎《顺风东西沙岛更路簿》空白页

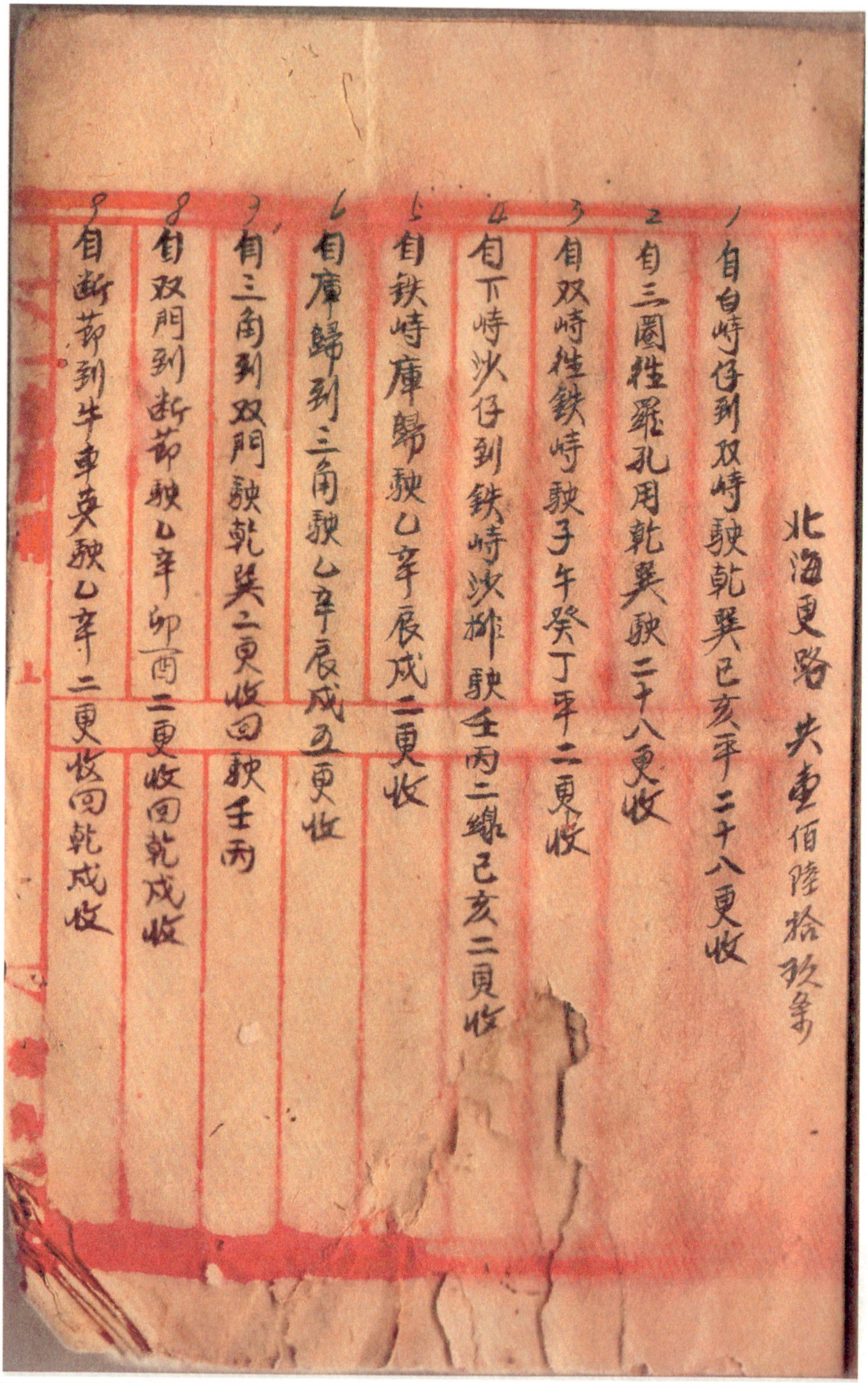

北海更路 共壹佰陆拾玖条

1 自白峙仔到双峙駛乾巽巳亥平二十八更收

2 自三圈往羅孔用乾巽駛二十八更收

3 自双峙往鉄峙駛子午癸丁平二更收

4 自下峙沙仔到鉄峙沙排駛壬丙二線巳亥二更收

5 自鉄峙庫歸駛乙辛辰戌二更收

6 自庫歸到三角駛乙辛辰戌五更收

7 自三角到双門駛乾巽二更收回駛壬丙

8 自双門到断節駛乙辛卯酉二更收回乾戌收

9 自断節到牛車英駛乙辛二更收回乾戌收

◎《顺风东西沙岛更路簿》第十二页

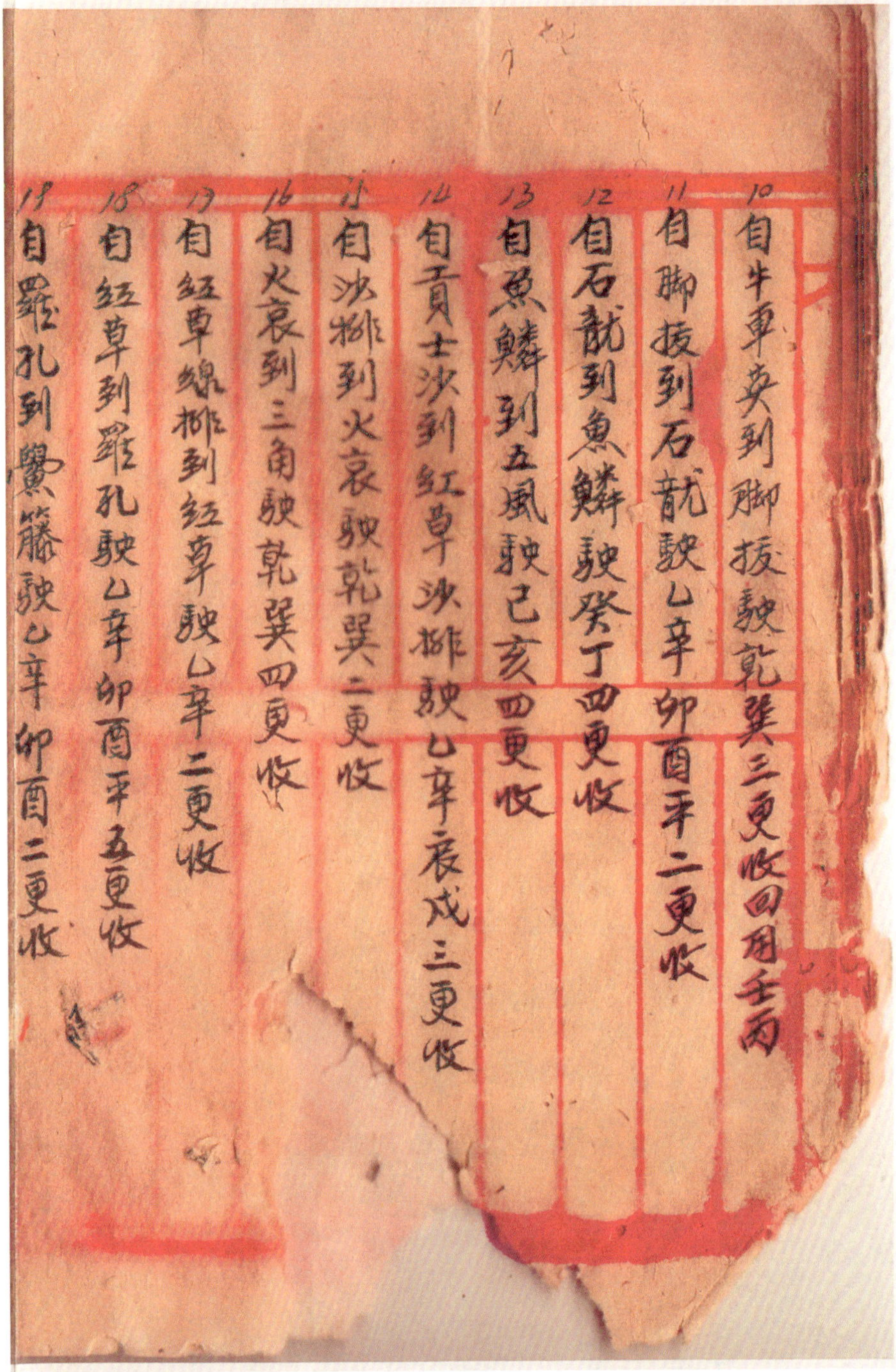
10 自牛車英到脚拔駛乾巽三更收回用壬丙
11 自脚拔到石龍駛乙辛卯酉平二更收
12 自石龍到魚鱗駛癸丁四更收
13 自魚鱗到五風駛巳亥四更收
14 自貢士沙到紅草沙排駛乙辛辰戌三更收
15 自沙排到火哀駛乾巽二更收
16 自火哀到三角駛乾巽四更收
17 自紅草線排到紅草駛乙辛二更收
18 自紅草到羅孔駛乙辛卯酉平五更收
19 自羅孔到鱟藤駛乙辛卯酉二更收

◎《顺风东西沙岛更路簿》第十三页

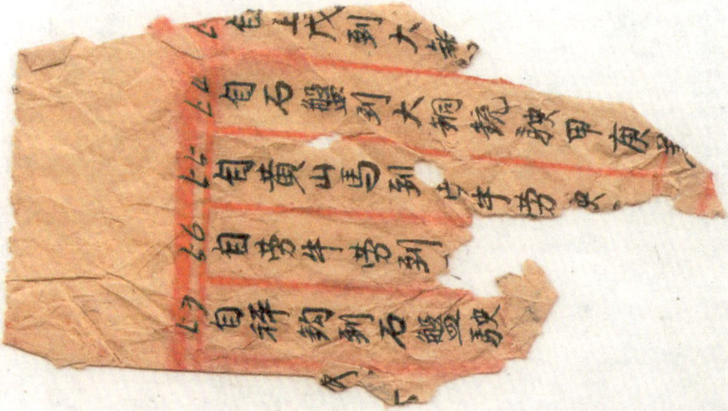

◎《顺风东西沙岛更路簿》第十四页

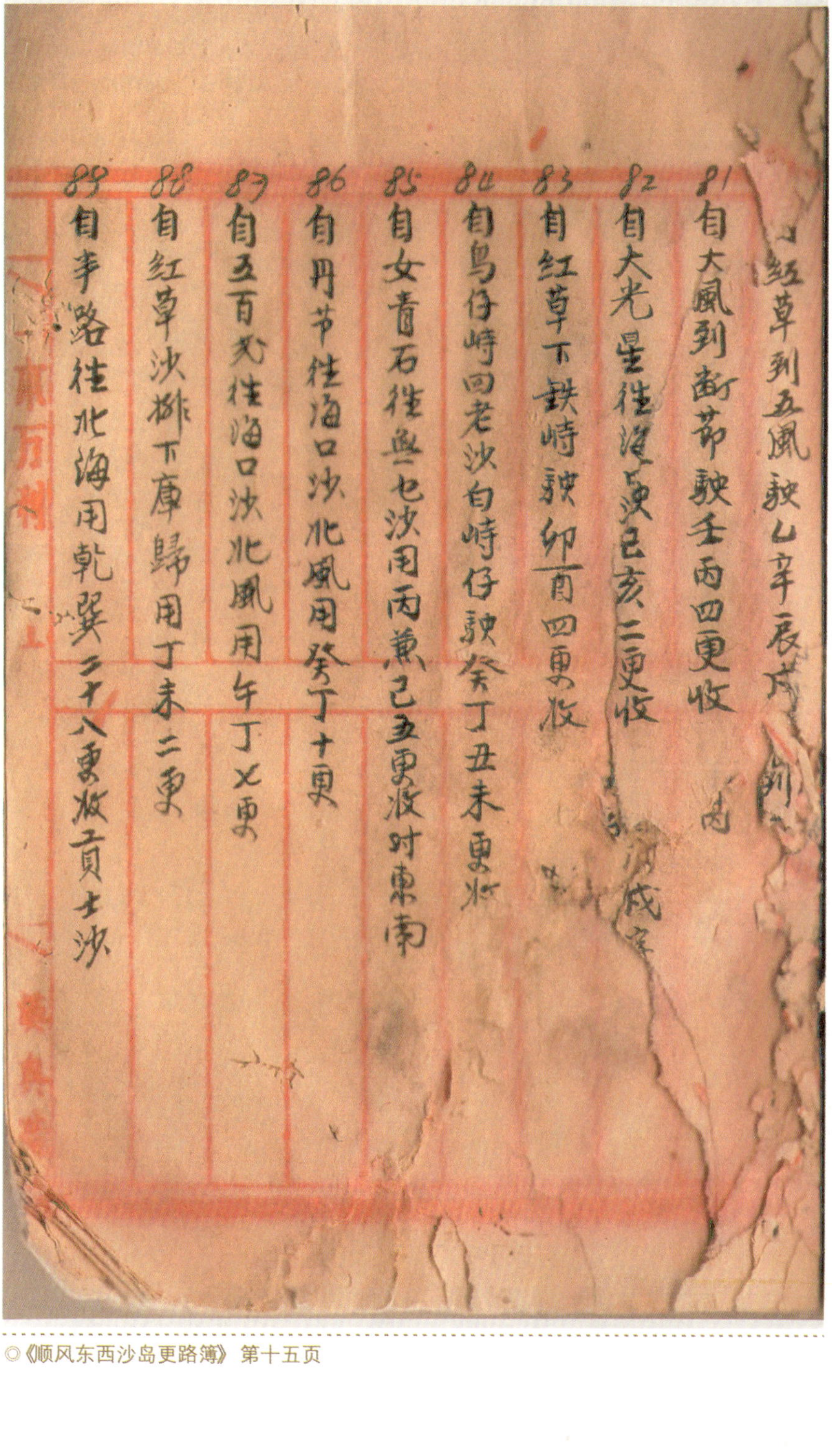

紅草到五風駛乙辛辰戌

81 自大風到斷節駛壬丙四更收

82 自大光星往[illegible][illegible]巳亥二更收

83 自紅草下鉄峙駛卯酉四更收

84 自鳥仔峙回老沙白峙仔駛癸丁丑未更收

85 自女青石往無乜沙用丙兼巳亥五更收对東南

86 自丹节往海口沙北風用癸丁十更

87 自五百[illegible]往海口沙北風用午丁乂更

88 自紅草沙排下庫歸用丁未二更

89 自李路往北海用乾巽二十八更收貢士沙

◎《顺风东西沙岛更路簿》第十五页

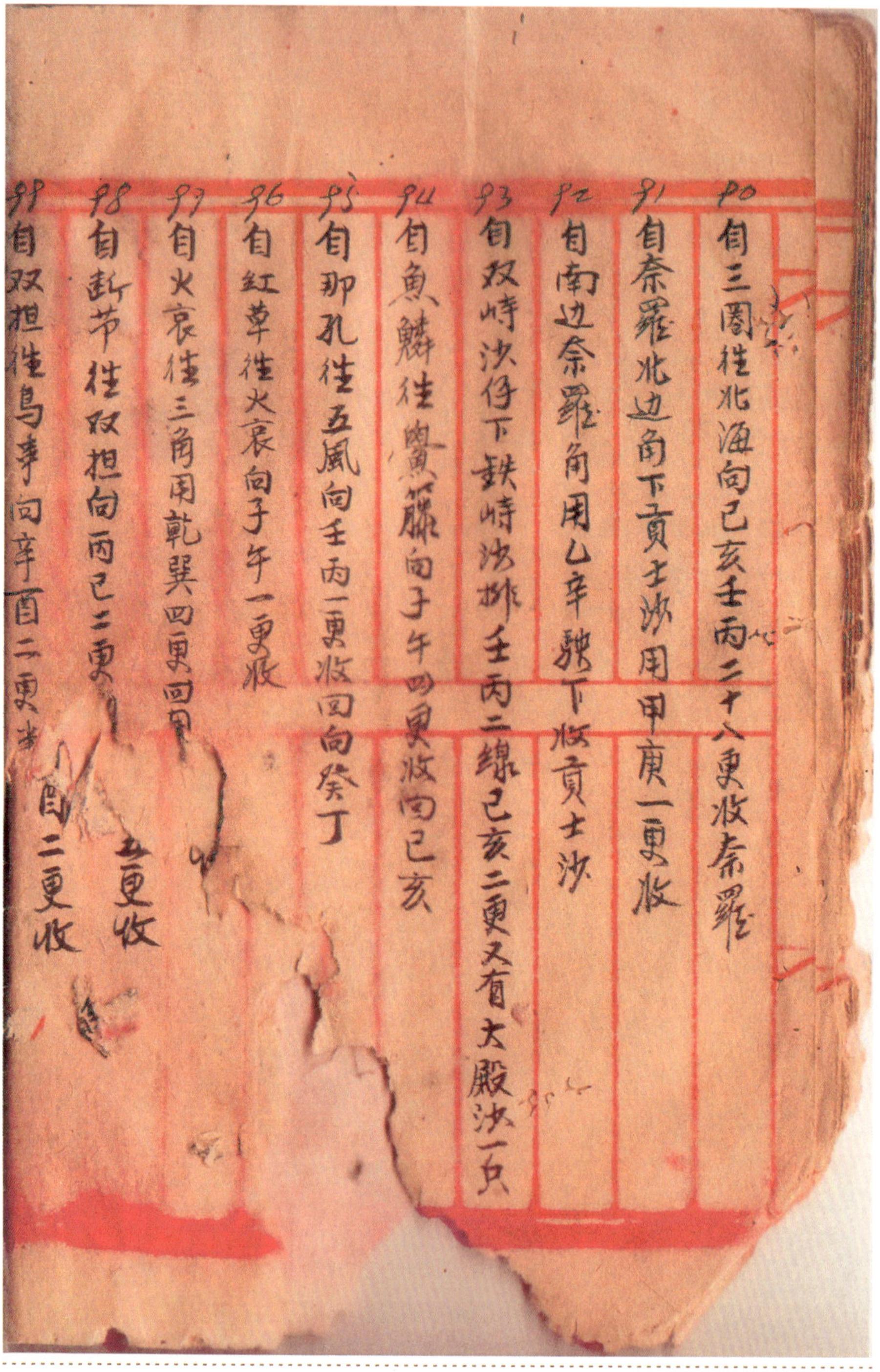
90 自三圈往北海向巳亥壬丙二十八更收奈罗
91 自奈罗北边角下贡士沙用甲庚一更收
92 自南边奈罗角用乙辛驶下收贡士沙
93 自双峙沙仔下铁峙沙排壬丙二线巳亥二更又有大殿沙一只
94 自鱼鳞往黄藤向子午四更收向巳亥
95 自聊孔往五風向壬丙一更收回向癸丁
96 自红草往火哀向子午一更收
97 自火哀往三角用乾巽四更回[illegible]
98 自断节往双担向丙巳二更[illegible]五更收
99 自双担往鸟串向辛酉二更半[illegible]酉二更收

◎《顺风东西沙岛更路簿》第十六页

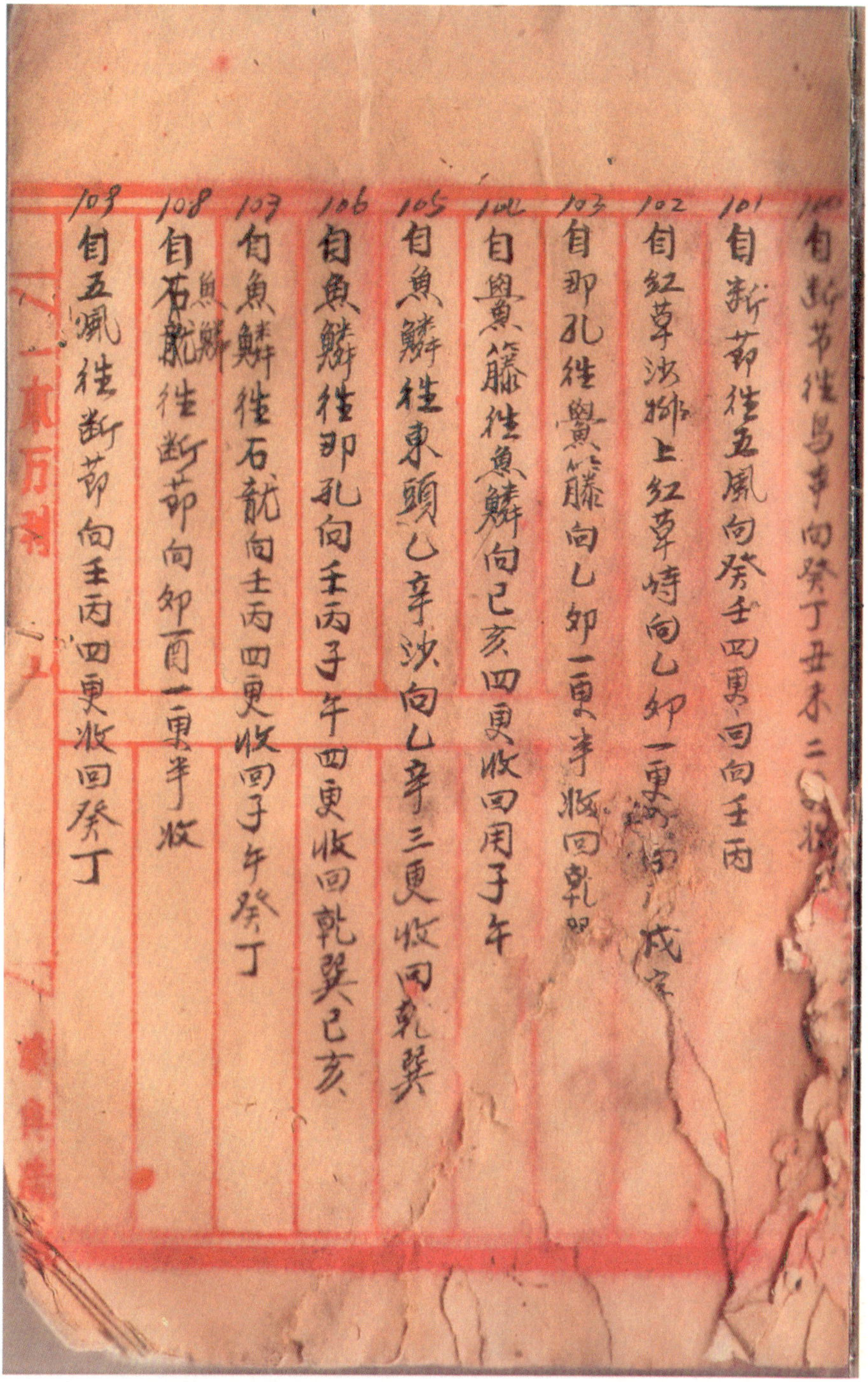

◎《顺风东西沙岛更路簿》第十七页

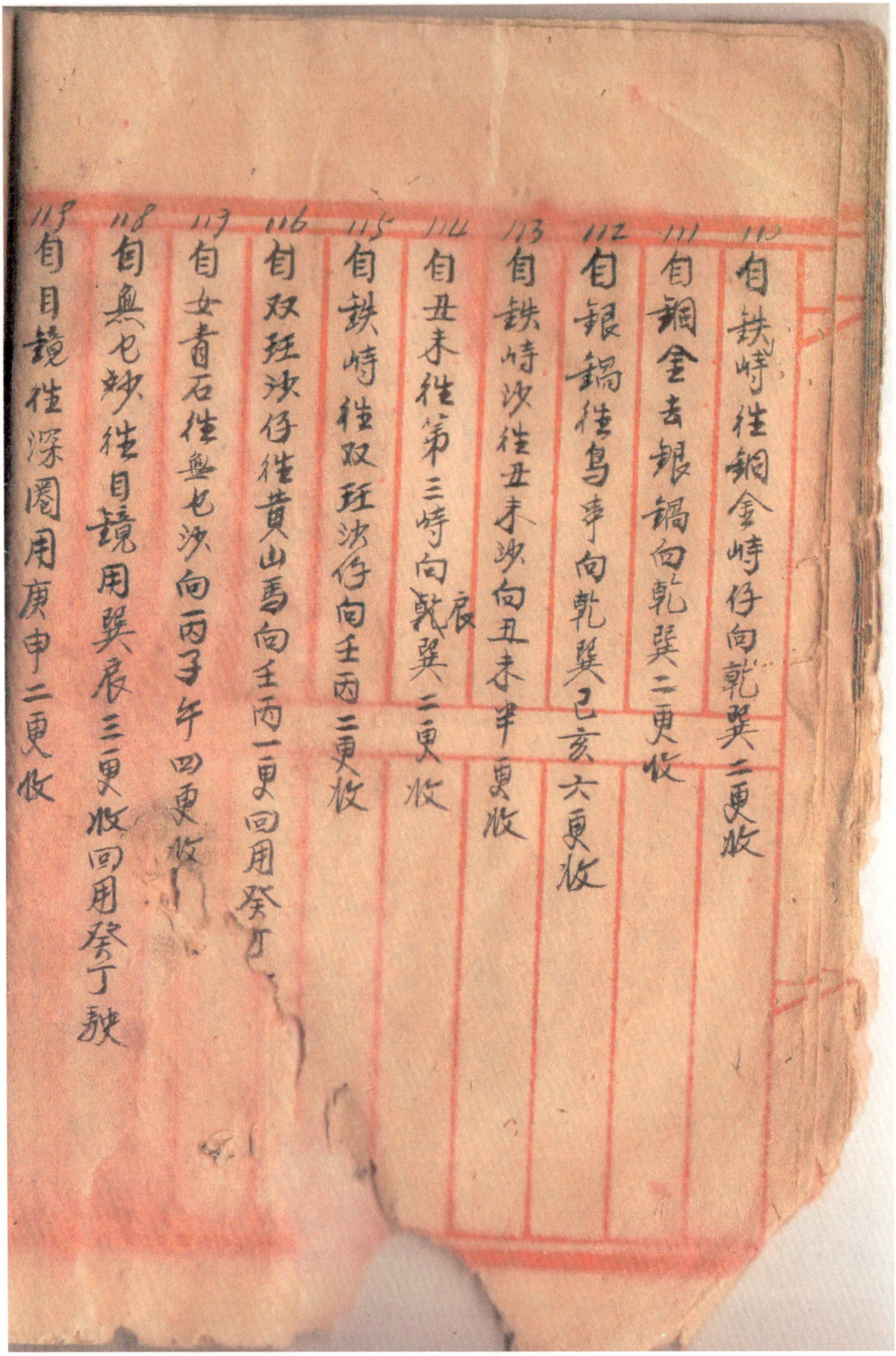

110 自铁峙往铜金峙仔向乾巽二更收

111 自铜金去银锅向乾巽二更收

112 自银锅往乌串向乾巽巳亥六更收

113 自铁峙沙往丑未沙向丑未半更收

114 自丑未往第三峙向乾巽辰二更收

115 自铁峙往双担沙仔向壬丙二更收

116 自双担沙仔往黄山马向壬丙一更回用癸丁

117 自女青石往无乜沙向丙子午四更收

118 自无乜沙往目镜用巽辰三更收回用癸丁驶

119 自目镜往深圈用庚申二更收

◎《顺风东西沙岛更路簿》第十八页

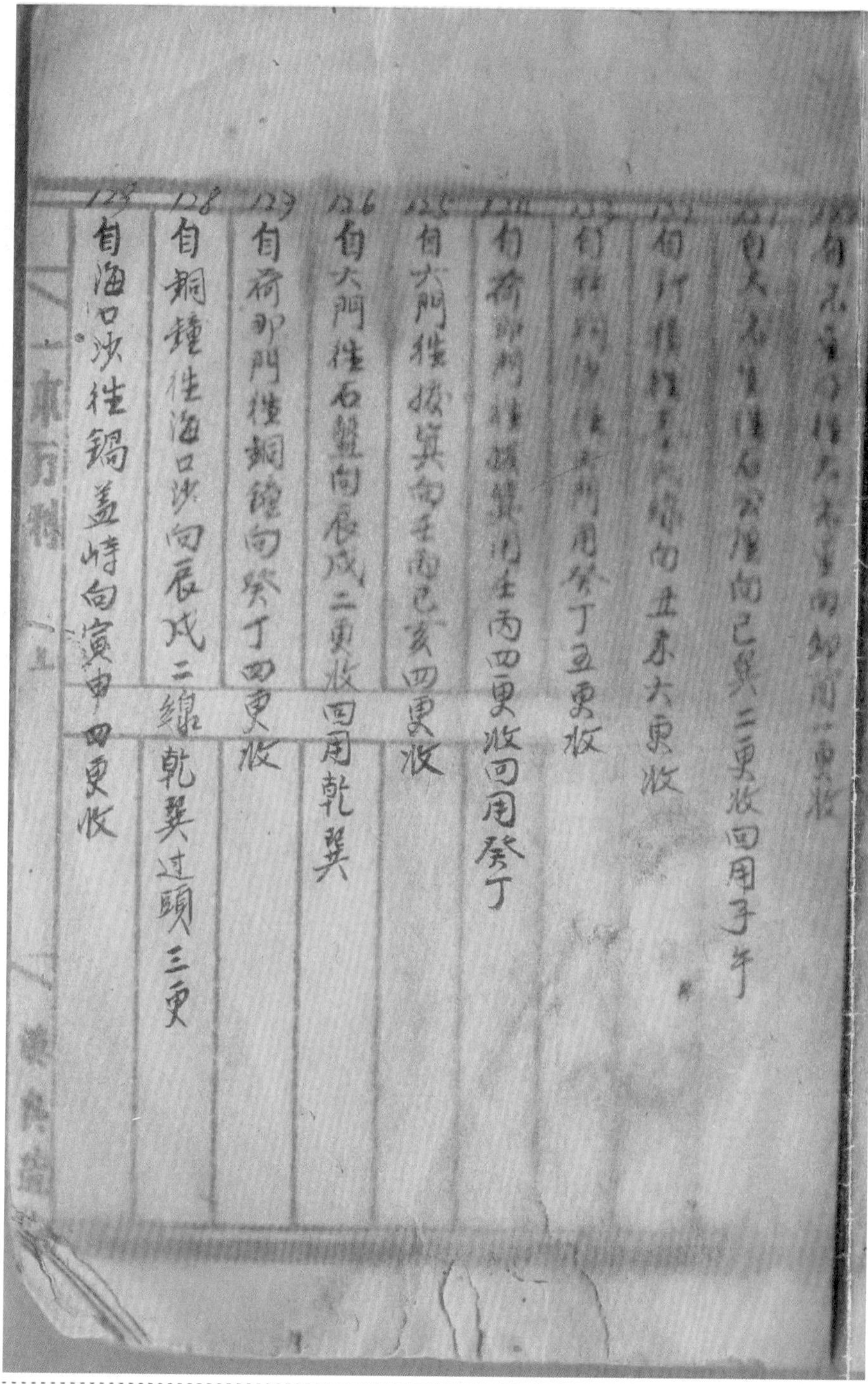

120 自[illegible]向卯酉一更收

121 自大石塘往石公厘向巳巽二更收回用子午

122 自竹根往[illegible]向丑未六更收

123 自[illegible]門用癸丁五更收

124 自荷耶門往[illegible]用壬丙四更收回用癸丁

125 自大門往撥眞向壬丙巳亥四更收

126 自大門往石盤向辰戌二更收回用乾巽

127 自荷耶門往銅鐘向癸丁四更收

128 自銅鐘往海口沙向辰戌二線乾巽过頭三更

129 自海口沙往鍚盖峙向寅申四更收

◎《顺风东西沙岛更路簿》第十九页

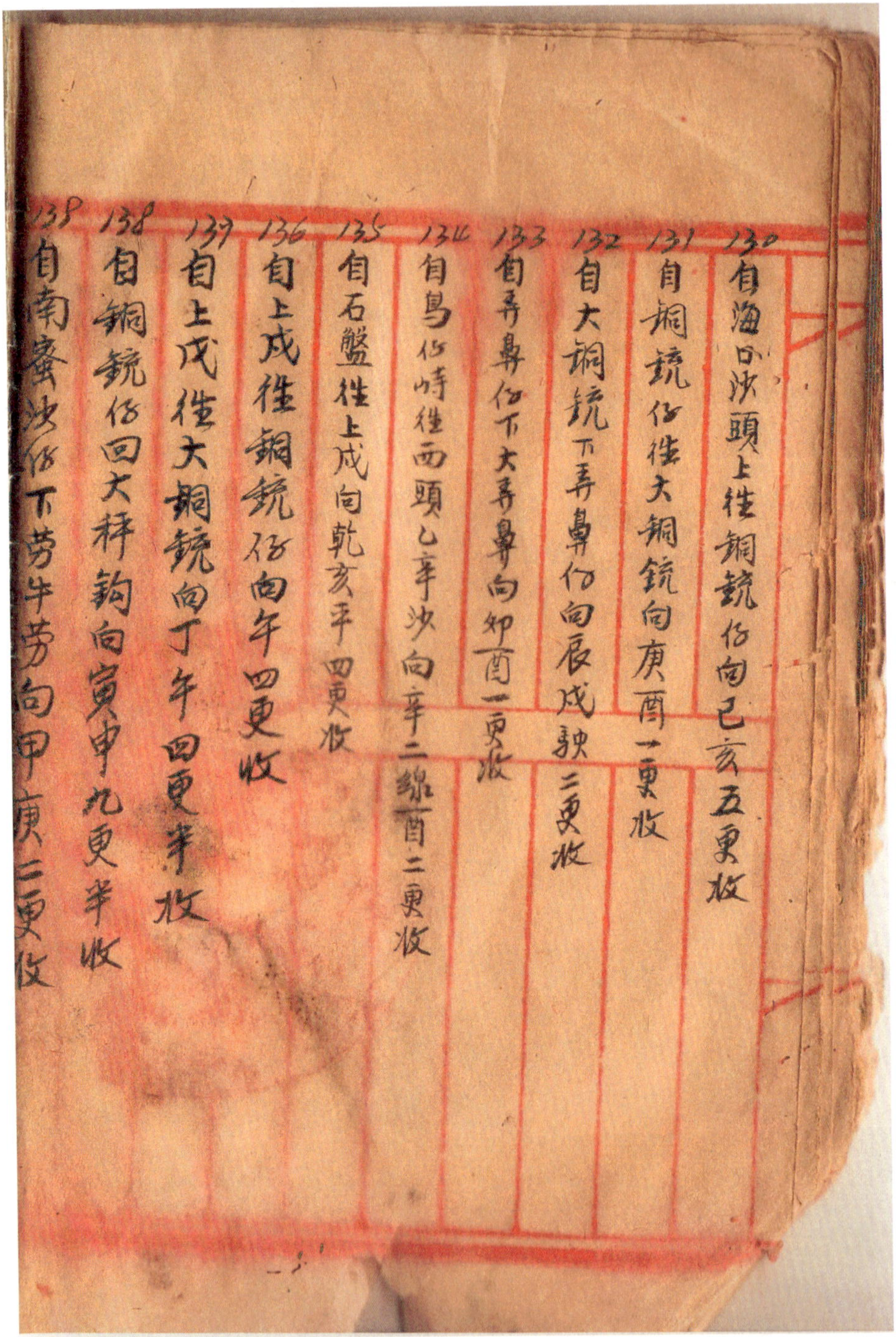
130 自海口沙頭上往銅銃仔向巳亥五更收
131 自銅銃仔往大銅銃向庚酉一更收
132 自大銅銃下弄鼻仔向辰戌駛二更收
133 自弄鼻仔下大弄鼻向卯酉一更收
134 自島仔峙往西頭乙辛沙向辛二線酉二更收
135 自石盤往上戊向乾亥平四更收
136 自上戊往銅銃仔向午四更收
137 自上戊往大銅銃向丁午四更半收
138 自銅銃仔回大樑鈎向寅申九更半收
138 自南𡨴沙仔下勞牛勞向甲庚二更收

◎《顺风东西沙岛更路簿》第二十页

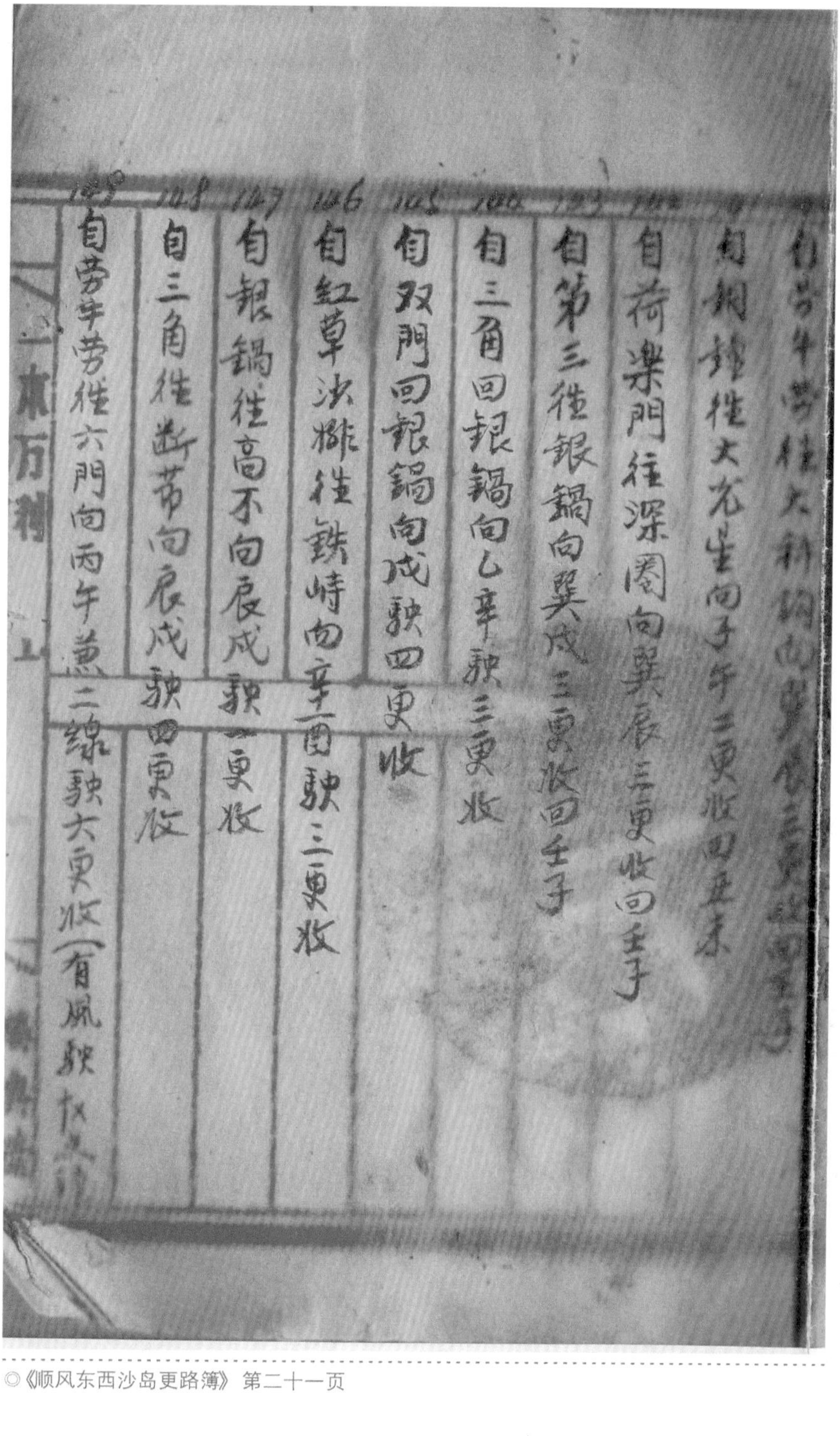
101 自銅鍾往大光星向子午二更收回丑未
102 自荷樂門往深圈向巽辰三更收回壬子
103 自第三往銀鍋向巽戍三更收回壬子
104 自三角回銀鍋向乙辛駛三更收
105 自双門回銀鍋向戍駛四更收
106 自紅草泆排往鉄峙向辛酉駛三更收
107 自銀鍋往高不向辰戍駛三更收
108 自三角往断节向辰戍駛四更收
109 自劳牛劳往六門向丙午兼二線駛六更收（有風駛[illegible]

◎《顺风东西沙岛更路簿》第二十一页

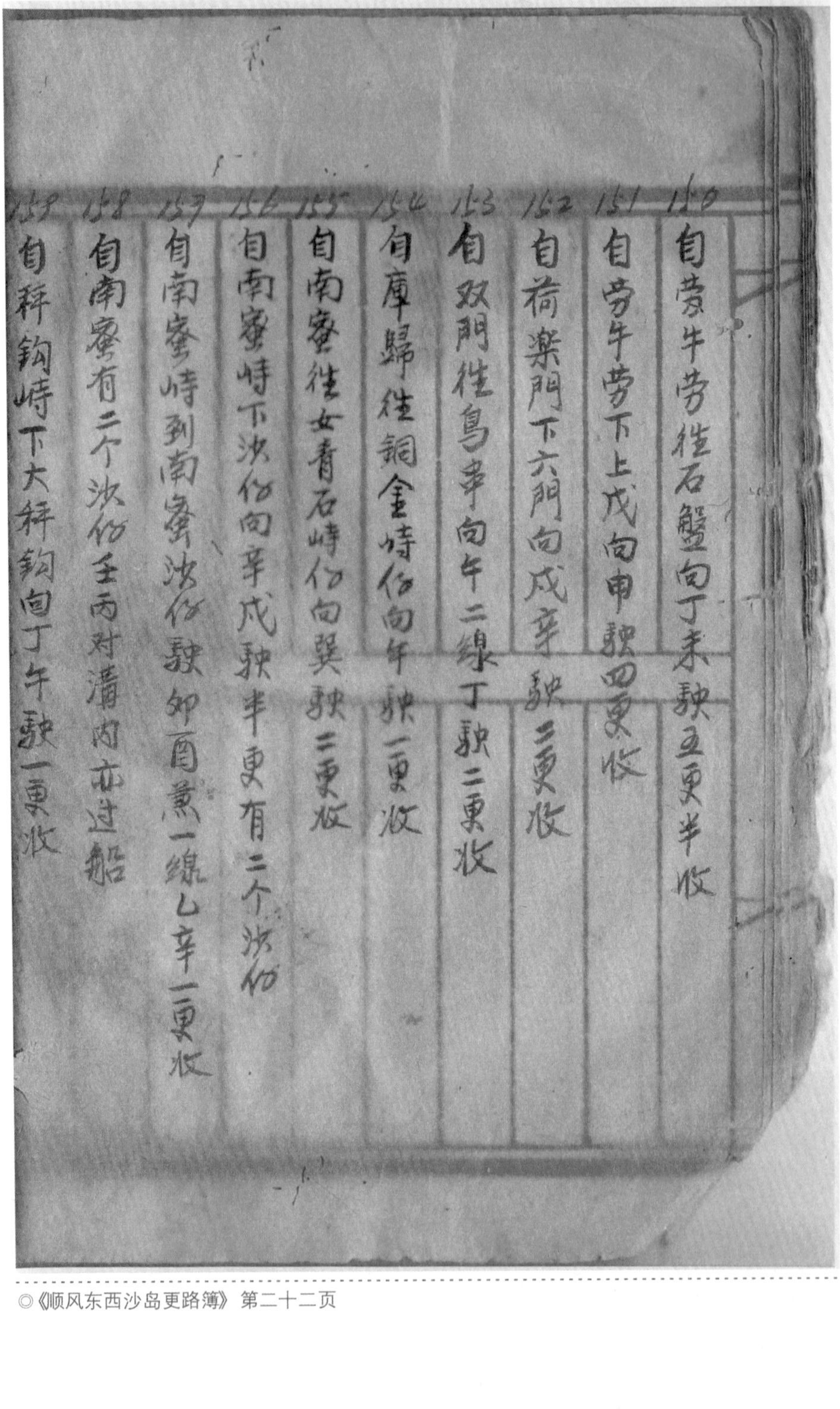

150 自劳牛劳往石盘向丁未驶五更半收

151 自劳牛劳下上戊向申驶四更收

152 自荷樂門下六門向戌辛驶二更收

153 自双門往鳥串向午二線丁驶二更收

154 自庫歸往銅金峙仍向午驶一更收

155 自南密往女青石峙仍向巽驶二更收

156 自南密峙下沙仍向辛戌驶半更有二个沙仍

157 自南密峙到南密沙仍驶卯酉兼一線乙辛一更收

158 自南密有二个沙仍壬丙对清内亦过船

159 自秤鈎峙下大秤鈎向丁午驶一更收

◎《顺风东西沙岛更路簿》第二十二页

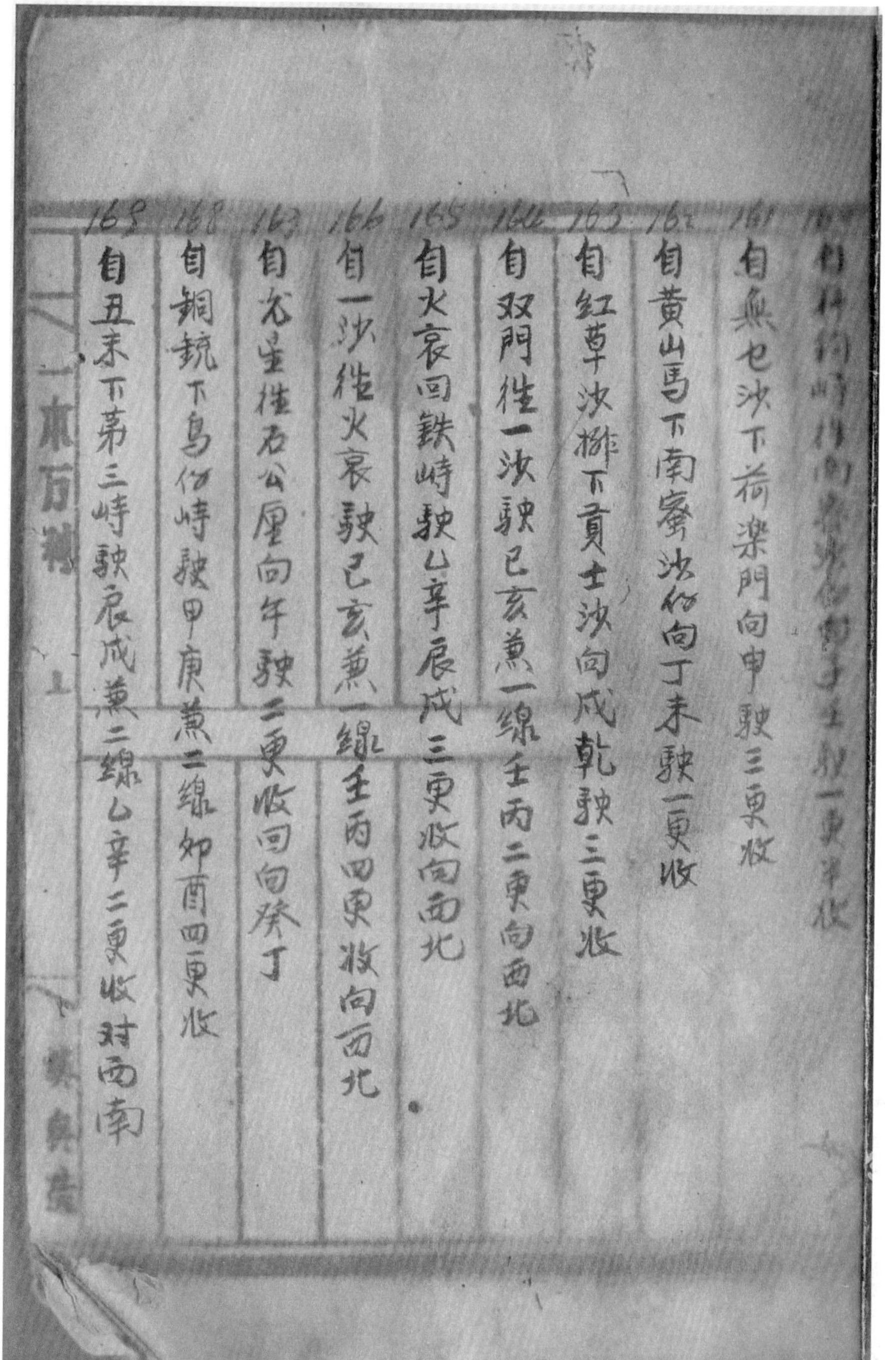

[illegible] 自[illegible]峙仔向[illegible]駛一更半收

161 自無乜沙下荷楽門向申駛三更收

162 自黄山馬下南密沙仔向丁未駛一更收

163 自紅草沙牌下貢士沙向戌乾駛三更收

164 自双門往一沙駛巳亥兼一線壬丙二更向西北

165 自火哀回鉄峙駛乙辛辰戌三更收向西北

166 自一沙往火哀駛巳亥兼一線壬丙四更收向西北

167 自石盘往石公厘向午駛二更收回向癸丁

168 自銅鏡下鳥仔峙駛甲庚兼二線卯酉四更收

169 自丑未下第三峙駛辰戌兼二線乙辛二更收对西南

一本万利 上 下

◎《顺风东西沙岛更路簿》第二十三页

◎《顺风东西沙岛更路簿》封底

第二节　重要更路簿汇编及今注今译

一、苏承芬独创到中沙群岛的《中沙水路簿》

（附《东沙水路簿》）

苏承芬，1938 年生，琼海市潭门镇草塘村人。早年跟随父辈到西、南沙捕捞，后任船长。他有三种更路簿。这里刊印的是他的中沙水路簿；其中有五条到黄岩岛的更路尤为可贵！

由东岛至黄岩岛用一百另（零）八度收，300 海里。

今注：从西沙群岛的东岛（北纬 16°40′，东经 112°44′）开往中沙群岛的黄岩岛（北纬 15°07′，东经 117°51′），航行针向用 108 度，航程 300 海里到达。

由浪花至黄岩岛用一百另（零）一度，300 海里。

今注：从西沙群岛的浪花（浪花礁：北纬 16°01′—16°05′，东经 112°26′—112°36′）开往中沙群岛的黄岩岛（北纬 15°07′，东经 117°51′），航行针向用 101 度，航程 300 海里到达。

由永兵岛至黄岩用一百另（零）七度，324 海里。

今注：从西沙群岛的永兵岛（永兴岛：北纬 16°50′，东经 112°20′）开往中沙群岛的黄岩（黄岩岛：北纬 15°07′，东经 117°51′），航行针向用 107 度，航程 324 海里到达。

由东沙至黄岩用一百七十度，324 海里。

今注：从东沙群岛开往中沙群岛的黄岩（黄岩岛：北纬 15°07′，东经 117°51′），航行针向用 170 度，航程 324 海里到达。

由潭门至黄岩岛用一百一十八度，470 海里。

今注：从潭门（海南省琼海市潭门镇潭门港）开往中沙群岛的黄岩岛（北纬 15°07′，东经 117°51′），航行针向用 118 度，航程 470 海里到达。

永兴至中沙，用乾巽辰戌平对，89 海里，127 度。

今注：从永兴（永兴岛：北纬 16°50′，东经 112°20′）开往中沙（中沙洲：北纬 16°56′，东经 112°21′），航行针向用缝针（辰戌和乾巽的中间线），127 度，航程 89 海里到达。

永兴至涛静暗礁，用乾巽加二线辰戌对，80 海里，131 度。

今注：从永兴（永兴岛：北纬 16°50′，东经 112°20′；Vadu）开往涛静暗礁（涛静暗沙：北纬 15°41′，东经 113°54′），航行针向用缝针（乾巽加二线辰戌），131 度，航程 80 海里到达。

永兴至控湃暗沙，用乾巽加四线辰戌对，88 海里，128 度。

今注：从永兴（永兴岛：北纬 16°50′，东经 112°20′；Vadu）开往控湃暗沙（北纬 15°48′，东经 113°54′），航行针向用缝针（乾巽加四线辰戌），128 度，航程 88 海里到达。

永兴至华夏暗沙，用辰戌加二线乾巽对，85 海里，123 度。

今注：从永兴（永兴岛：北纬 16°50′，东经 112°20′；Vadu）开往华夏暗沙（北纬 15°54′，东经 113°58′），航行针向用缝针（辰戌加二线乾巽），123 度，航程 85 海里到达。

永兴至西门暗沙，用辰戌对，89 海里，119 度。

今注：从永兴（永兴岛：北纬 16°50′，东经 112°20′；Vadu）开往西门暗沙（北纬 15°58′，东经 114°03′），航行针向用单针（辰戌），119 度，航程 89 海里到达。

永兴至本固暗沙，用辰戌加乙辛一线，90 海里，117 度。

今注：从永兴（永兴岛：北纬 16°50′，东经 112°20′；Vadu）开往本固暗沙（北纬 16°00′，东经 114°06′），航行针向用缝针（辰戌加一线乙辛），117 度，航程 90 海里到达。

永兴至美滨暗沙，用辰戌加四线乙辛对，95 海里，113 度。

今注：从永兴（永兴岛：北纬 16°50′，东经 112°20′；Vadu）开往美滨暗沙（北纬 16°03′，东经 114°13′），航行针向用缝针（辰戌加四线乙辛），113 度，航程 95 海里到达。

涛静暗沙至控湃暗沙，用癸丁加三线子午对，5 海里，10 度。

今注：从涛静暗沙（北纬 15°41′，东经 113°54′）开往控湃暗沙(北纬 15°48′，东经 113°54′)，航行针向用缝针（癸丁加三线子午），10 度，航程 5 海里到达。

控湃暗沙至一塊浅，用癸丁加二线子午对，2 海里，11 度。

今注：从控湃暗沙（北纬 15°48′，东经 113°54′）开往一塊浅，航行针向用缝针（癸丁加二线子午），11 度，航程 2 海里到达。

控湃暗沙至华夏暗沙，用丑未对，6 海里，29 度。

今注：从控湃暗沙（北纬 15°48′，东经 113°54′）开往华夏暗沙(北纬 15°54′，东经 113°58′)，航行针向用单针（丑未），29 度，航程 6 海里到达。

华夏暗沙至西门暗沙，用艮坤寅申平，3海里，53度。

今注：从华夏暗沙（北纬15°54′，东经113°58′）开往西门暗沙(北纬15°58′，东经114°03′)，航行针向用缝针（艮坤和寅申的中间线)，53度，航程3海里到达。

西门暗沙至本固暗沙，用寅申加一线艮坤对，1海里，57度。

今注：从西门暗沙（北纬15°58′，东经114°03′）开往本固暗沙(北纬16°00′，东经114°06′)，航行针向用缝针（寅申加一线艮坤)，57度，航程1海里到达。

浪花礁头至中沙排洪滩，用辰戌加四线乙辛对，70海里，113度。

今注：从浪花礁（北纬16°01′—16°05′，东经112°26′—112°36′；Dahuang）东北边开往排洪滩（北纬15°38′，东经113°43′)，航行针向用缝针（辰戌加四线乙辛)，113度，航程70海里到达。

浪花礁中至排洪滩，用乙辛辰戌对，74海里，110度。

今注：从浪花礁（北纬16°01′—16°05′，东经112°26′—112°36′；Dahuang）中部开往排洪滩（北纬15°38′，东经113°43′)，航行针向用缝针（乙辛与辰戌的中间线)，110度，航程74海里到达。

浪花礁中至果淀暗沙，用辰戌加四线乙辛对，78海里，114度。

今注：从浪花礁（北纬16°01′—16°05′，东经112°26′—112°36′；Dahuang）中部开往果淀暗沙（北纬15°32′，东经113°46′)，航行针向用缝针（辰戌加四线乙辛)，114度，航程78海里到达。

浪花礁南排至涛静暗沙，用乙辛对，80海里，105度。

今注：从浪花礁（北纬16°01′—16°05′，东经112°26′—112°36′；Dahuang）南边开往涛静暗沙（北纬15°41′，东经113°54′)，航行针向用单针（乙辛)，105度，航程80海里到达。

三圈大郎至控湃暗沙，用乙辛对，106度。

今注：从三圈大郎（滨湄滩：北纬16°17′—16°24′，东经112°05′

—112°33′；Dahuangdualang）开往控湃暗沙（北纬 15°48′，东经 113°54′），航行针向用单针（乙辛），106 度。

本固至美滨暗沙，用寅申对，6 海里，60 度。

今注：从本固（本固暗沙：北纬 16°00′，东经 114°06′）开往美滨暗沙（北纬 16°03′，东经 114°13′），航行针向用单针（寅申），60 度，航程 6 海里到达。

涛静暗沙至排洪滩，用甲庚加四线寅申对，8 海里，69 度。

今注：从涛静暗沙（北纬 15°41′，东经 113°54′）开往排洪滩（北纬 15°38′，东经 113°43′），航行针向用缝针（甲庚加四线寅申），69 度，航程 8 海里到达。

排洪滩至果淀暗沙，用巳亥加二线壬丙对，4 海里，154 度。

今注：从排洪滩（北纬 15°38′，东经 113°43′）开往果淀暗沙（北纬 15°32′，东经 113°46′），航行针向用缝针（巳亥加二线壬丙），154 度，航程 4 海里到达。

果淀暗沙至排波暗沙，用辰戌加三线乙辛对，2.5 海里，115 度。

今注：从果淀暗沙（北纬 15°32′，东经 113°46′）开往排波暗沙（北纬 15°29′，东经 113°51′），航行针向用缝针（辰戌加三线乙辛），115 度，航程 2.5 海里到达。

排波暗沙至波洑暗沙，用乙辛辰戌对，8 海里，109 度。

今注：从排波暗沙（北纬 15°29′，东经 113°51′）开往波洑暗沙（北纬 15°27′，东经 114°00′），航行针向用缝针（乙辛和辰戌的中间线），109 度，航程 8 海里到达。

波洑暗沙至布德暗沙，用卯酉加二线甲庚对，7 海里，85 度。

今注：从波洑暗沙（北纬 15°27′，东经 114°00′）开往布德暗沙（北纬 15°27′，东经 114°10′），航行针向用缝针（卯酉加二线甲庚），85 度，航程 7 海里到达。

布德至美溪暗沙，用乙辛加三线卯酉对，2 海里。

今注：从布德（布德暗沙：北纬 15°27′，东经 114°10′）开往美溪暗沙（北纬 15°27′，东经 114°12′），航行针向用缝针（乙辛加三线卯酉），航程 2 海里到达。

浪花礁至排波暗沙角，用乙辛加二线卯酉对，102 度，82 海里。

今注：从浪花礁（北纬 16°01′—16°05′，东经 112°26′—112°36′；Dahuang）开往排波暗沙（北纬 15°29′，东经 113°51′），航行针向用缝针（乙辛加二线卯酉），102 度，航程 82 海里到达。

浪花礁至控湃暗沙，用乙辛加四线卯酉对，100 度，83 海里。

今注：从浪花礁（北纬 16°01′—16°05′，东经 112°26′—112°36′；Dahuang）开往控湃暗沙（北纬 15°48′，东经 113°54′），航行针向用缝针（乙辛加四线卯酉），100 度，航程 83 海里到达。

浪花礁至华夏暗沙，用卯酉加四线乙辛对，96 度，84 海里。

今注：从浪花礁（北纬 16°01′—16°05′，东经 112°26′—112°36′；Dahuang）开往华夏暗沙（北纬 15°54′，东经 113°58′），航行针向用缝针（卯酉加四线乙辛），96 度，航程 84 海里到达。

浪花礁至西门暗沙，用卯酉加一线乙辛，93 度，91 海里。

今注：从浪花礁（北纬 16°01′—16°05′，东经 112°26′—112°36′；Dahuang）开往西门暗沙（北纬 15°58′，东经 114°03′），航行针向用缝针（卯酉加一线乙辛），93 度，航程 91 海里到达。

本固至美滨礁，用艮坤寅申对，7 海里。

今注：从本固（本固暗沙：北纬 16°00′，东经 114°06′）开往美滨礁（美滨暗沙：北纬 16°03′，东经 114°13′），航行针向用缝针（艮坤和寅申的中间线），航程 7 海里到达。

美滨至鲁班，用甲庚加一线卯酉对，8 海里。

今注：从美滨（美滨暗沙：北纬 16°03′，东经 114°13′）开往鲁班（鲁班暗沙：北纬 16°04′，东经 114°18′），航行针向用缝针（甲庚加一线卯酉），航程 8 海里到达。

鲁班至立夫礁，用甲庚对，2 海里。

今注：从鲁班（鲁班暗沙：北纬 16°04′，东经 114°18′）开往立夫礁，航行针向使用单针（甲庚），航程 2 海里到达。

立夫礁至二礁，用甲卯平对，1 海里。

今注：从立夫礁开往二礁，航行针向用缝针（甲庚与卯酉的中间线），航程 1 海里到达。

美溪至安定连礁，用艮坤加二线寅申对，十五海里。

今注：从美溪（美溪暗沙：北纬 15°27′，东经 114°12′）开往安定连礁（北纬 15°37′，东经 114°24′），航行针向用缝针（艮坤加二线寅申），航程 15 海里到达。

安定至海鸠暗沙，用乙辛加二线卯酉对，三海里。

今注：从安定（安定连礁：北纬 15°37′，东经 114°24′）开往海鸠暗沙（北纬 15°36′，东经 114°28′），航行针向用缝针（乙辛加二线卯酉），航程 3 海里到达。

海鸠至中间二礁不名，用甲庚，六海里。

今注：从海鸠（海鸠暗沙：北纬 15°36′，东经 114°28′）开往中间两个无名礁，航行针向用单针（甲庚），航程 6 海里到达。

海鸠至湾猛暗沙，用寅申加二线甲庚，十三海里。

今注：从海鸠（海鸠暗沙：北纬 15°36′，东经 114°28′）开往湾猛暗沙，航行针向用缝针（寅申加二线甲庚），航程 13 海里到达。

湾猛沙至武勇暗沙，用丑未加一线艮坤，十海里。

今注：从湾猛暗沙开往武勇暗沙（北纬 15°52′，东经 114°47′），航行针向用缝针（丑未加一线艮坤），航程 10 海里到达。

或深距离一里，武勇总长十二海里。

今注：或深距离有 1 海里远，武勇暗沙（北纬 15°52′，东经 114°47′）总长 12 海里。

武勇至隐矶滩，用艮坤，八海里。

今注：从武勇（武勇暗沙：北纬 15°52′，东经 114°47′）开往隐矶滩（北纬 16°03′，东经 114°56′），航行针向用单针（艮坤），航程 8 海里到达。

中间有一个不名礁，距离一海里。

今注：中间有一个无名礁，距离有 1 海里。

隐矶礁至比徽暗沙，用乾巽加三线巳亥，十海里。

今注：从隐矶礁（隐矶滩：北纬 16°03′，东经 114°56′）开往比徽暗沙（比微暗沙：北纬 16°13′，东经 114°44′），航行针向用缝针（乾巽加三线巳亥），航程 10 海里到达。

湾猛至并南沙，用巳亥，七海里。

今注：从湾猛暗沙开往并南沙（屏南暗沙：北纬 15°52′，东经 114°34′），航行针向用单针（巳亥），航程 7 海里到达。

比徽至石塘，用子丁对，十一海里。

今注：从比徽（比微暗沙：北纬 16°13′，东经 114°44′）开往石塘（石塘连礁：北纬 16°02′，东经 114°46′），航行针向用缝针（子午和癸丁的中间线），航程 11 海里到达。

石塘至指暗沙，用申甲平对，七海里。

今注：从石塘（石塘连礁：北纬 16°02′，东经 114°46′）开往指暗沙（指掌暗沙：北纬 16°00′，东经 114°39′），航行针向用缝针（寅申与甲庚的中间线），航程 7 海里到达。

指暗至漫步，用甲寅平对，九海里。

今注：从指暗（指掌暗沙：北纬 16°00′，东经 114°39′）开往漫步（漫步暗沙：北纬 15°55′，东经 114°29′），航行针向用缝针（甲庚和寅申的中间线），航程 9 海里到达。

并南至南扉暗沙，用寅申加二线艮坤，三海里。

今注：从并南（屏南暗沙：北纬 15°52′，东经 114°34′）开往南扉暗沙（北纬 15°55′，东经 114°38′），航行针向用缝针（寅申加二线艮坤），航程 3 海里到达。

并南至乐西，用卯酉对，七海里。

今注：从并南（屏南暗沙：北纬 15°52′，东经 114°34′）开往乐西（乐西暗沙：北纬 15°52′，东经 114°25′），航行针向用单针（卯酉），航程 7 海里到达。

东岛至华夏，用 122 度对，反向 302 度，88 海里。

今注：从东岛（北纬 16°40′，东经 112°44′；Vaheng）开往华夏（华夏暗沙：北纬 15°54′，东经 113°58′），航行针向用 122 度，返回时用 302 度，航程 88 海里到达。

东岛至排洪，138 度对，反向 318 度。

今注：从东岛（北纬 16°40′，东经 112°44′）开往排洪（排洪滩：北纬 15°38′，东经 113°43′），航行针向用 138 度，返回时用 318 度。

华夏至西门，用 47 度对，反向 227 度，4 海里。

今注：从华夏（华夏暗沙：北纬 15°54′，东经 113°58′）开往西门（西门暗沙：北纬 15°58′，东经 114°03′），航行针向用 47 度，返回时用 227 度，航程 4 海里到达。

西门至本固，用 67 度对，反向 247 度，1.5 海里。

今注：从西门（西门暗沙：北纬 15°58′，东经 114°03′）开往本固（本固暗沙：北纬 16°00′，东经 114°06′），航行针向用 67 度，返回时用 247 度，航程 1.5 海里到达。

本固至美滨，67 度，4.5 海里。

今注：从本固（本固暗沙：北纬 16°00′，东经 114°06′）开往美滨（美滨暗沙：北纬16°03′，东经114°13′），航行针向用67度，航程4.5海里到达。

华夏至不名沙，用西南234度，反向54度，2海里。

今注：从华夏（华夏暗沙：北纬15°54′，东经113°58′）开往不名沙，航行针向用西南234度，返回时用54度，航程2海里到达。

不名至控湃，用西南192度，反向12度，3.5海里。

今注：从不名沙开往控湃（控湃暗沙：北纬15°48′，东经113°54′），航行针向用西南192度，返回时用12度，航程3.5海里到达。

控湃至涛静，用西南188度，反向08度，5海里。

今注：从控湃（控湃暗沙：北纬15°48′，东经113°54′）开往涛静（涛静暗沙：北纬15°41′，东经113°54′），航行针向用西南188度，返回时用8度，航程5海里到达。

涛静至排洪，用250度，反向70度，9海里。

今注：从涛静（涛静暗沙：北纬15°41′，东经113°54′）开往排洪（排洪滩：北纬15°38′，东经113°43′），航行针向用250度，返回时用70度，航程9海里到达。

排洪至果定，用157度，反向337度，4.5海里。

今注：从排洪（排洪滩：北纬15°38′，东经113°43′）开往果定（果淀暗沙：北纬15°32′，东经113°46′），航行针向用157度，返回时用337度，航程4.5海里到达。

果定至排波，用114度，反向294度，3.5海里。

今注：从果定（果淀暗沙：北纬15°32′，东经113°46′）开往排波（排波暗沙：北纬15°29′，东经113°51′），航行针向用114度，返回时用294度，航程3.5海里到达。

果定至排波子，110度，3.2海里。

今注：从果定（果淀暗沙：北纬15°32′，东经113°46′）开往排波子（排波暗沙：北纬15°29′，东经113°51′），航行针向用110度，航程3.2海里到达。

排波至波伏，用110（小7海里，大0.05海里）。

今注：从排波（排波暗沙：北纬15°29′，东经113°51′）开往波伏（波洑暗沙：北纬15°27′，东经114°00′），航行针向用110度，航程长7海里到达，短0.05海里到达。

波伏大至布德，用88度，反向268度，8海里。

今注：从波伏（波洑暗沙：北纬15°27′，东经114°00′）开往布德（布德暗沙：北纬15°27′，东经114°10′），航行针向使用88度，返回时使用268度，航程8海里到达。

布德至美溪，用95度，反向275度，1.5海里。

今注：从布德（布德暗沙：北纬15°27′，东经114°10′）开往美溪（美溪暗沙：北纬15°27′，东经114°12′），航行针向使用95度，返回时用275度，航程1.5海里到达。

八仙礁至华夏，用110度对，反向290度。

今注：从八仙礁（湛涵滩：北纬16°25′，东经112°37′；Boidinjiao）开往华夏（华夏暗沙：北纬15°54′，东经113°58′），航行针向用110度，返回时用290度。

东沙水路簿

（海南省琼海市潭门镇的大潭　1988年3月10日）

由大潭至铜鼓咀，用45度对，三十二海里。

今注：从海南省琼海市潭门镇的大潭开往铜鼓咀（海南岛最东端的天然渔场，在铜鼓岭旅游区内），航行针向用45度，航程32海里到达。

由铜鼓咀至清澜港，用230度对，十二海里。

今注：从铜鼓咀（海南岛最东端的天然渔场，在铜鼓岭旅游区内）开往清澜港（位于文昌市东南部，地处八门湾的西岸），航行针向用230度，航程12海里到达。

由湾门至铜鼓咀，用48度对，三十一海里。

今注：从湾门开往铜鼓咀（海南岛最东端的天然渔场，在铜鼓岭旅游区内），航行针向用48度，航程31海里到达。

由铜鼓咀至上川，用40度对，一百五十四海里。

今注：从铜鼓咀（海南岛最东端的天然渔场，在铜鼓岭旅游区内）开往上川岛（位于广东省台山市西南部），航行针向用40度，航程154海里到达。

由铜鼓咀至鸟豕岛，用42度对，一百五十七海里。

今注：从铜鼓咀（海南岛最东端的天然渔场，在铜鼓岭旅游区内）开往鸟豕岛（位于珠江口东南，万山群岛佳蓬列岛中部），航行针向用42度，航程157海里到达。

由铜鼓咀至万山岛，用48度对，二百零四海里。

今注：从铜鼓咀（海南岛最东端的天然渔场，在铜鼓岭旅游区内）开往万山岛（位于珠海市东南部），航行针向用48度，航程204海里到达。

由鸟豕岛至蚊尾州，用80度对，五十八海里。

今注：从鸟豕岛（位于珠江口东南，万山群岛佳蓬列岛中部）开往蚊尾州（蚊尾洲：位于珠江口东南，万山群岛南部，是广东省距离中沙最近的小岛），航行针向用80度，航程58海里到达。

由铜鼓咀至蚊尾州，用52度对，二百一十海里。

今注：从铜鼓咀（海南岛最东端的天然渔场，在铜鼓岭旅游区内）开往蚊尾州（蚊尾洲：位于珠江口东南，万山群岛南部，是广东省距离中沙最近的小岛），航行针向用 52 度，航程 210 海里到达。

由万山南至蚊尾州，用 102 度对，十四海里。

今注：从万山（位于珠海市东南部）南部开往蚊尾州（蚊尾洲：位于珠江口东南，万山群岛南部，是广东省距离中沙最近的小岛），航行针向用 102 度，航程 14 海里到达。

由万山北至蚊尾州，用 110 度对。

今注：从万山（位于珠海市东南部）北部开往蚊尾州（蚊尾洲：位于珠江口东南，万山群岛南部，是广东省距离中沙最近的小岛），航行针向用 110 度。

由鸟豖岛至蚊尾州，用 76 度对，六十四海里。

今注：从鸟豖岛（位于珠江东南，万山群岛佳蓬列岛中部）开往蚊尾州（蚊尾洲：位于珠江口东南，万山群岛南部，是广东省距离中沙最近的小岛），航行针向用 76 度，航程 64 海里到达。

由鸟豖岛至万山岛，用 69 度对，五十一海里。

今注：从鸟豖岛（位于珠江东南，万山群岛佳蓬列岛中部）开往万山岛（位于珠海市东南部），航行针向用 69 度，航程 51 海里到达。

由铜鼓至鸟豖岛，用 42 度对，反向 222 度。

今注：从铜鼓（铜鼓咀：海南岛最东端的天然渔场，在铜鼓岭旅游区内）开往鸟豖岛（位于珠江东南，万山群岛佳蓬列岛中部），航行针向用 42 度，返回时用 222 度。

由东沙至铜鼓咀，用 259 度对。

今注：从东沙开往铜鼓咀（海南岛最东端的天然渔场，在铜鼓岭旅游区内），航行针向用 259 度。

琼州海峡急水门流水表

正月（一月）

初一日卯时流东，未时流西

初二、初三日卯时尾流东，申时流西

初四、初五日辰时流东，酉时流西

初六日巳时流东，酉时尾流西

初七、初八日伏流

初九日戌时通门

初十日亥时流东，卯时流西

十一、十二日亥时流东，辰时流西

十三日子时流东，辰时尾流西

十四、十五日子时尾流东，巳时流西

十六日丑时流东，巳时尾流西

十七、十八日丑时尾流东，午时流西

十九、二十日寅时流东，未时流西

廿一日伏流

廿二、廿三日酉时通门，丑时流西

廿四日酉时尾流东，寅时流西

廿五、廿六日戌时流东，卯时流西

廿七、廿八日亥时流东，辰时流西

廿九、三十日子时流东，巳时流西

二月

初一日子时尾流东，巳时尾流西

初二、初三日丑时流东，午时流西

初四日寅时流东，午时尾流西
初五、初六日伏流
初七日酉时通门，丑时流西
初八、初九日酉时尾流东，寅时流西
初十日戌时流东，卯时流西
十一、十二日亥时流东，辰时流西
十三、十四日子时流东，巳时流西
十五、十六日丑时流东，午时流西
十七、十八日丑时尾流东，午时尾流西
十九、二十日伏流
廿一日申时通门，子时流西
廿二、廿三日申时尾流东，丑时流西
廿四、廿五日酉时流东，寅时流西
廿六、廿七日戌时流东，卯时流西
廿八、廿九日亥时流东，辰时流西
三十日子时流东，巳时流西

三月

初一日丑时流东，午时流西
初二、初三日伏流
初四、初五日申时通门，子时流西
初六、初七日申时尾流东，丑时流西
初八、初九日酉时流东，寅时流西
初十日戌时流东，寅时尾流西
十一日戌时流东，卯时流西
十二、十三日亥时流东，辰时流西

十四日子时流东，巳时流西
十五、十六日伏流
十七、十八日未时通门，亥时流西
十九、二十日未时尾流东，子时流西
廿一、廿二日申时流东，丑时流西
廿三、廿四日酉时流东，寅时流西
廿五、廿六日戌时流东，卯时流西
廿七、廿八日亥时流东，辰时流西
廿九、三十日伏流

四月

初一、初二日未时通门，亥时流西
初三、初四日未时尾流东，子时流西
初五、初六日申时流东，丑时流西
初七、初八日酉时流东，寅时流西
初九、初十日戌时流东，卯时流西
十一、十二日亥时流东，辰时流西
十三、十四日伏流
十五、十六日午时通门，亥时流西
十七、十八日未时流东，子时流西
十九、二十日申时流东，丑时流西
廿一、廿二日酉时流东，寅时流西
廿三、廿四日辰时流东，卯时流西
廿五、廿六日亥时流东，辰时流西
廿七、廿八日伏流
廿九日午时通门，戌时流西

三十日午时尾流东，亥时流西

五月

初一、初二日未时流东，子时流西

初三、初四日申时流东，丑时流西

初五、初六日酉时流东，寅时流西

初七、初八日戌时流东，卯时流西

初九、初十日亥时流东，辰时流西

十一、十二日伏流

十三、十四日巳时通门，酉时流西

十五、十六日午时流东，戌时流西

十七、十八日未时流东，亥时流西

十九、二十日申时流东，子时流西

廿一、廿二日酉时流东，丑时流西

廿三、廿四日戌时流东，寅时流西

廿五、廿六日伏流

廿七、廿八日巳时通门，酉时流西

廿九、三十日午时流东，亥时流西

六月

初一、初二日未时流东，子时流西

初三、初四日申时流东，丑时流西

初五、初六日酉时流东，寅时流西

初七、初八日戌时流东，卯时流西

初九、初十日伏流

十一、十二日辰时流东，申时流西

十三、十四日巳时流东，戌时流西
十五、十六日午时流东，亥时流西
十七、十八日未时流东，子时流西
十九、二十日申时流东，丑时流西
廿一、廿二日酉时流东，寅时流西
廿三、廿四日伏流
廿五、廿六日辰时通门，申时流西
廿七、廿八日巳时流东，戌时流西
廿九日午时流东，亥时流西
三十日未时流东，子时流西

七月

初一、初二日申时流东，丑时流西
初三、初四日酉时流东，寅时流西
初五、初六日戌时流东，卯时流西
初七、初八日伏流
初九、初十日卯时通门，未时流西
十一、十二日辰时流东，申时流西
十三、十四日巳时流东，酉时流西
十五、十六日午时流东，戌时流西
十七、十八日未时流东，亥时流西
十九、二十日申时流东，子时流西
廿一、廿二日伏流
廿三、廿四日卯时通门，未时流西
廿五、廿六日辰时流东，申时流西
廿七、廿八日巳时流东，酉时流西

廿九日午时流东，戌时流西
三十日未时流东，亥时流西

八月

初一、初二日未时流东，子时流西
初三、初四日申时流东，丑时流西
初五、初六日酉时流东，寅时流西
初七、初八日寅时通门，午时流西
初九、初十日卯时流东，申时流西
十一、十二日辰时流东，酉时流西
十三、十四日巳时流东，戌时流西
十五、十六日午时流东，亥时流西
十七、十八日未时流东，子时流西
十九日伏流
二十、廿一日寅时通门，午时流西
廿二、廿三日寅时尾流东，午时尾流西
廿四、廿五日卯时流东，申时流西
廿六、廿七日辰时流东，酉时流西
廿八、廿九日巳时流东，戌时流西
三十日午时流东，亥时流西

九月

初一、初二日伏流
初三、初四日丑时通门，巳时流西
初五、初六日寅时流东，午时流西
初七、初八日卯时流东，未时流西

初九、初十日辰时流东，酉时流西
十一、十二日巳时流东，戌时流西
十三、十四日午时流东，亥时流西
十五、十六日伏流
十七、十八日丑时流东，巳时流西
十九、二十日寅时流东，午时流西
廿一、廿二日卯时流东，未时流西
廿三、廿四日辰时流东，酉时流西
廿五、廿六日巳时流东，戌时流西
廿七、廿八日午时流东，亥时流西
廿九、三十日伏流

十月

初一、初二日丑时通门，巳时流西
初三、初四日寅时流东，未时流西
初五、初六日卯时流东，申时流西
初七、初八日辰时流东，酉时流西
初九、初十日巳时流东，戌时流西
十一、十二日午时流东，亥时流西
十三、十四日伏流
十五、十六日子时流东，辰时流西
十七、十八日丑时流东，巳时流西
十八、十九日寅时流东，未时流西
廿一、廿二日辰时流东，申时流西
廿三日辰时流东，酉时流西
廿四、廿五日巳时流东，戌时流西

廿六、廿七日伏流
廿八、廿九日子时通门，辰时流西
三十日丑时流东，巳时流西

十一月

初一、初二日寅时流东，未时流西
初三、初四日卯时流东，申时流西
初五、初六日辰时流东，酉时流西
初七、初八日巳时流东，戌时流西
初九、初十日午时流东，亥时流西
十一、十二日伏流
十三、十四日子时流东，辰时流西
十五、十六日丑时流东，午时流西
十七、十八日寅时流东，未时流西
十九、二十日卯时流东，申时流西
廿一、廿二日辰时流东，酉时流西
廿三、廿四日巳时流东，戌时流西
廿五、廿六日伏流
廿七、廿八日亥时流东，卯时流西
廿九日子时流东，辰时流西
三十日丑时流东，巳时流西

十二月

初一、初二日寅时流东，未时流西
初三、初四日卯时流东，申时流西
初五、初六日辰时流东，酉时流西

初七、初八日巳时流东，戌时流西

初九、初十日伏流

十一、十二日亥时通门，卯时流西

十三日子时流东，巳时流西

十四、十五日丑时流东，午时流西

十六、十七日寅时流东，未时流西

十八、十九日卯时流东，申时流西

二十、廿一日辰时流东，酉时流西

廿二日巳时流东，戌时流西

廿三日伏流

廿四日戌时通门，寅时流西

廿五、廿六日亥时流东，卯时流西

廿七日子时流东，辰时流西

廿八日丑时流东，巳时流西

廿九日寅时流东，午时流西

二、郁玉清抄藏本《定罗经针位》

郁玉清，1904年生，潭门镇人，15岁起到南沙捕鱼，后任火长，专管更路。郁玉清抄藏本《定罗经针位》由厦门大学南洋研究所整理。

东海更路俱例[1]

自大潭使过东海用乾巽加一线辰戌使到一日一夜，转回巳亥有五更取七连峙。

今注：从海南省琼海市潭门镇的大潭到东海（西沙群岛），航行针用缝针（乾巽加一线辰戌），行程一天一夜，航行针转向单针（巳亥），航程五更到达七连峙（七连屿：北纬16°55′—16°58′，东经112°19′—112°21′）。

① 东海（西沙群岛）的更路部分。

自三峙过干豆用南北风甲庚乙辛卯酉三更远向西驶。

今注：在西沙，从三峙（南岛：北纬 16°57′，东经 112°20′；Da Du）开往干豆（北礁：北纬 17°05′，东经 111°30′；Gandao），南风时航行针用缝针（甲庚和卯酉的中间线），航程三更到达，收帆泊船，航行方向也就是对西方向；北风时，航行针用缝针（乙辛和卯酉的中间线），航程三更到达。

自三峙下石塘用艮坤寅申三更远向西南驶。

今注：在西沙，从三峙（南岛：北纬 16°57′，东经 112°20′；Da Du）开往石塘（永乐群岛：北纬 15°46′—17°07′，东经 111°11′—112°06′；Zio Do），航行针用缝针（艮坤和寅申的中间线），航程三更到达，收帆泊船，航行方向也就是对西南方向。

自三峙下二圈用癸丁丑未二更半远向西南驶。

今注：在西沙，从三峙（南岛：北纬 16°57′，东经 112°20′；Da Du）开往二圈（玉琢礁：北纬 16°19′—16°22′，东经 111°57′—112°06′；Yihuan），航行针用缝针（癸丁和丑未的中间线），航程二更半到达，收帆泊船，航行方向也就是对西南方向。

自三峙上三圈用子午壬丙巳亥四更远向南驶。

今注：在西沙，从三峙（南岛：北纬 16°57′，东经 112°20′：Da Du）开往三圈（浪花礁：北纬 16°01′—16°05′，东经 112°26′—112°36′；Dahuang），航行针用缝针（子午、壬丙和巳亥的中间线），航程四更到达，收帆泊船，航行方向也就是对南方向。

自三圈下石塘用乾巽辰戌五更远向西北驶。

今注：在西沙，从三圈（浪花礁：北纬 16°01′—16°05′，东经 112°26′—112°36′；Dahuang）开往石塘（永乐群岛：北纬 15°46′—17°07′，东经 111°11′—112°06′；Zio Do），航行针用缝针（乾巽和

辰戌的中间线），航程五更到达，收帆泊船，航行方向也就是对西北方向。

自三圈下白峙仔用南北风甲庚乙辛卯酉三更远向西驶。

今注：在西沙，从三圈（浪花礁：北纬 16°01′—16°05′，东经 112°26′—112°36′；Dahuang）开往白峙仔（盘石屿：北纬16°02′—16°05′，东经 111°45′—111°50′；Bedugia），南风时航行针用缝针（甲庚与卯酉的中间线），航行方向也就是对西方向，北风时航行针用缝针（卯酉与乙辛的中间线），航程三更到达，收帆泊船。

自三圈下二圈用乾巽辰戌二更半远向西北驶。

今注：在西沙，从三圈（浪花礁：北纬 16°01′—16°05′，东经 112°26′—112°36′；Dahuang）开往二圈（玉琢礁：北纬 16°19′—16°22′，东经 111°57′—112°06′；Yihuan），航行针用缝针（乾巽和辰戌的中间线），航程二更半到达，收帆泊船，航行方向也就是对西北方向。

自二圈下三圈用辰戌二更半远向南驶。

今注：在西沙，从二圈（玉琢礁：北纬 16°19′—16°22′，东经 111°57′—112°06′；Yihuan）开往三圈（浪花礁：北纬 16°01′—16°05′，东经 112°26′—112°36′；Dahuang），航行针用单针（辰戌），航程二更半到达，收帆泊船，航行方向也就是对南方向。

自石塘上猫兴用甲庚卯酉四更远向东驶。

今注：在西沙，从石塘（永乐群岛：北纬 15°46′—17°07′，东经 111°11′—112°06′；Zio Do）开往猫兴（东岛：北纬 16°40′，东经 112°44′；Vaheng），航行针用缝针（甲庚和卯酉的中间线），航程四更到达，收帆泊船，航行方向也就是对东方向。

自四江门使去大圈用子午乾巽巳亥使过首一更远。

今注：在西沙，从四江门（晋卿门：北纬 16°27′，东经 111°44′；

Digiang Mui）开往大圈（华光礁：北纬 16°09′—16°17′，东经 111°34′—111°49；Duahuan），航行针用缝针（子午、乾巽和巳亥的中间线过一点），航程一更到达，收帆泊船。

自四江门使去大圈用子午乾巽巳亥使过首一更远向南驶。

今注：在西沙，从四江门（晋卿门：北纬 16°27′，东经 111°44′；Digiang Mui）开往大圈（华光礁：北纬 16°09′—16°17′，东经 111°34′—111°49′；Duahuan），航行针用缝针（子午、乾巽、巳亥的中间线过一点），航程一更到达，收帆泊船，航行方向也就是对南方向。

自石塘去干豆用子午壬丙巳亥三更半远向北驶。

今注：在西沙，从石塘（永乐群岛：北纬 15°46′—17°07′，东经 111°11′—112°06′；Zio Do）开往干豆（北礁：北纬 17°05′，东经 111°30′；Gandao），航行针用缝针（子午、壬丙和巳亥的中间线），航程三更半到达，收帆泊船，航行方向也就是对北方向。

自石塘去猫注用寅申三更远向东北驶。

今注：在西沙，从石塘（永乐群岛：北纬 15°46′—17°07′，东经 111°11′—112°06′；Zio Do）开往猫注（永兴岛：北纬 16°50′，东经 112°20′；Vadu），航行针用单针（寅申），航程三更到达，收帆泊船，航行方向也就是对东北方向。

自猫注上猫兴用南北风乾巽乙辛辰戌一更远向东南驶。

今注：在西沙，从猫注（永兴岛：北纬 16°50′，东经 112°20′；Vadu）开往猫兴（东岛：北纬 16°40′，东经 112°44′；Vaheng），南风时，航行针用缝针（乾巽与辰戌的中间线），航程一更到达，收帆泊船，航行方向也就是对东南方向；北风时，航行针用缝针（乙辛与辰戌的中间线），航程一更到达。

自猫兴上三圈用癸丁三更远向西南驶。

今注：在西沙，从猫兴（东岛：北纬 16°40′，东经 112°44′；

Vaheng）开往三圈（浪花礁：北纬 16°01′—16°05′，东经 112°26′—112°36′；Dahuang），航行针用单针（癸丁），航程三更到达，收帆泊船，航行方向也就是对西南方向。

自猫注上三圈用子午壬丙巳亥四更远向南驶。

今注：在西沙，从猫注（永兴岛：北纬 16°50′，东经 112°20′；Vadu）开往三圈（浪花礁：北纬 16°01′—16°05′，东经 112°26′—112°36′；Dahuang），航行针用缝针（子午、壬丙和巳亥的中间线），航程四更到达，收帆泊船，航行方向也就是对南方向。

自二圈去干豆用乾巽四更远向西北驶。

今注：在西沙，从二圈（玉琢礁：北纬 16°19′—16°22′，东经 111°57′—112°06′；Yihuan）开往干豆（北礁：北纬 17°05′，东经 111°30′；Gandao），航行针用单针（乾巽），航程四更到达，收帆泊船，航行方向也就是对西北方向。

自二圈下白峙仔用艮坤丑未一更远向西南驶。

今注：在西沙，从二圈（玉琢礁：北纬 16°19′—16°22′，东经 111°57′—112°06′；Yihuan）开往白峙仔（盘石屿：北纬 16°02′—16°05′，东经 111°45′—111°50′；Bedugia），航行针用缝针（艮坤和丑未的中间线），航程一更到达，收帆泊船，航行方向也就是对西南方向。

自大圈下白峙仔首上用子午门上用壬丙一更远向南驶。

今注：从大圈（华光礁：北纬 16°09′—16°17′，东经 111°34′—111°49′；Duahuan）开往白峙仔（盘石屿：北纬 16°02′—16°05′，东经 111°45′—111°50′；Bedugia）东北边，航行针用单针（子午），去水道出海口用单针（壬丙），航程一更到达，收帆泊船，航行方向也就是对南方向。

自白峙仔上三圈南风用卯酉加一线乙辛三更远向东驶。

今注：在西沙，从白峙仔（盘石屿：北纬 16°02′—16°05′，东经

111°45′—111°50′；Bedugia）开往三圈（浪花礁：北纬 16°01′—16°05′，东经 112°26′—112°36′；Dahuang），如果是南风，航行针用缝针（卯酉加一线乙辛），航程三更到达，收帆泊船，航行方向也就是对东方向。

自二圈上七连峙用丑未加二线艮坤二更半远向东北驶。

今注：在西沙，从二圈（玉琢礁：北纬 16°19′—16°22′，东经 111°57′—112°06′；Yihuan）开往七连峙（七连屿：北纬 16°55′—16°58′，东经 112°19′—112°21′），航行针用缝针（丑未加二线艮坤），航程二更半到达，收帆泊船，航行方向也就是对东北方向。

自三脚峙下圈仔用卯酉南北风甲庚乙辛二边相见向西驶。

今注：在西沙，从三脚峙（琛航岛：北纬 16°27′，东经 111°43′；Daha Du）往返圈仔（羚羊礁：北纬 16°28′，东经 111°35′；Huanggia），南风时，航行针用缝针（甲庚和卯酉的中间线），航行方向也就是对西方向；北风时，航行针用缝针（乙辛与卯酉的中间线）。

自三脚大峙在西四江东甲庚卯酉相对。

今注：从在西边的三脚大峙（琛航岛：北纬 16°27′，东经 111°43′；Daha Dua Du）往返东边的四江（晋卿岛：北纬 16°28′，东经 111°44′；Digiang），航行针用缝针（甲庚与卯酉的中间线）。

自白峙仔下半路寅申三更远向西南驶。

今注：在西沙，从白峙仔（盘石屿：北纬 16°02′—16°05′，东经 111°45′—111°50′；Bedugia）开往半路（中建岛：北纬 15°47′，东经 111°12′；Bualou），航行针用单针（寅申），航程三更到达，收帆泊船，航行方向也就是对西南方向。

自大圈下半路南边门上使用艮坤丑未三更远向西南驶。

今注：在西沙，从大圈（华光礁：北纬 16°09′—16°17′，东经 111°34′—111°49′；Duahuan）开往半路（中建岛：北纬 15°47′，东经

111°12′；Bualou）南边门，航行针用缝针（艮坤和丑未的中间线），航程三更到达，收帆泊船，航行方向也就是对西南方向。

自尾屿下半路用癸丁加一线子午二更远向南驶。

今注：在西沙，从尾屿（金银岛：北纬 16°27′，东经 111°31′；Vue Du）开往半路（中建岛：北纬 15°47′，东经 111°12′；Bualou），航行针用缝针（癸丁加一线子午），航程二更到达，收帆泊船，航行方向也就是对南方向。

自三圈下半路用甲庚寅申六更远向西南驶。

今注：在西沙，从三圈（浪花礁：北纬 16°01′—16°05′，东经 112°26′—112°36′；Dahuang）开往半路（中建岛：北纬 15°47′，东经 111°12′；Bualou），航行针用缝针（甲庚和寅申的中间线），航程六更到达，收帆泊船，航行方向也就是对西南方向。

自半路去干豆用癸丁五更半远向东北驶。

今注：在西沙，从半路（中建岛：北纬 15°47′，东经 111°12′；Bualou）开往干豆（北礁：北纬 17°05′，东经 111°30′；Gandao），航行针用单针（癸丁），航程五更半到达，收帆泊船，航行方向也就是对东北方向。

自大圈首上去三圈南风用辰戌三更远向东南驶。

今注：在西沙，从大圈（华光礁：北纬 16°09′—16°17′，东经 111°34′—111°49′；Duahuan）东北边开往三圈（浪花礁：北纬 16°01′—16°05′，东经 112°26′—112°36′；Dahuang），如果是南风，航行针用单针（辰戌），航程三更到达，收帆泊船，航行方向也就是对东南方向。

自老粗大门驶出四江门用乾巽辰戌二边相见二更远向东南驶。

今注：在西沙，从老粗大门（老粗门：北纬 16°31′，东经 111°35′；

Laosou Dua Mui）开往四江门（晋卿门：北纬 16°27′，东经 111°44′；Digiang Mui），航行针用缝针（乾巽和辰戌的中间线），航程二更到达，收帆泊船，航行方向也就是对东南方向。

自三脚门上驶去银峙用丙午平向北驶二边相见。

今注：在西沙，从三脚（琛航岛：北纬 16°27′，东经 111°43′；Daha）水道出海口开往银峙（银屿：北纬 16°35′，东经 111°42′；Ngindu），航行针用缝针（正对着壬丙和子午的中间线），航行方向也就是对北方向。

自猫注去干豆用辰戌加一线乙辛三更远向西北驶。

今注：在西沙，从猫注（永兴岛：北纬 16°50′，东经 112°20′；Vadu）开往干豆（北礁：北纬 17°05′，东经 111°30′；Gandao），航行针用缝针（辰戌加一线乙辛），航程三更到达，收帆泊船，航行方向也就是对西北方向。

自三峙去猫注子午相对向南驶。

今注：在西沙，从三峙（南岛：北纬 16°57′，东经 112°20′；Da Du）开往猫注（永兴岛：北纬 16°50′，东经 112°20′；Vadu），航行针用单针（子午），航行方向也就是对南方向。

自红草门上猫兴用乙辛一更半远向东南驶。

今注：在西沙，从红草门（红草门：北纬 16°53′，东经 112°21′；Angsao Mui）开往猫兴（东岛：北纬 16°40′，东经 112°44′；Vaheng），航行针用单针（乙辛），航程一更半到达，收帆泊船，航行方向也就是对东南方向。

北海更路俱例[1]

自白峙仔至双峙使乾巽巳亥平二十八更。

今注：在西沙，从白峙仔（盘石屿：北纬 16°02′—16°05′，东经 111°45′—111°50′；Bedugia）开往双峙（双子群礁：北纬 11°23′—11°28′，东经 114°19′—114°25′；Diang Du），航行针用缝针（正对着乾巽和巳亥的中间线），航程二十八更到达，收帆泊船。

自双峙往铁峙使子午癸丁平二更收。

今注：在南沙，从双峙（双子群礁：北纬 11°23′—11°28′，东经 114°19′—114°25′；Diang Du）开往铁峙（中业岛：北纬 11°03′，东经 114°17′；Hi Du），航行针用缝针（正对着子午和癸丁的中间线），航程二更到达，收帆泊船。

自下峙沙仔至铁峙沙排使壬丙二线巳亥二更收。

今注：在南沙，从下峙沙仔（奈罗礁：北纬 11°23′，东经 114°19′；E Duduagia）开往铁峙沙排（铁峙礁：北纬 11°05′，东经 114°23′；Hi du Duabai），航行针用缝针（壬丙加二线巳亥），航程二更到达，收帆泊船。

自铁峙至库归使乙辛辰戌二更收。

今注：在南沙，从铁峙（中业岛：北纬 11°03′，东经 114°17′；Hi Du）开往库归（库归礁：北纬 10°44′—10°46′，东经 114°35′；Hougui），航行针用缝针（乙辛和辰戌的中间线），航程二更到达，收帆泊船。

自库归至三角使乙辛辰戌五更收。

今注：在南沙，从库归（库归礁：北纬 10°44′—10°46′，东经 114°35′；Hougui）开往三角（三角礁：北纬 10°10′—10°13′，东经

① 北海（南沙群岛）的更路部分。

115°16′—115°19′；Dagag)，航行针用缝针（乙辛和辰戌的中间线），航程五更到达，收帆泊船。

自三角至双门使乾巽二更收。

今注：在南沙，从三角（三角礁：北纬 10°10′—10°13′，东经 115°16′—115°19′；Dagag）开往双门（美济礁：北纬 9°52′—9°56′，东经 115°30′—115°35′；Diangmui)，航行针用单针（乾巽)，航程二更到达，收帆泊船。

自双门至断节使乙辛卯酉二更收。

今注：在南沙，从双门（美济礁：北纬 9°52′—9°56′，东经 115°30′—115°35′；Diangmui）开往断节（仁爱礁：北纬 9°39′—9°48′，东经 115°51′—115°54′；Duidad)，航行针用缝针（乙辛和卯酉的中间线)，航程二更到达，收帆泊船。

自断节至牛车英使乙辛二更收。

今注：在南沙，从断节（仁爱礁：北纬 9°39′—9°48′，东经 115°51′—115°54′；Duidad）开往牛车英（牛车轮礁：北纬 9°36′，东经 116°10′；Gusia'eng)，航行针用单针（乙辛)，航程二更到达，收帆泊船。

自牛车英至脚坡使乾巽二更收。

今注：在南沙，从牛车英（牛车轮礁：北纬 9°36′，东经 116°10′；Gusia'eng）开往脚坡（海口礁：北纬 9°11′，东经116°27′；Ha Po)，航行针用单针（乾巽)，航程二更到达，收帆泊船。

自脚坡使至石龙使乙辛卯酉平一更收。

今注：在南沙，从脚坡（海口礁：北纬 9°11′，东经 116°27′；Ha Po）开往石龙（舰长礁：北纬 9°02′，东经 116°40′；Zioliong)，航行针用缝针（正对着乙辛和卯酉的中间线)，航程一更到达，收帆泊船。

自石龙至鱼鳞使癸丁四更收。

今注：在南沙，从石龙（舰长礁：北纬 9°02′，东经 116°40′；

Zioliong）开往鱼鳞（仙宾礁：北纬 9°43′—9°49′，东经 116°25′—116°37′；Hulan），航行针用单针（癸丁），航程四更到达，收帆泊船。

自鱼鳞至五风使巳亥四更收。

今注：在南沙，从鱼鳞（仙宾礁：北纬 9°43′—9°49′，东经 116°25′—116°37′；Hulan）开往五风（五方礁：北纬 10°27′—10°32′，东经 115°42′—115°48′；Ngouhuang），航行针用单针（巳亥），航程四更到达，收帆泊船。

自贡士沙至红草沙排使乙辛辰戌三更收。

今注：在南沙，从贡士沙（贡士礁：北纬 11°28′，东经 114°24′；Gongse Dua）开往红草沙排（长滩：北纬 10°55′—11°09′，东经 114°37′—114°49′；Angsao Duabai），航行针用缝针（乙辛和辰戌的中间线），航程三更到达，收帆泊船。

自沙排[①]至火哀使乾巽二更收。

今注：在南沙，从（红草）沙排（长滩：北纬 10°55′—11°09′，东经 114°37′—114°49′；Angsao Duabai）开往火哀（火艾礁：北纬 10°53′，东经 114°56′；Hue'ai），航行针用单针（乾巽），航程二更到达，收帆泊船。

自目镜下深圈使寅申二更兼二线申[②]。

今注：在南沙，从目镜（司令礁：北纬 8°22′—8°24′，东经115°11′—115°17′；Maggia）开往深圈（榆亚暗沙：北纬 8°07′—8°14′，东经 114°30′—114°50′；Simhuan），航行针用缝针（寅申加二线甲庚），航程二更到达，收帆泊船。

---

① 从上下文来看，此处应为红草沙排——译注。

② 据其地理位置看，航向应为“寅申兼二线甲庚”。

自火哀至三角使乾巽四更收。

今注：在南沙，从火哀（火艾礁：北纬 10°53′，东经 114°56′；Hue'ai）开往三角（三角礁：北纬 10°10′—10°13′，东经 115°16′—115°19′；Dagag），航行针用单针（乾巽），航程四更到达，收帆泊船。

自红草沙排至红草乙辛二更收。

今注：在南沙，从红草沙排（长滩：北纬 10°55′—11°09′，东经 114°37′—114°49′；Angsao Duabai）开往红草（西月岛：北纬 11°05′，东经 115°02′；Angsao），航行针用单针（乙辛），航程二更到达，收帆泊船。

自红草至罗孔使乙辛卯酉平五更收。

今注：在南沙，从红草（西月岛：北纬 11°05′，东经 115°02′；Angsao）开往罗孔（马欢岛：北纬 10°44′，东经 115°48′；Lohong），航行针用缝针（乙辛和卯酉的中间线），航程五更到达，收帆泊船。

自罗孔至鲎藤使乙辛卯酉二更收。

今注：在南沙，从罗孔（马欢岛：北纬 10°44′，东经 115°48′；Lohong）开往鲎藤（鲎藤礁：北纬 10°37′，东经 116°10′；Hao Dim），航行针用缝针（乙辛和卯酉的中间线），航程二更到达，收帆泊船。

自红草至五风使乙辛辰戌四更收。

今注：在南沙，从红草（西月岛：北纬 11°05′，东经 115°02′；Angsao）开往五风（五方礁：北纬 10°27′—10°32′，东经 115°42′—115°48′；Ngouhuang），航行针用缝针（乙辛和辰戌的中间线），航程四更到达，收帆泊船。

自铁峙至铜金……

今注：在南沙，从铁峙（中业岛：北纬 11°03′，东经 114°17′；Hi Du）开往铜金（杨信沙洲：北纬 10°43′，东经 114°32′；Danggim）……

自五风尾至断节使壬丙四更收。

今注：在南沙，从五风尾（五方尾：北纬10°27′，东经115°44′；Ngouhuang Vie）西南部开往断节（仁爱礁：北纬9°39′—9°48′，东经115°51′—115°54′；Duidad），航行针用单针（壬丙），航程四更到达，收帆泊船。

自断节至双担使巳亥二更收。

今注：在南沙，从断节（仁爱礁：北纬9°39′—9°48′，东经115°51′—115°54′；Duidad）开往双担（信义礁：北纬9°20′—9°21′，东经115°54′—115°58′；Diangda），航行针用单针（巳亥），航程二更到达，收帆泊船。

自双担至海公使乾巽兼辰戌平三更收。

今注：在南沙，从双担（信义礁：北纬9°20′—9°21′，东经115°54′—115°58′；Diangda）开往海公（半月礁：北纬8°54′，东经116°17′；Haigong），航行针用缝针（正对着乾巽和辰戌的中间线），航程三更到达，收帆泊船。

自海公回双担使壬丙三更直收。

今注：在南沙，从海公（半月礁：北纬8°54′，东经116°17′；Haigong）返回双担（信义礁：北纬9°20′—9°21′，东经115°54′—115°58′；Diangda），航行针用单针（壬丙），航程三更到达，收帆泊船。

自双担下鸟串使乙辛二更收。

今注：在南沙，从双担（信义礁：北纬9°20′—9°21′，东经115°54′—115°58′；Diangda）开往鸟串（仙娥礁：北纬9°22′—9°26′，东经115°26′—115°28′；Jiaosuan），航行针用单针（乙辛），航程二更到达，收帆泊船。

自鸟串回银饼使壬丙兼二线巳亥五更收。

今注：在南沙，从鸟串（仙娥礁：北纬9°22′—9°26′，东经

115°26′—115°28′；Jiaosuan）开往银饼（安达礁：北纬 10°21′，东经 114°42′；Nginbia），航行针用缝针（壬丙加二线巳亥），航程五更到达，收帆泊船。

自铁峙至铜金使辰戌二更收。

今注：在南沙，从铁峙（中业岛：北纬 11°03′，东经 114°17′；Hi Du）开往铜金（杨信沙洲：北纬 10°43′，东经 114°32′；Danggim），航行针用单针（辰戌），航程二更到达，收帆泊船。

自铜金至银饼使乾巽二更收。

今注：在南沙，从铜金（杨信沙洲：北纬 10°43′，东经 114°32′；Danggim）开往银饼（安达礁：北纬 10°21′，东经 114°42′；Nginbia），航行针用单针（乾巽），航程二更到达，收帆泊船。

自银饼回黄山马使卯酉二更收。

今注：在南沙，从银饼（安达礁：北纬 10°21′，东经 114°42′；Nginbia）返回黄山马（太平岛：北纬 10°23′，东经 114°22′；Uiduave），航行针用单针（卯酉），航程二更到达，收帆泊船。

自黄山马至牛栀使乾巽二更收。

今注：在南沙，从黄山马（太平岛：北纬 10°23′，东经 114°22′；Uiduave）开往牛栀（牛轭礁：北纬 9°57′—10°00′，东经 114°36′—114°40′；Gu'e），航行针用单针（乾巽），航程二更到达，收帆泊船。

自牛栀至目镜使巳亥壬丙九更收。

今注：在南沙，从牛栀（牛轭礁：北纬 9°57′—10°00′，东经 114°36′—114°40′；Gu'e）开往目镜（司令礁：北纬 8°22′—8°24′，东经 115°11′—115°17′；Maggia），航行针用缝针（巳亥和壬丙的中间线），航程九更到达，收帆泊船。

自目镜至无乜线使乾巽兼辰戌三更。

今注：在南沙，从目镜（司令礁：北纬 8°22′—8°24′，东经

115°11′—115°17′；Maggia）开往无乜线（无乜礁：北纬 8°50′—8°53′，东经 114°38′—114°41′；Vomi Dua），航行针用缝针（乾巽和辰戌的中间线），航程三更到达，收帆泊船。

自无乜线至深圈使壬丙三更。

今注：在南沙，从无乜线（无乜礁：北纬 8°50′—8°53′，东经 114°38′—114°41′；Vomi Dua）开往深圈（榆亚暗沙：北纬 8°07′—8°14′，东经 114°30′—114°50′；Simhuan），航行针用单针（壬丙），航程三更到达，收帆泊船。

自深圈下半箕[①]使甲庚兼四线寅申二更。

今注：在南沙，从深圈（榆亚暗沙：北纬 8°07′—8°14′，东经 114°30′—114°50′；Simhuan）开往半箕（簸箕礁：北纬 8°06′，东经 114°08′；Buagi），航行针用缝针（甲庚加四线寅申），航程二更到达，收帆泊船。

自半箕[②]下铜章使寅申兼二线甲庚一更。

今注：在南沙，从半箕（簸箕礁：北纬 8°06′，东经 114°08′；Buagi）开往铜章（南海礁：北纬 7°56′—8°00′，东经 113°53′—113°58′；Dangziang），航行针用缝针（寅申加二线甲庚），航程一更到达，收帆泊船。

自铜章至光星仔使壬丙二更。

今注：在南沙，从铜章（南海礁：北纬 7°56′—8°00′，东经 113°53′—113°58′；Dangziang）开往光星仔（光星仔礁：北纬 7°37′，东经 113°56′；Guangsegia），航行针用单针（壬丙），航程二更到达，收帆泊船。

---

①② 即为“簸箕”——译注。

自光星仔至石公厘使子午一更半。

今注：在南沙，从光星仔（光星仔礁：北纬7°37′，东经113°56′；Guangsegia）开往石公厘（弹丸礁：北纬7°23′，东经113°50′；Ziogongli），航行针用单针（子午），航程一更半到达，收帆泊船。

自石公厘至五百弍使癸丁丑未平二更。

今注：在南沙，从石公厘（弹丸礁：北纬7°23′，东经113°50′；Ziogongli）开往五百弍（皇路礁：北纬6°57′，东经113°35′；Ngoubeyi），航行针用缝针（正对着癸丁和丑未的中间线），航程二更到达，收帆泊船。

自五百弍至单节使癸丁丑未平三更。

今注：在南沙，从五百弍（皇路礁：北纬6°57′，东经113°35′；Ngoubeyi）开往单节（南通礁：北纬6°20′，东经113°14′；Dandad），航行针用缝针（正对着癸丁和丑未的中间线），航程三更到达，收帆泊船。

自铜章至海口线使辰戌兼一线乾巽三更。

今注：在南沙，从铜章（南海礁：北纬7°56′—8°00′，东经113°53′—113°58′；Dangziang）开往海口线（柏礁：北纬8°04′—8°17′，东经113°15′—113°23′；Haihao Dua），航行针用缝针（辰戌加一线乾巽），航程三更到达，收帆泊船。

自海口线下大铜铳使乾巽五更。

今注：在南沙，从海口线（柏礁：北纬8°04′—8°17′，东经113°15′—113°23′；Haihao Dua）开往大铜铳（东礁：北纬8°48′—8°50′，东经112°34′—112°40′；Dua Dangsong），航行针用单针（乾巽），航程五更到达，收帆泊船。

自铜铳仔下大铜铳使甲庚一更。

今注：在南沙，从铜铳仔（华阳礁：北纬8°51′—8°52′，东经

112°50′—112°53′；Dangsonggia）开往大铜铳（东礁：北纬 8°48′—8°50′，东经 112°34′—112°40′；Dua Dangsong），航行针用单针（甲庚），航程一更到达，收帆泊船。

自铜铳下弄鼻深圈使乙辛二更。

今注：在南沙，从铜铳（东礁：北纬 8°48′—8°50′，东经 112°34′—112°40′；Dangsong）开往弄鼻（西礁：北纬 8°49′—8°53′，东经 112°12′—112°17′；Langpi），航行针用单针（乙辛），航程二更到达，收帆泊船。

自弄鼻下鸟仔峙使寅申二更。

今注：在南沙，从弄鼻（西礁：北纬 8°49′—8°53′，东经 112°12′—112°17′；Langpi）开往鸟仔峙（南威岛：北纬 8°39′，东经 111°55′；Ziaogia Du），航行针用单针（寅申），航程二更到达，收帆泊船。

自黄山马至南乙峙使壬丙一更。

今注：在南沙，从黄山马（太平岛：北纬 10°23′，东经114°22′；Uiduave）开往南乙峙（鸿庥岛：北纬 10°11′，东经 114°22′；Nam'id Du），航行针用单针（壬丙），航程一更到达，收帆泊船。

自南乙峙至称钩使癸丁二更。

今注：在南沙，从南乙峙（鸿庥岛：北纬 10°11′，东经 114°22′；Nam'id Du）开往称钩（景宏岛：北纬 9°52′，东经114°20′；Singao），航行针用单针（癸丁），航程二更到达，收帆泊船。

自称钩至荷乐门使子午四更。

今注：在南沙，从称钩（景宏岛：北纬 9°52′，东经 114°20′；Singao）开往荷乐门（南华礁：北纬 8°40′—8°46′，东经 114°10′—114°12′；Olomui），航行针用单针（子午），航程四更到达，收帆泊船。

自荷乐门至六门使乾巽兼辰戌一更。

今注：在南沙，从荷乐门（南华礁：北纬 8°40′—8°46′，东经

114°10′—114°12′；Olomui）开往六门（六门礁：北纬 8°46′—8°50′，东经 113°54′—114°03′；Lagmui），航行针用缝针（乾巽和辰戌的中间线），航程一更到达，收帆泊船。

自六门至铜章使子午四更。

今注：在南沙，从六门（六门礁：北纬 8°46′—8°50′，东经 113°54′—114°03′；Lagmui）开往铜章（南海礁：北纬 7°56′—8°00′，东经 113°53′—113°58′；Dangziang），航行针用单针（子午），航程四更到达，收帆泊船。

自六门至石盘使乾巽兼辰戌平二更收。

今注：在南沙，从六门（六门礁：北纬 8°46′—8°50′，东经 113°54′—114°03′；Lagmui）开往石盘（毕生礁：北纬 8°56′—8°59′，东经 113°39′—113°44′；Ziobua），航行针用缝针（正对着乾巽和辰戌的中间线），航程二更到达，收帆泊船。

自石盘至上城使乾巽巳亥平四更。

今注：在南沙，从石盘（毕生礁：北纬 8°56′—8°59′，东经 113°39′—113°44′；Ziobua）开往上城（永暑礁：北纬 9°30′—9°40′，东经 112°53′—113°04′；Ziovu），航行针用缝针（正对着乾巽和巳亥的中间线），航程四更到达，收帆泊船。

自上城至大铜铳使甲庚兼四线卯酉四更。

今注：在南沙，从上城（永暑礁：北纬 9°30′—9°40′，东经 112°53′—113°04′；Ziovu）开往大铜铳（东礁：北纬 8°48′—8°50′，东经 112°34′—112°40′；Dua Dangsong），航行针用缝针（甲庚加四线卯酉），航程四更到达，收帆泊船。

自黄山马至劳牛劳使寅申三更。

今注：在南沙，从黄山马（太平岛：北纬 10°23′，东经 114°22′；Uiduave）开往劳牛劳（大现礁：北纬 10°00′—10°08′，东经 113°52′

—113°53′；Laogulao)，航行针用单针（寅申），航程三更到达，收帆泊船。

自劳牛劳至恶浪门使壬丙五更。

今注：在南沙，从劳牛劳（大现礁：北纬10°00′—10°08′，东经113°52′—113°53′；Laogulao）开往恶浪门（南华礁：北纬8°40′—8°46′；东经114°10′—114°12′；Olomui)，航行针用单针（壬丙），航程五更到达，收帆泊船。

自秤钩至石盘使丑未兼线艮坤四更。

今注：在南沙，从秤钩（景宏岛：北纬9°52′，东经114°20′；Singao）开往石盘（毕生礁：北纬8°56′—8°59′，东经113°39′—113°44′；Ziobua)，航行针用缝针（丑未加○线艮坤)，航程四更到达，收帆泊船。

自劳牛劳下上城使寅申四更。

今注：在南沙，从劳牛劳（大现礁：北纬10°00′—10°08′，东经113°52′—113°53′；Laogulao）开往上城（永暑礁：北纬9°30′—9°40′，东经112°53′—113°04′；Ziovu)，航行针用单针（寅申），航程四更到达，收帆泊船。

自染青石至无乜线使子午壬丙平四更。

今注：在南沙，从染青石（染青东礁：北纬9°54′，东经114°36′；Nise Zio）开往无乜线（无乜礁：北纬8°50′—8°53′，东经114°38′—114°41′；Vomi Dua)，航行针用缝针（正对着子午和壬丙的中间线)，航程四更到达，收帆泊船。

自铁峙下铁线使丑未一更。

今注：在南沙，从铁峙(中业岛：北纬11°03′，东经114°17′；Hi Du）开往铁线（铁线礁：北纬11°01′—11°04′，东经114°11′—114°16′；Hidua)，航行针用单针（丑未)，航程一更到达，收帆泊船。

自铁峙下丑未使艮坤二更。

今注：在南沙，从铁峙（中业岛：北纬 11°03′，东经 114°17′；Hi Du）开往丑未（渚碧礁：北纬 10°54′—10°56′，东经 114°04′—114°07′；Suivi），航行针用单针（艮坤），航程二更到达，收帆泊船。

自丑未下黄山马使乾巽四更。

今注：在南沙，从丑未（渚碧礁：北纬 10°54′—10°56′，东经 114°04′—114°07′；Suivi）开往黄山马（太平岛：北纬 10°23′，东经 114°22′；Uiduave），航行针用单针（乾巽），航程四更到达，收帆泊船。

自鱼鳞至（东头）乙辛使乙辛三更。

今注：在南沙，从鱼鳞（仙宾礁：北纬 9°43′—9°49′，东经 116°25′—116°37′；Hulan）开往（东头）乙辛（蓬勃暗沙：北纬 9°27′，东经 116°56′；Danghao'iddin），航行针用单针（乙辛），航程三更到达，收帆泊船。

自鸟仔峙至（西头）乙辛使乙辛二更。

今注：在南沙，从鸟仔峙（南威岛：北纬 8°39′，东经 111°55′；Ziaogia Du）开往（西头）乙辛（日积礁：北纬 8°39′—8°40′，东经 111°39′—111°42′；Daihao'idin），航行针用单针（乙辛），航程二更到达，收帆泊船。

自铁峙往第三用巳亥二更。

今注：在南沙，从铁峙（中业岛：北纬 11°03′，东经 114°17′；Hi Du）开往第三（南钥岛：北纬 10°40′，东经 114°25′；Doida），航行针用单针（巳亥），航程二更到达，收帆泊船。

自第三往黄山马子午二更。

今注：在南沙，从第三（南钥岛：北纬 10°40′，东经 114°25′；Doida）开往黄山马（太平岛：北纬 10°23′，东经 114°22′；Uiduave），航行针用单针（子午），航程二更到达，收帆泊船。

三、卢家炳藏本《更路簿》

卢家炳，海南省琼海市潭门镇草塘村委会上教村人，1950年7月1日生。他保存的手抄本《更路簿》的传承系统为：高祖父卢有谊→曾祖父卢修福→祖父卢鸿保→父亲卢业发→卢家炳。

北海（南沙群岛）

自三圈亚村驶罗孔，乾巽兼四线巳亥，三十七更，东南。（罗孔东北有浅海，二更远。）

今注：在南沙，从三圈（浪花礁：北纬16°01′—16°05′，东经112°26′—112°36′；Dahuang）开往罗孔（马欢岛：北纬10°44′，东经115°48′；Lohong），航行针向用缝针（乾巽加四线巳亥），航程三十七更到达。马欢岛东北边二更远的地方有一个浅海。

自白屿仔使双屿，乾巽巳亥，平二十八更收。

今注：在南沙，从白屿仔（盘石屿：北纬16°02′—16°05′，东经111°45′—111°50′；Bedugia）开往双屿（双子群礁：北纬11°23′—11°28′，东经114°19′—114°25′；Diang Du），航行针向用缝针（乾巽和巳亥的中间线），航程二十八更到达。

自双屿使铁屿，子午癸丁，平二更，对西南收。

今注：在南沙，从双屿（双子群礁：北纬11°23′—11°28′，东经114°19′—114°25′；Diang Du）开往铁屿（中业岛：北纬11°03′，东经114°17′；Hi Du），航行针向用缝针（子午和癸丁的中间线），航程二更到达，方向对着西南。

自下屿沙仔使铁峙沙排，壬丙加二线，二更，对东南收。

今注：在南沙，从下屿沙仔（奈罗礁：北纬 11°23′，东经 114°19′；E Duduagia）开往铁屿沙排（铁峙礁：北纬 11°05′，东经 114°23′；Hidu Duabai），航行针向用缝针（壬丙加二线），航程二更到达，方向对着东南。

自铁屿南使裤归，乙辛辰戌，二更收，对东南。

今注：在南沙，从铁屿（中业岛：北纬 11°03′，东经 114°17′；Hi Du）南边开往裤归（库归礁：北纬 10°44′—10°46′，东经 114°35′；Hougui），航行针向用缝针（乙辛和辰戌的中间线），航程二更到达，方向对着东南。

自铁屿使第三，巳亥，壹更半收。

今注：在南沙，从铁屿（中业岛：北纬 11°03′，东经 114°17′；Hi Du）开往第三（南钥岛：北纬 10°40′，东经 114°25′；Doida），航行针向用单针（巳亥），航程一更半到达。

自双王使丑未，乾巽兼二线巳亥，二更，对西北收。

今注：在南沙，从双王（双黄沙洲：北纬 10°42′—10°43′，东经 114°19′—114°20′；Diang'uang）开往丑未（渚碧礁：北纬 10°54′—10°56′，东经 114°04′—114°07′；Suivi），航行针向用缝针（乾巽加二线巳亥），航程二更到达，方向对着西北。

自丑未使黄山马，乾巽，四更，对东南收。

今注：在南沙，从丑未（渚碧礁：北纬 10°54′—10°56′，东经 114°04′—114°07′；Suivi）开往黄山马（太平岛：北纬 10°23′，东经 114°22′；Uiduave），航行针向用单针（乾巽），航程四更到达，方向对着东南。

自铁屿驶铁沙，丑未，一更，对西南收。

今注：在南沙，从铁屿（中业岛：北纬 11°03′，东经 114°17′；Hi Du）开往铁沙（铁线礁：北纬 11°01′—11°04′，东经 114°11′—114°16′；Hi Dua），航行针向用单针（丑未），航程一更到达，方向对着西南。

自铁屿驶丑未，艮坤，二更，对西南收。

今注：在南沙，从铁屿（中业岛：北纬 11°03′，东经 114°17′；Hi Du）开往丑未（渚碧礁：北纬 10°54′—10°56′，东经 114°04′—114°07′；Suivi），航行针向用单针（艮坤），航程二更到达，方向对着西南。

自第三驶银锅，辰戌，二更半，对东南收。

今注：在南沙，从第三（南钥岛：北纬 10°40′，东经 114°25′；Doida）开往银锅（安达礁：北纬 10°21′，东经 114°42′；Ngindia），航行针向用单针（辰戌），航程二更半到达，方向对着东南。

自银锅驶黄山马，卯酉，二更，对西收。

今注：在南沙，从银锅（安达礁：北纬 10°21′，东经 114°42′；Ngindia）开往黄山马（太平岛：北纬 10°23′，东经 114°22′；Uiduave），航行针向用单针（卯酉），航程二更到达，方向对着正西。

自第三驶黄山马，子午，一更半收。

今注：在南沙，从第三（南钥岛：北纬 10°40′，东经 114°25′；Doida）开往黄山马（太平岛：北纬 10°23′，东经 114°22′；Uiduave），航行针向用单针（子午），航程一更半到达。

自黄山马驶五厄，乾巽，二更，对东南收。

今注：在南沙，从黄山马（太平岛：北纬 10°23′，东经 114°22′；Uiduave）开往五厄（牛轭礁：北纬 9°57′—10°00′，东经 114°36′—114°40′；Gu’e），航行针向用单针（乾巽），航程二更到达，方向对着东南。

自五厄驶女青石，子午，半更，对南收。

今注：在南沙，从五厄（牛轭礁：北纬9°57′—10°00′，东经114°36′—114°40′；Gu'e）开往女青石（染青东礁：北纬9°54′，东经114°36′；Nise Zio），航行针向用单针（子午），航程半更到达，方向对着正南。

自女青石驶无乜沙，子午壬丙，平五更半，对东南收。

今注：在南沙，从女青石（染青东礁：北纬9°54′，东经114°36′；Nise Zio）开往无乜沙（无乜礁：北纬8°50′—8°53′，东经114°38′—114°41′；Vomi Dua），航行针向用缝针（子午和壬丙的中间线），航程五更半到达，方向对着东南。

自无乜沙驶目镜，乙辛辰戌，平三更半，对东南收。

今注：在南沙，从无乜沙（无乜礁：北纬8°50′—8°53′，东经114°38′—114°41′；Vomi Dua）开往目镜（司令礁：北纬8°22′—8°24′，东经115°11′—115°17′；Maggia），航行针向用缝针（乙辛和辰戌的中间线），航程三更半到达，方向对着东南。

自目镜驶无乜沙，乾巽辰戌，平三更半，对西北收。

今注：在南沙，从目镜（司令礁：北纬8°22′—8°24′，东经115°11′—115°17′；Maggia）开往无乜沙（无乜礁：北纬8°50′—8°53′，东经114°38′—114°41′；Vomi Dua），航行针向用缝针（乾巽和辰戌的中间线），航程三更半到达，方向对着西北。

自无乜沙驶深圈，壬丙，四更，对东南收。

今注：在南沙，从无乜沙（无乜礁：北纬8°50′—8°53′，东经114°38′—114°41′；Vomi Dua）开往深圈（榆亚暗沙：北纬8°07′—8°14′，东经114°30′—114°50′；Simhuan），航行针向用单针（壬丙），航程四更到达，方向对着东南。

自深圈亚村驶卜箕，甲庚兼一线寅申，二更，对西南收。

今注：在南沙，从深圈（榆亚暗沙：北纬 8°07′—8°14′，东经 114°30′—114°50′；Simhuan）开往卜箕（簸箕礁：北纬 8°06′，东经 114°08′；Buagi），航行针向用缝针（甲庚加一线寅申），航程二更到达，方向对着西南。

自卜箕驶铜章，寅申兼二线甲庚，一更，对西南收。

今注：在南沙，从卜箕（簸箕礁：北纬 8°06′，东经 114°08′；Buagi）开往铜章（南海礁：北纬 7°56′—8°00′，东经 113°53′—113°58′；Dangziang），航行针向用缝针（寅申加二线甲庚），航程一更到达，方向对着西南。

自铜章驶海口沙，辰戌，三更，对西北收。

今注：在南沙，从铜章（南海礁：北纬 7°56′—8°00′，东经 113°53′—113°58′；Dangziang）开往海口沙（柏礁：北纬 8°04′—8°17′，东经 113°15′—113°23′；Haihao Dua），航行针向用单针（辰戌），航程三更到达，方向对着西北。

自铜章驶光星仔，壬丙，二更，对东南收。

今注：在南沙，从铜章（南海礁：北纬 7°56′—8°00′，东经 113°53′—113°58′；Dangziang）开往光星仔（光星仔礁：北纬 7°37′，东经 113°56′；Guangsegia），航行针向用单针（壬丙），航程二更到达，方向对着东南。

自光星仔驶石公厘，子午，更半，对南收。

今注：在南沙，从光星仔（光星仔礁：北纬 7°37′，东经 113°56′；Guangsegia）开往石公厘（弹丸礁：北纬 7°23′，东经 113°50′；Ziogongli），航行针向用单针（子午），航程一更半到达，方向对着正南。

自石公离驶五百二，癸丁，二更，对西南收。

今注：在南沙，从石公离（弹丸礁：北纬7°23′，东经113°50′；Ziogongli）开往五百二（皇路礁：北纬6°57′，东经13°35′；Ngoubeyi），航行针向用单针（癸丁），航程二更到达，方向对着西南。

自五百二驶丹节，癸丁丑未，平三更，对西南收。

今注：在南沙，从五百二（皇路礁：北纬6°57′，东经13°35′；Ngoubeyi）开往丹节（南通礁：北纬6°20′，东经113°14′；Dandad），航行针向用缝针（癸丁和丑未的中间线），航程三更到达，方向对着西南。

自光星仔驶大光星，卯酉，一更，对西收。

今注：在南沙，从光星仔（光星仔礁：北纬7°37′，东经113°56′；Guangsegia）开往大光星（光星礁：北纬7°36′—7°38′，东经113°45′—113°50′；Duaguangse），航行针向用单针（卯酉），航程一更到达，方向对着正西。

自大光星驶海口沙，壬丙兼二线巳亥，五更，对西北收。

今注：在南沙，从大光星（光星礁：北纬7°36′—7°38′，东经113°45′—113°50′；Duaguangse）开往海口沙（柏礁：北纬8°04′—8°17′，东经113°15′—113°23′；Haihao Dua），航行针向用缝针（壬丙加二线巳亥），航程五更到达，方向对着西北。

自海口沙曲厄驶大铜铳，乾巽兼三线巳亥，五更，对西北收。

今注：在南沙，从海口沙（柏礁：北纬8°04′—8°17′，东经113°15′—113°23′；Haihao Dua）开往大铜铳（东礁：北纬8°48′—8°50′，东经112°34′—112°40′；Duadangsong），航行针向用缝针（乾巽加三线巳亥），航程五更到达，方向对着西北。

自大铜铳驶大弄鼻，乙辛，二更收，对西北。

今注：在南沙，从大铜铳（东礁：北纬 8°48′—8°50′，东经 112°34′—112°40′；Duadangsong）开往大弄鼻（西礁：北纬 8°49′—8°53′，东经 112°12′—112°17′；Dualangpi），航行针向用单针（乙辛），航程二更到达，方向对着西北。

自大铜铳驶弄鼻子，乾巽辰戌，平一更，对西北收。

今注：在南沙，从大铜铳（东礁：北纬 8°48′—8°50′，东经 112°34′—112°40′；Duadangsong）开往弄鼻子（中礁：北纬 8°55′，东经 112°22′；Langpigia），航行针向用缝针（乾巽和辰戌的中间线），航程一更到达，方向对着西北。

自大弄鼻驶鸟子峙，寅申，二更，对西南收。

今注：在南沙，从大弄鼻（西礁：北纬 8°49′—8°53′，东经 112°12′—112°17′；Dua1angpi）开往鸟子峙（南威岛：北纬 8°39′，东经 111°55′；Ziaogia Du），航行针向用单针（寅申），航程二更到达，方向对着西南。

自鸟子峙驶（西头）乙辛，用乙辛，一更半，对西北收。

今注：在南沙，从鸟子峙（南威岛：北纬 8°39′，东经 111°55′；Ziaogia Du）开往（西头）乙辛（日积礁：北纬 8°39′—8°40′，东经 111°39′—111°42′；Daihao′idim），航行针向用单针（乙辛），航程一更半到达，方向对着西北。

自黄山马驶南蜜，壬丙，一更，对东南收。

今注：在南沙，从黄山马（太平岛：北纬 10°23′，东经 114°22′；Uiduave）开往南蜜（鸿庥岛：北纬 10°11′，东经 114°22′；Nammid），航行针向用单针（壬丙），航程一更到达，方向对着东南。

自南蜜驶秤钩峙，子午，对南收。

今注：在南沙，从南蜜（鸿庥岛：北纬 10°11′，东经114°22′；

Nammid）开往秤钩峙（景宏岛：北纬 10°11′，东经 113°52′—114°22′；Singao Du），航行针向用单针（子午），方向对着正南。

自秤钩峙驶秤钩大沙，子午兼二线，一更，对南收。

今注：在南沙，从秤钩峙（景宏岛：北纬 9°52′，东经114°20′；Singao Du）开往秤钩大沙（赤瓜礁：北纬 9°42′，东经 114°17′；Singao Duadua），航行针向用缝针（子午加二线），航程一更到达，方向对着正南。

自秤钩大沙驶黑浪门，子午，四更，对南收。

今注：在南沙，从秤钩大沙（赤瓜礁：北纬 9°42′，东经 114°17′；Singao Duadua）开往黑浪门（南华礁：北纬 8°40′—8°46′，东经 114°10′—114°12′；Olomui），航行针向用单针（子午），航程四更到达，方向对着正南。

自黑浪门驶深圈，辰戌，四更，对东南收。

今注：在南沙，从黑浪门（南华礁：北纬 8°40′—8°46′，东经 114°10′—114°12′；Olomui）开往深圈（榆亚暗沙：北纬 8°07′—8°14′，东经 114°30′—114°50′；Simhuan），航行针向用单针（辰戌），航程四更到达，方向对着东南。

自黑浪门驶铜章，子午癸丁，平四更，对西南收。

今注：在南沙，从黑浪门（南华礁：北纬 8°40′—8°46′，东经 114°10′—114°12′；Olomui）开往铜章（南海礁：北纬 7°56′—8°00′，东经 113°53′—113°58′；Dangziang），航行针向用缝针（子午和癸丁的中间线），航程四更到达，方向对着西南。

自秤钩大沙驶六门，癸丁，四更，对西南收。

今注：在南沙，从秤钩大沙（赤瓜礁：北纬 9°42′，东经 114°17′；Singao Duadua）开往六门（六门礁：北纬 8°46′—8°50′，东经 113°54′—114°03′；Lagmui），航行针向用单针（癸丁），航程四更到达，方向对着西南。

自六门头[1]驶铜章，子午壬丙，平四更，对南收。

今注：在南沙，从六门（六门礁：北纬 8°46′—8°50′，东经 113°54′—114°03′；Lagmui）东北边开往铜章（南海礁：北纬 7°56′—8°00′，东经 113°53′—113°58′；Dangziang），航行针向用缝针（子午和壬丙的中间线），航程四更到达，方向对着正南。

自六门头[2]驶卜箕，巳亥，四（更），对东南收。

今注：在南沙，从六门（六门礁：北纬 8°46′—8°50′，东经 113°54′—114°03′；Lagmui）东北边开往卜箕（簸箕礁：北纬 8°06′，东经 114°08′；Buagi），航行针向用单针（巳亥），航程四更到达，方向对着东南。

自六门驶石盘，乾巽，二更，对西北收。

今注：在南沙，从六门（六门礁：北纬 8°46′—8°50′，东经 113°54′—114°03′；Lagmui）开往石盘（毕生礁：北纬 8°56′—8°59′，东经 113°39′—113°44′；Ziobua），航行针向用单针（乾巽），航程二更到达，方向对着西北。

自石盘驶大铜铳，甲庚卯酉，平四更，对西南。

今注：在南沙，从石盘（毕生礁：北纬 8°56′—8°59′，东经 113°39′—113°44′；Ziobua）开往大铜铳（东礁：北纬 8°48′—8°50′，东经 112°34′—112°40′；Duadangsong），航行针向用缝针（甲庚和卯酉的中间线），航程四更到达，方向对着西南。

自石盘驶上武，乾巽巳亥，平四更，对西北收。

今注：在南沙，从石盘（毕生礁：北纬 8°56′—8°59′，东经 113°39′—113°44′；Ziobua）开往上武（永暑礁：北纬 9°30′—9°40′，

---

[1][2] 琼海渔民习惯把南海岛礁的东北方称作“头”。

东经 112°53′—113°04′；Ziovu)，航行针向用缝针（乾巽和巳亥的中间线），航程四更到达，方向对着西北。

自上武亚村驶大铜铳，癸丁兼三线子午，四更，对西南收。

今注：在南沙，从上武（永暑礁：北纬 9°30′—9°40′，东经 112°53′—113°04′；Ziovu）开往大铜铳（东礁：北纬 8°48′—8°50′，东经 112°34′—112°40′；Duadangsong)，航行针向用缝针（癸丁加三线子午），航程四更到达，方向对着西南。

自南蜜驶南牛留，甲庚，二更半，南北有沙子，船放中央驶过。

今注：在南沙，从南蜜（鸿庥岛：北纬 10°11′，东经 114°22′；Nammid）开往南牛留（大现礁：北纬 10°00′—10°08′，东经 113°52′—113°53′；Namgulao)，航行针向用单针（甲庚），航程二更半到达，南北方向有沙洲，船要从中间开过。

自南牛留驶六门，壬丙，五更，对东南收。

今注：在南沙，从南牛留（大现礁：北纬 10°00′—10°08′，东经 113°52′—113°53′；Namgulao）开往六门（六门礁：北纬 8°46′—8°50′，东经 113°54′—114°03′；Lagmui)，航行针向用单针（壬丙），航程五更到达，方向对着东南。

自南牛留驶黑浪门，巳亥，五更，对东南收。

今注：在南沙，从南牛留（大现礁：北纬 10°00′—10°08′，东经 113°52′—113°53′；Namgulao）开往黑浪门（南华礁：北纬 8°40′—8°46′，东经 114°10′—114°12′；Olomui)，航行针向用单针（巳亥），航程五更到达，方向对着东南。

自南牛留驶上武，寅申，四更，对西南收。西北有小沙各一只，东南有小沙各一只。

今注：在南沙，从南牛留（大现礁：北纬 10°00′—10°08′，东经 113°52′—113°53′；Namgulao）开往上武（永暑礁：北纬 9°30′—

9°40′，东经 112°53′—113°04′；Ziovu），航行针向用单针（寅申），航程四更到达，方向对着西南。西北部和东南部各有一个小沙洲。

自乃罗驶红草沙排，辰戌兼二线乾巽，三更，对东南收。

今注：在南沙，从乃罗（北子岛：北纬 11°27′，东经 114°22′；Nailo）开往红草沙排（长滩：北纬 10°55′—11°09′，东经 114°37′—114°49′；Angsao Duabai），航行针向用缝针（辰戌加二线乾巽），航程三更到达，方向对着东南。

自红草沙排驶火哀，乾巽，二更，对东南收。

今注：在南沙，从红草沙排（长滩：北纬 10°55′—11°09′，东经 114°37′—114°49′；AngsaoDuabai）开往火哀（火艾礁：北纬 10°53′，东经 114°56′；Hue'ai），航行针向用单针（乾巽），航程二更到达，方向对着东南。

自裤归驶三角，乙辛辰戌，五更收。

今注：在南沙，从裤归（库归礁：北纬 10°44′—10°46′，东经 114°35′；Hougui）开往三角（三角礁：北纬 10°10′—10°13′，东经 115°16′—115°19′；Dagag），航行针向用缝针（乙辛和辰戌的中间线），航程五更到达。

自火哀驶三角，乾巽兼三线辰戌，四更，对东南收。

今注：在南沙，从火哀（火艾礁：北纬 10°53′，东经 114°56′；Hue'ai）开往三角（三角礁：北纬 10°10′—10°13′，东经 115°16′—115°19′；Dagag），航行针向用缝针（乾巽加三线辰戌），航程四更到达，方向对着东南。

自三角驶银锅，卯酉兼二线甲庚，三更半。

今注：在南沙，从三角（三角礁：北纬 10°10′—10°13′，东经 115°16′—115°19′；Dagag）开往银锅（安达礁：北纬 10°21′，东经 114°42′；Ngindia），航行针向用缝针（卯酉加二线甲庚），航程三更半到达。

自三角驶双门，乾巽，二更，对东南收。

今注：在南沙，从三角（三角礁：北纬10°10′—10°13′，东经115°16′—115°19′；Dagag）开往双门（美济礁：北纬9°52′—9°56′，东经115°30′—115°35′；Diangmui），航行针向用单针（乾巽），航程二更到达，方向对着东南。

自双门使银锅，辰戌，五更半。

今注：在南沙，从双门（美济礁：北纬9°52′—9°56′，东经115°30′—115°35′；Diangmui）开往银锅（安达礁：北纬10°21′，东经114°42′；Ngindia），航行针向用单针（辰戌），航程五更半到达。

自双门驶鸟串，子午兼一线癸丁，二更半，对南收。

今注：在南沙，从双门（美济礁：北纬9°52′—9°56′，东经115°30′—115°35′；Diangmui）开往鸟串（仙娥礁：北纬9°22′—9°26′，东经115°26′—115°28′），航行针向用缝针（子午加一线癸丁），航程二更半到达，方向对着正南。

自双门使断节，乙辛卯酉，平二更。

今注：在南沙，从双门（美济礁：北纬9°52′—9°56′，东经115°30′—115°35′；Diangmui）开往断节（仁爱礁：北纬9°39′—9°48′，东经115°51′—115°54′；Duidad），航行针向用缝针（乙辛和卯酉的中间线），航程二更到达。

自鸟串驶银锅，壬丙兼二线巳亥，五更，对西北收。

今注：在南沙，从鸟串（仙娥礁：北纬9°22′—9°26′，东经115°26′—115°28′；Jiaosuan）开往银锅（安达礁：北纬10°21′，东经114°42′；Ngindia），航行针向用缝针（壬丙加二线巳亥），航程五更到达，方向对着西北。

自火哀驶裤归，乙辛卯酉，平二更，对西北收。

今注：在南沙，从火哀（火艾礁：北纬 10°53′，东经 114°56′；Hue'ai）开往裤归（库归礁：北纬 10°44′—10°46′，东经 114°35′；Hougui），航行针向用缝针（乙辛和卯酉的中间线），航程二更到达，方向对着西北。

自乃罗各驶乃罗，甲庚卯酉，一更半，对西南收。

今注：在南沙，从乃罗各（永登暗沙：北纬 11°23′—11°31′，东经 114°38′—114°44′；Nailogog）开往乃罗（北子岛：北纬 11°27′，东经 114°22′；Nailo），航行针向用缝针（甲庚和卯酉的中间线），航程一更半到达，方向对着西南。

自乃罗各驶红草沙排，巳亥兼二线丙，一更半，对东南收。

今注：在南沙，从乃罗各（永登暗沙：北纬 11°23′—11°31′，东经 114°38′—114°44′；Nailogog）开往红草沙排（长滩：北纬 10°55′—11°09′，东经 114°37′—114°49′；Angsao Duabai），航行针向用缝针（巳亥加二线壬丙），航程一更半到达，方向对着东南。

自红草沙排驶红草，乙辛，二更，对东南收。

今注：在南沙，从红草沙排（长滩：北纬 10°55′—11°09′，东经 114°37′—114°49′；Angsao Duabai）开往红草（西月岛：北纬 11°05′，东经 115°02′；Angsao），航行针向用单针（乙辛），航程二更到达，方向对着东南。

自乃罗驶铁峙，午丁，二更，对西南收。

今注：在南沙，从乃罗（北子岛：北纬 11°27′，东经 114°22′；Nailo）开往铁峙（中业岛：北纬 11°03′，东经 114°17′；Hi Du），航行针向用缝针（子午和癸丁的中间线），航程二更到达，方向对着西南。

自目镜驶深圈，甲庚寅申，平二更，对西南收。

今注：在南沙，从目镜（司令礁：北纬 8°22′—8°24′，东经

115°11′—115°17′；Maggia）开往深圈（榆亚暗沙：北纬 8°07′—8°14′，东经 114°30′—114°50′；Simhuan），航行针向用缝针（甲庚和寅申的中间线），航程二更到达，方向对着西南。

自黄山马驶南牛留，寅申，三更，对西南收。

今注：在南沙，从黄山马（太平岛：北纬 10°23′，东经 114°22′；Uiduave）开往南牛留（大现礁：北纬 10°00′—10°08′，东经 113°52′—113°53′；Namgulao），航行针向用单针（寅申），航程三更到达，方向对着西南。

自丑未驶第三，辰戌兼二线乙辛，二更，对东南收。

今注：在南沙，从丑未（渚碧礁：北纬 10°54′—10°56′，东经 114°04′—114°07′；Suivi）开往第三（南钥岛：北纬 10°40′，东经 114°25′；Doida），航行针向用缝针（辰戌加二线乙辛），航程二更到达，方向对着东南。

自乃罗驶铁峙沙排，午丙，二更，对东南收。

今注：在南沙，从乃罗（北子岛：北纬 11°27′，东经 114°22′；Nailo）开往铁峙沙排（铁峙礁：北纬 11°05′，东经 114°23′；Hidu Duabai），航行针向用缝针（子午和壬丙的中间线），航程二更到达，方向对着东南。

自红草驶罗孔，乙申（辛）卯酉，平五更，对东南收。

今注：在南沙，从红草（西月岛：北纬 11°05′，东经 115°02′；Angsao）开往罗孔（马欢岛：北纬 10°44′，东经 115°48′；Lohong），航行针向用缝针（乙辛和卯酉的中间线），航程五更到达，方向对着东南。

自罗孔驶五风，午丙，更半，对东南收。

今注：在南沙，从罗孔（马欢岛：北纬 10°44′，东经 115°48′；Lohong）开往五风（五方礁：北纬 10°27′—10°32′，东经 115°42′—

115°48′；Ngouhuang），航行针向用缝针（子午和壬丙的中间线），航程一更半到达，方向对着东南。

自五风尾驶断节，壬丙巳亥，平四更，对东南收。

今注：在南沙，从五风尾（五方尾：北纬 10°27′，东经 115°44′；Ngouhuang Vue）开往断节（仁爱礁：北纬 9°39′—9°48′，东经115°51′—115°54′；Duidad），航行针向用缝针（壬丙和巳亥的中间线），航程四更到达，方向对着东南。

自断节南门驶双担，巳亥，二更，对东南收。

今注：在南沙，从断节（仁爱礁：北纬 9°39′—9°48′，东经 115°51′—115°54′；Duidad）南边开往双担（信义礁：北纬 9°20′—9°21′，东经 115°54′—115°58′；Diangda），航行针向用单针（巳亥），航程二更到达，方向对着东南。

自双担驶海公，辰戌兼三线乾巽，三更，对东南收。

今注：在南沙，从双担（信义礁：北纬 9°20′—9°21′，东经 115°54′—115°58′；Diangda）开往海公（半月礁：北纬 8°54′，东经 116°17′；Haigong），航行针向用缝针（辰戌加三线乾巽），航程三更到达，方向对着东南。

自海公驶鸟串，乾巽辰戌，平四更，对西北收。

今注：在南沙，从海公（半月礁：北纬 8°54′，东经 116°17′；Haigong）开往鸟串（仙娥礁：北纬 9°22′—9°26′，东经 115°26′—115°28′；Jiaosuan），航行针向用缝针（乾巽和辰戌的中间线），航程四更到达，方向对着西北。

自海公驶双担，壬丙，三更收，对西北。

今注：在南沙，从海公（半月礁：北纬 8°54′，东经 116°17′；Haigong）开往双担（信义礁：北纬 9°20′—9°21′，东经 115°54′—115°58′；Diangda），航行针向用单针（壬丙），航程三更到达，方向对着西北。

自罗孔驶鲎滕，乙申（辛）卯酉，平二更，对东南收。

今注：在南沙，从罗孔（马欢岛：北纬 10°44′，东经 115°48′；Lohong）开往鲎滕（鲎藤礁：北纬 10°37′，东经 116°10′；Haodim），航行针向用缝针（乙辛和卯酉的中间线），航程二更到达，方向对着东南。

自断节驶牛车英，乙辛，二更，对东南收。

今注：在南沙，从断节（仁爱礁：北纬 9°39′—9°48′，东经 115°51′—115°54′；Duidad）开往牛车英（牛车轮礁：北纬 9°36′，东经 116°10′；Gusia'eng），航行针向用单针（乙辛），航程二更到达，方向对着东南。

自牛车英驶脚坺，乾巽，二更，对东南收。

今注：在南沙，从牛车英（牛车轮礁：北纬 9°36′，东经 116°10′；Gusia'eng）开往脚坺（海口礁：北纬 9°11′，东经 116°27′；Habua），航行针向用单针（乾巽），航程二更到达，方向对着东南。

自脚坺驶石龙，乙辛卯酉，平一更，对东南收。

今注：在南沙，从脚坺（海口礁：北纬 9°11′，东经 116°27′；Habua）开往石龙（舰长礁：北纬 9°02′，东经 116°40′；Zioliong），航行针向用缝针（乙辛和卯酉的中间线），航程一更到达，方向对着东南。

自石龙驶鱼鳞，癸丁，三更，对东北收。

今注：在南沙，从石龙（舰长礁：北纬 9°02′，东经 116°40′；Zioliong）开往鱼鳞（仙宾礁：北纬 9°43′—9°49′，东经 116°25′—116°37′；Hulan），航行针向用单针（癸丁），航程三更到达，方向对着东北。

自鱼鳞驶（东头）乙辛，用乙辛，三更，对东南收。

今注：在南沙，从鱼鳞（仙宾礁：北纬 9°43′—9°49′，东经 116°25′—116°37′；Hulan）开往（东头）乙辛（蓬勃暗沙：北纬 9°27′，东经 116°56′；Danghao'iddin），航行针向用单针（乙辛），航程三更到达，方向对着东南。

自双担驶鸟串，乙辛，二更，对西北收。

今注：在南沙，从双担（信义礁：北纬 9°20′—9°21′，东经 115°54′—115°58′；Diangda,）开往鸟串（仙娥礁：北纬 9°22′—9°26′，东经 115°26′—115°28′；Jiaosuan），航行针向用单针（乙辛），航程二更到达，方向对着西北。

自五厄驶目镜，巳亥兼四线壬丙，九更，对东南收。

今注：在南沙，从五厄（牛轭礁：北纬 9°57′—10°00′，东经 114°36′—114°40′；Gu'e）开往目镜（司令礁：北纬 8°22′—8°24′，东经 115°11′—115°17′；Maggia），航行针向用缝针（巳亥加四线壬丙），航程九更到达，方向对着东南。

东海（西沙群岛）

自潭门驶出深一更，乾巽，十六更到七连。

今注：从琼海的潭门港出船，开出一更后，航行针向用单针（乾巽），航程十六更到达七连（七连屿：北纬 16°55′—16°58′，东经 112°19′—112°21′；Qilin）。

自三峙驶下峙，寅申兼一线艮坤，三更半收。

今注：在西沙，从三峙（南岛：北纬 16°57′，东经 112°20′；Da Du）开往下峙（永乐群岛：北纬 15°46′—17°07′，东经 111°11′—

112°06′；E Du)，航行针向用缝针（寅申加一线艮坤），航程三更半到达。

自红草门驶猫兴，卯酉兼三线乙辛，二更半收。

今注：在西沙，从红草门（红草门：北纬16°53′，东经112°21′；Angsaomui）开往猫兴（东岛：北纬16°40′，东经112°44′；Vaheng)，航行针向用缝针（卯酉加三线乙辛），航程二更半到达。

自猫兴驶三圈，癸丁，对西南，三更半收。

今注：在西沙，从猫兴（东岛：北纬16°40′，东经112°44′；Vaheng）开往三圈（浪花礁：北纬16°01′—16°05′，东经112°26′—112°36′；Dahuang)，航行针向用单针（癸丁），方向对着西南，航程三更半到达。

自猫峙驶三圈，巳亥，四更半收。

今注：在西沙，从猫峙（永兴岛：北纬16°50′，东经112°20′；Vadu）开往三圈（浪花礁：北纬16°01′—16°05′，东经112°26′—112°36′；Dahuang)，航行针向用单针（巳亥），航程四更半到达。

自猫兴驶红草门，乾巽，二更半收。

今注：在西沙，从猫兴（东岛：北纬16°40′，东经112°44′；Vaheng）开往红草门（红草门：北纬16°53′，东经112°21′；Angsaomui)，航行针向用单针（乾巽），航程二更半到达。

自三峙驶二圈，癸丁，四更收。

今注：在西沙，从三峙（南岛：北纬16°57′，东经112°20′；Da Du）开往二圈（玉琢礁：北纬16°19′—16°22′，东经111°57′—112°06′；Yihuan)，航行针向用单针（癸丁），航程四更到达。

自猫注驶干豆，辰戌兼二线乙辛，四更半收。

今注：在西沙，从猫注（永兴岛：北纬16°50′，东经112°20′；Vadu）开往干豆（北礁：北纬17°05′，东经111°30′；Gandao)，航行针向用缝针（辰戌加二线乙辛），航程四更半到达。

自三峙驶干豆，乙辛兼二线卯酉，三更半收。

今注：在西沙，从三峙（南岛：北纬16°57′，东经112°20′；DaDu）开往干豆（北礁：北纬17°05′，东经111°30′；Gandao），航行针向用缝针（乙辛加二线卯酉），航程三更半到达。

自干豆亚村驶银峙，巳亥兼一线乾巽，三更收。

今注：在西沙，从干豆（北礁：北纬17°05′，东经111°30′；Gandao）开往银峙（银屿：北纬16°35′，东经111°42′；Ngindu），航行针向用缝针（巳亥加一线乾巽），航程三更到达。

自四江门驶二圈，乙辛，更半收。

今注：在西沙，从四江门（晋卿门：北纬16°27′，东经111°44′；Digiang Mui）开往二圈（玉琢礁：北纬16°19′—16°22′，东经111°57′—112°06′；Yihuan），航行针向用单针（乙辛），航程一更半到达。

自二圈驶三圈，辰戌兼二线乙辛，二更半收。

今注：在西沙，从二圈（玉琢礁：北纬16°19′—16°22′，东经111°57′—112°06′；Yihuan）开往三圈（浪花礁：北纬16°01′—16°05′，东经112°26′—112°36′；Dahuang），航行针向用缝针（辰戌加二线乙辛），航程二更半到达。

自三圈驶白峙仔，甲庚，三更半收。

今注：在西沙，从三圈（浪花礁：北纬16°01′—16°05′，东经112°26′—112°36′；Dahuang）开往白峙仔（盘石屿：北纬16°02′—16°05′，东经111°45′—111°50′；Bedugia），航行针向用单针（甲庚），航程三更半到达。

自四江门驶大圈，乾巽兼二线巳亥，更半收。

今注：在西沙，从四江门（晋卿门：北纬16°27′，东经111°44′；

Digiang Mui）开往大圈（华光礁：北纬16°09′—16°17′，东经111°34′—111°49′；Duahuan）航行针向用缝针（乾巽加二线巳亥），航程一更半到达。

自大圈头驶白峙仔，午丁，一更收。

今注：在西沙，从大圈（华光礁：北纬16°09′—16°17′，东经111°34′—111°49′；Duahuan）东北边开往白峙仔（盘石屿：北纬16°02′—16°05′，东经111°45′—111°50′；Bedugia），航行针向用缝针（子午与癸丁的中间线），航程一更到达。

自大圈南边门（驶）白峙仔，巳亥，一更收。

今注：在西沙，从大圈（华光礁：北纬16°09′—16°17′，东经111°34′—111°49′；Duahuan）南边门开往白峙仔（盘石屿：北纬16°02′—16°05′，东经111°45′—111°50′；Bedugia），航行针向用单针（巳亥），航程一更到达。

自白峙仔驶半路，甲庚兼三线寅申，三更半收。

今注：在西沙，从白峙仔（盘石屿：北纬16°02′—16°05′，东经111°45′—111°50′；Bedugia）开往半路（中建岛：北纬15°47′，东经111°12′；Bualou），航行针向用缝针（甲庚加三线寅申），航程三更半到达。

自大圈亚村驶半路，丑未兼一线坤，三更收。

今注：在西沙，从大圈（华光礁：北纬16°09′—16°17′，东经111°34′—111°49′；Duahuan）开往半路（中建岛：北纬15°47′，东经111°12′；Bualou），航行针向用缝针（丑未加一线艮坤），航程三更到达。

自半路驶回港，子午，二十二更收港。

今注：在西沙，从半路（中建岛：北纬15°47′，东经111°12′；Bualou）返回潭门港，航行针向用单针（子午），航程二十二更到达。

自大圈北边驶三脚，坤未，更半收。

今注：在西沙，从大圈（华光礁：北纬16°09′—16°17′，东经111°34′—111°49′；Duahuan）北边开往三脚（琛航岛：北纬16°27′，东经111°43′；Daha），航行针向用缝针（艮坤和丑未的中间线），航程一更半到达。

自三脚驶流初，辰戌兼二（线）乙辛，一更收。

今注：在西沙，从三脚（琛航岛：北纬16°27′，东经111°43′；Daha）开往流初（珊瑚岛：北纬16°32′，东经111°36′；Laosou），航行针向用缝针（辰戌加二线乙辛），航程一更到达。

自大洲驶干豆，巳亥，拾更收。

今注：在西沙，从大洲（万宁近海大洲岛）开往干豆（北礁：北纬17°05′，东经111°30′；Gandao）航行针向用单针（巳亥），航程十更到达。

自高龙头驶干豆，乙辛，玖更收。

今注：在西沙，从高龙头开往干豆（北礁：北纬17°05′，东经111°30′；Gandao），航行针向用单针（乙辛），航程九更到达。

自铁芦港驶干豆，乾巽，十二更收。

今注：在西沙，从铁芦港开往干豆（北礁：北纬17°05′，东经111°30′；Gandao），航行针向用单针（乾巽），航程十二更到达。

自高龙头驶下峙，壬丙，十二更收。

今注：在西沙，从高龙头（N，E）开往下峙（永乐群岛：北纬15°46′—17°07′，东经111°11′—112°06′；E Du），航行针向用单针（壬丙），航程十二更到达。

自干豆头驶下峙，壬丙，三更收。

今注：在西沙，从干豆（北礁：北纬17°05′，东经111°30′；

Gandao）东北边开往下峙（永乐群岛：北纬 15°46′—17°07′，东经 111°11′—112°06′；E Du），航行针向用单针（壬丙），航程三更到达。

自银峙门驶干豆，壬丙兼二线巳亥，三更收。

今注：在西沙，从银峙门（银屿：北纬 16°35′，东经 111°42′；Ngindumui）开往干豆（北礁：北纬 17°05′，东经 111°30′；Gandao），航行针向用缝针（壬丙加二线巳亥），航程三更到达。

自干豆亚村驶回港，子午，十二更半收。

今注：在西沙，从干豆（北礁：北纬 17°05′，东经 111°30′；Gandao）返回潭门港，航行针向用单针（子午），航程十二更半到达。

自尾峙驶半路，癸丁，四更收。

今注：在西沙，从尾峙（金银岛：北纬 16°27′，东经 111°31′；Vue Du）开往半路（中建岛：北纬 15°47′，东经 111°12′；Bualao），航行针向用单针（癸丁），航程四更到达。

自三圈驶二圈，乾巽兼二线辰戌，二更半收。

今注：在西沙，从三圈（浪花礁：北纬 16°01′—16°05′，东经 112°26′—112°36′；Dahuang）开往二圈（玉琢礁：北纬 16°19′—16°22′，东经 111°57′—112°06′；Yihuan），航行针向用缝针（乾巽加二线辰戌），航程二更半到达。

自二圈亚村驶四江门，乾巽兼二线辰戌，更半收。

今注：在西沙，从二圈（玉琢礁：北纬 16°19′—16°22′，东经 111°57′—112°06′；Yihuan）开往四江门（晋卿门：北纬 16°27′，东经 111°44′；Digiang Mui），航行针向用缝针（乾巽加二线辰戌），航程一更半到达。

自二圈北边驶四江门，南风，卯酉兼乙辛，更半收。

今注：在西沙，从二圈（玉琢礁：北纬 16°19′—16°22′，东经

111°57′—112°06′；Yihuan）北边开往四江门（晋卿门：北纬 16°27′，东经 111°44′；Digiang Mui），航行针向用缝针（卯酉和乙辛的中间线），航程一更半到达。

自船唤尾使猫注，乙辛，一更收。

今注：在西沙，从船唤尾（西沙洲：北纬 16°59′，东经 112°16′；Dun'amvue）开往猫注（永兴岛：北纬 16°50′，东经 112°20′；Vadu），航行针向用单针（乙辛），航程一更到达。

自三峙驶猫注，壬丙，一更收。

今注：在西沙，从三峙（南岛：北纬 16°57′，东经 112°20′；Da Du）开往猫注（永兴岛：北纬 16°50′，东经 112°20′；Vadu），航行针向用单针（壬丙），航程一更到达。

自三峙驶干豆，乙辛兼二线卯酉，三更收。

今注：在西沙，从三峙（南岛：北纬 16°57′，东经 112°20′；Da Du）开往干豆（北礁：北纬 17°05′，东经 111°30′；Gandao），航行针向用缝针（乙辛加二线卯酉），航程三更到达。

自猫注驶下屿，甲庚寅申，平三更半收。

今注：在西沙，从猫注（永兴岛：北纬 16°50′，东经 112°20′；Vadu）开往下屿（永乐群岛：北纬 15°46′—17°07′，东经 111°11′—112°06′；E Du），航行针向用缝针（甲庚和寅申的中间线），航程三更半到达。

自二圈南边驶大圈，南风，甲庚寅申，平一更收。

今注：在西沙，从二圈（玉琢礁：北纬 16°19′—16°22′，东经 111°57′—112°06′；Yihuan）南边开往大圈（华光礁：北纬 16°09′—16°17′，东经 111°34′—111°49′；Duahuan），南风时，航行针向用缝针（甲庚和寅申的中间线），航程一更到达。

自猫注驶干豆，南风，卯酉，四更收。

今注：在西沙，从猫注（永兴岛：北纬16°50′，东经112°20′；Vadu）开往干豆（北礁：北纬17°05′，东经111°30′；Gandao），南风时，航行针向用单针（卯酉），航程四更到达。

下尤有星洲下洋

自乌仔峙驶之马雅，丹坤，四十九更收。

今注：在西沙，从乌仔峙（南威岛：北纬8°39′，东经111°55′；Ziaogia Du）开往马雅，航行针向用单针（艮坤），航程四十九更到达。

自之马雅驶东竹，寅申，八更。

今注：从马雅开往东竹，航行针向用单针（寅申），航程八更到达。

自东竹驶白石鹤登，子午兼二线丁，六更收。

今注：从东竹开往白石鹤登，航行针向用缝针（子午加二线癸丁），航程六更到达。

自白石鹤灯驶星洲门，卯酉，三更收。

今注：从白石鹤灯开往星洲门，航行针向用单针（卯酉），航程三更到达。

自大州驶外罗，子午为一线丁，十八更收。

今注：从大州（万宁近海大洲岛）开往外罗（越南中部广东群岛），航行针向用缝针（子午加一线癸丁），航程十八更到达。

自外罗驶白豆清，午丙，平六更收。

今注：从外罗（越南中部广东群岛）开往白豆清，航行针向用缝针（子午和壬丙的中间线），航程六更到达。

自白豆清驶大佛，壬丙兼二线午，六更收。

今注：从白豆清开往大佛，航行针向用缝针（壬丙加二线子午），航程六更到达。

自大佛驶落安头，丹未，六更收。

今注：从大佛开往落安头，航行针向用单针（丑未），航程六更到达。

自落安头驶头牙角，丹未，九更收。

今注：从落安头开往头牙角，航行针向用单针（丑未），航程九更到达。

自头牙角驶土敦，丹未，六更收。

今注：从头牙角开往土敦，航行针向用单针（丑未），航程六更到达。

自土敦驶昆仑，午丁，平十更收。

今注：从土敦开往昆仑（越南的昆仑岛），航行针向用缝针（子午和癸丁的中间线），航程十更到达。

自昆仑驶地盘，丁未，平三十六更收。

今注：从昆仑（越南的昆仑岛）开往地盘，航行针向用缝针（癸丁和丑未的中间线），航程三十六更到达。

自地盘驶东竹，乾巽，二更收。

今注：从地盘开往东竹，航行针向用单针（乾巽），航程二更到达。

第二章

更路簿——祖宗海的航海秘籍

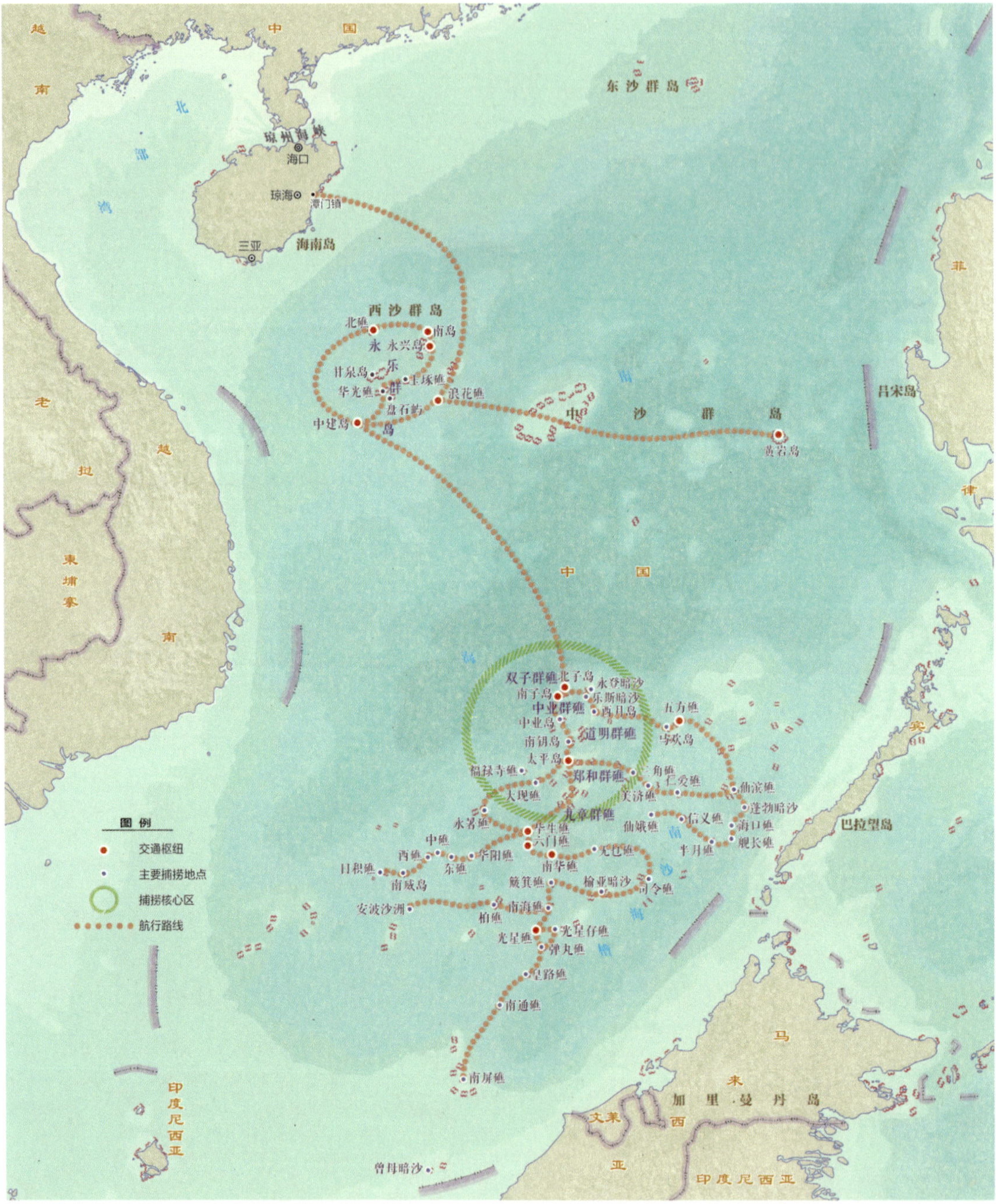

◎“更路簿”延续至今的作业航线

中国国家地理杂志社制作

第一节 何谓更路簿

在古老的帆船时代，海南渔民就已使用古代中国航海罗盘在南海上劈波斩浪，航海捕捞，生产作业，开拓出覆盖几乎整个南海的航路。

按国际水文局的定义，南海位于南纬 2°30′至北纬 23°30′，东经 99°10′至东经 121°50′之间，东北–西南长约 3100 公里，西北–东南宽约 1200 公里，面积约 350 平方公里，有泰国湾和北部湾两大海湾，其中位于中国南海断续线内的面积约 200 多万平方公里，包括东沙、西沙、中沙和南沙四个群岛。

海南渔民在年复一年的航海实践中，用海南话给南海岛礁命名，用中国传统的航海术语对自己的航路口传笔载，从而创造了地方性特色浓郁的南海作业与贸易航海指南——“更路簿”，并世代传承，相互抄录。后代渔民在世世代代的航海实践中不断验证、修正前辈记载的航线，并开拓新的航路，“更路簿”的内容从而得到不断的整理与扩充。可以说，“更路簿”是世世代代海南渔民集体创作的南海航海指南，反映了海南渔民祖祖辈辈经营、耕作南海的悠久历史，为中华民族的海洋文化积累了弥足珍贵的经验性、地方性知识。

“簿”即本子或册子，纸质，上书更路条文。从现存“更路簿”来看，早期渔民用的是草纸或棉纸。把大张纸裁剪成小张纸，抄写更路条文后，在右侧用棉线或纸编线将各页装订成册。民国时期有人用印刷好的纸张抄写更路簿条文。渔民在旧簿烂得不可用之前及时抄录新簿，以保存和使用。较早时期保存下来的簿品相老旧发黄，边缘有磨损。“更路簿”没有标注页码，也不为更路条文标注顺序号。早期版本用毛笔小楷竖行墨书，从左到右排列。后期抄本用圆珠笔、钢笔等抄写，有些是竖行抄写，但也有些是横行抄写，从上到下排列。每一条记载两个地点的地名以及二者之间的针路和更数。行文格式简明扼要。

“更”指航行的里程，也指航行的时间。“路”就是罗盘的针路，指示航向，用中国传统的二十四位罗盘上的文字表示。中国古代二十四位航海罗盘是在中国特定的文化背景中产生的，体现了我国古代多种学说：一是八卦、天干、地支等天文地理知识；二是阴阳学说；三是以乾宫为二十四向之首的原理；四是体现了五行原理，金木水火土相生相克的原理尽显于罗盘上。

“更路”二字合起来，表示从出发地到目的地之间的航向、距离以及航行所需的大致时间，更数用中文数字记载。因此海南渔民用于南海航海的海道针经被称为“更路簿”。

海南渔民现存的一些“更路簿”还记载有“流水”，即某港口一年中潮汐涨落的时间表。依据传统的 12 地支顺序记时，一天分为 12 个时辰，每个时辰为 2 个小时，子时为半夜 11 点到 1 点，依次类推。“流水”内容一般从正月初一日起逐日记载到十二月三十日，逐日记载。按中国的农历日期记载，全部使用中文数字，不使用阿拉伯数字。

“更路簿”在元代孕育，在明初形成，清代和民国时期在海南岛东部渔民中广为流传。随着卫星导航和机船的推广，20 世纪 90 年代早期，“更路簿”基本不再使用，但个别老渔民仍在使用。

1971 年 3 月，原广东省海南行政区水产局等单位组成联合调查组，并发现当时在琼海一带渔民中流传着不少有关西南沙群岛“航行更路”的抄本。1974 年，广东省博物馆征集到原琼海县潭门公社草塘大队老船长苏德柳抄写的《水路簿》（简称“苏簿”），同年9月《西沙文物》刊登了4张照片和一篇简介，“更路簿”“始为学界所知，得到重视，引起研究部门和学者搜集、整理和研究”。至今已发现存世“更路簿”30余本。

1980年1月30日我国外交部将我国宋代以来的典籍文献及历代渔民的“更路簿”作为我国对西沙群岛和南沙群岛的主权之证明材料：“西沙群岛和南沙群岛是中国最早发现、最早开发经营、最早管辖的。千百年来，中国历代政府对这两个群岛一直行使着管辖权”。1983年4月25日《人民日报》公布了中国地名委员会授权的我国南海诸岛部分标准地名287个，表明中国对这些岛礁及海域的主权。其中124个标准地名后共标注渔民习用地名187个，“其来源主要是海南渔民收藏的“更路簿”，有48个标准地名是采用渔民习用地名（含用土地名谐音的）。如今，随着南海争端加剧，“更路簿”是维护我国南海主权的重要史料之一，是集文字记载和实物资料为一体的铁的历史证据。

（海南大学 夏代云）

第二节 更路簿释名

这些渔民航海用的小册子为什么要叫“更路簿”？带着这个问题，我们于 2011 年 1 月 24 日下午到苏德柳的孙子苏标武家进行询问调查。

苏标武，1962 年出生，向我们出示了他爷爷在 1974 年捐赠给广东省博物馆的抄本复印件及一系列已经发黄的相关文件。他说：“先辈告诉我，采用这一名称最早是有中国久远的民俗传承的。”至于传承了什么，他一时未能细说。

久远的民俗传承指的是什么？联系到更路簿的功能之一是表时间，且是夜间在茫茫大海中应用，这无疑是跟民间流传已久的报时工具——更鼓相关。中国在清代才有时钟出现，清代以前民间报时使用的是更鼓。王维《冬晚对雪忆胡居士家》有云：“寒更传晓箭，清镜览衰颜。”这说明在唐代，“更”是夜间计时单位。各地说法不同，有一日夜分为十更时。一般是一夜分为五更，每更约两小时。晚上 9 点钟为“落更”，即一更，11 点钟为二更，凌晨 1 点钟为三更，3 点钟为四更，5 点钟为五更，即“收更”。唐代另一位诗人许浑，其《咸阳城东楼》一诗中“山雨欲来风满楼”一句传诵至今，在《丁卯集》中有《韶州驿楼宴罢》一诗，诗中说：“主人不醉下楼去，月在南轩更漏长。”该诗指明古代用滴漏计时，夜间凭漏刻传更，故名更漏。漏刻，也作刻漏，是古代的计时器具，用漏壶盛水，分为两种。一种是单壶，即只有一个漏水壶，水压变化大，计时精度低。目前发现的陕西平兴漏壶、河北满城漏壶和内蒙古伊克昭盟（今鄂尔多斯市）漏壶，均为西汉初期的计时工具。另一种是复壶，为两个以上的储水壶。著名的有元代延佑年间（1314—1320年）漏壶，由四个铜壶自上而下互相叠接而成，上面三壶底部有小孔，最下一壶内装一直立浮标，上刻时辰，浮标随水的注入而上升，由此可知时辰。中国早在周代就已使用漏壶测定时刻。清代以后钟表和日晷等逐渐普及，漏壶才废弃不用。更鼓在清代以后也不存在了，至于某些寺庙仍有，则是特例。

这样看来，用“更漏”来标示夜间的时刻，并以报更的鼓来通报在宋、元时期就用得很普遍了。苏轼《次韵定国见寄》一诗中有“默坐数更鼓”一句。据《元史·齐履谦传》记载，苏轼“数更鼓”的时刻，在北宋时是很准确的。在元初至元二十九年（1292年）的北京，齐履谦（字柏恒，元朝数学家）已经见到刻漏旁有宋代旧铜壶四个，会用这四个铜壶自上而下互相叠接以准确地报时。又因为元代都城漏刻用木制作，“其漏经久废坏，晨昏失度”[①]，于是齐履谦考订宋代四铜壶的漏制，“命工改作，又请重建鼓楼，增置更鼓并守漏卒”[②]。使用更鼓声报夜间时刻，一直延续到明末清初，清代因时钟广为流传就废弃了。下文说到更路簿形成的时间，远比清代早得多。

上文引苏标武所说的“久远的民俗传承”，是指更路簿的“更”传承了更鼓的“更”，是用来报时刻的。在海南渔民航海的过程中，用更路簿来指导航向时，“更”则指角度，360°方位被划分为二十四更，也指时间。

“路”，指道路或途径，即里程。大海茫茫无际，不像在陆地上“走的人多了就成了路”，海路是看不见、摸不着的，只能用地名间的距离标示“路”。于是更路簿中的“路”是一种虚拟的形态，只有与“更”和罗盘结合才能体现出来。“更”与“路”的结合，就有

①②《元史》卷一七二《齐履谦传》。

了里程的含义。

“更路”（即航线）表示里程，最早见于明代正德庚辰年（1520年）黄省曾纂修的《西洋朝贡典录·占城国第一》[①]。其中说，“海行之法，六十里为一更”。后来的《东西洋考·舟师考》引用马欢的说法，把一日一夜分为十更：“如欲度道里远近多少，准一昼夜风利所至为十更。”陈伦炯《海国闻见录》亦说“每更约水程六十里”。

“更路”还要靠针位指示才能航行。针位是罗盘指示的。笔者于2011年1月23日下午乘“琼琼海02086号”渔船出海。水手苏德清领笔者到驾驶室见船长，船长出示已经废弃良久的罗盘。罗盘装在一个普通的圆形木盒里，结构很简单，中间是指南针，盘边缘把圆周分成二十四等份，用四维、八干、十二支等二十四个字表示各

◎水手苏德清（前）与船长（后）在“琼琼海02086号”渔船上（周伟民 摄）

① 1416年《瀛涯胜览》“占城国”条称“昼夜分为十更”。1436年《星槎胜览》“占城国”条称“昼夜以善搥鼓十更为法”。“更”都是时间概念，这也证明“更”用于航海是在郑和多次下西洋之前。

等份的方位。古代罗盘，分别从“子”和“午”两字开始，将罗盘圆周的“子、壬、亥、乾、戌、辛、酉、庚、申、坤、未、丁”和“午、丙、巳、巽、辰、乙、卯、甲、寅、艮、丑、癸”分成对称的两部分。把两部分相对的字分成十二组，即“子午、壬丙、巳亥、乾巽、辰戌、乙辛、卯酉、甲庚、寅申、艮坤、丑未、癸丁”，每组表示两个相反方向，于是便构成了二十四个方向。在确定航向时相对的两个字使用正向还是反向，每条“更路”包含的起讫地点、针路和更数，船长都心中有数。

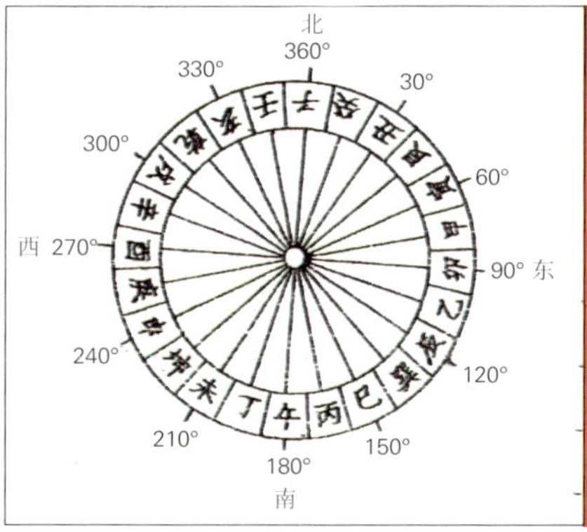

◎罗 盘

船长说，旧时航海一般一条船备三只罗盘，船长掌握一只，驾驶员用两只，罗盘的子午线对准船的中轴线。在以风力为动力的帆船上，行船时除了紧盯罗盘外，还要观察日月星辰，并综合考虑当时的海流、潮汐、风向和风速等来把握航向。

罗盘中的二十四个字将圆周分开：子向正北，午向正南，卯向正东，酉向正西，相邻的左右两个字之间形成一个15°的锐角，这个锐角又可分成5个部分，每个部分是3°，但这些细分为3°的“线”不在罗盘表面上出现，驾驶员凭经验据海流、风向等具体情况灵活掌握。

风帆船全靠风力驱动，风向、风速等因素对航行影响大。虽然航行的距离、时间在更路簿中都用更数表示，但实际船行路线多是

"之"字形，一更一般是六十海里，变化是绝对有的。故不同的更路簿在相同的两地间的条文中更路数据往往不同，如潭门到西沙北岛，苏德柳本和卢洪兰本标示是十五更，而李魁茂本则标十七更。

在没有时钟计时的情况下，渔船在茫茫大海中远航，特别是夜晚，怎样计时？约定俗成地，一昼夜分为十更。那么一更是多久？渔民通常点燃香条，"以焚香几支为度"（清·黄叔璥），即一更以烧几支香来度量。潘有源《海船行》一诗中，有"香工昼夜燃灯灿"一句，船上有专设或兼职的焚香人员称"香工"。

航海或者进港时要知道水深，明代黄省曾在《西洋朝贡典录·占城国第一》中明确指出"以托避礁浅"。黄省曾说的"托"，是古代航海测海水深浅的长度单位。张燮在《东西洋考》中说，托是方言，"谓长如两手分开者为一托"[①]。托即探水用的"砣"的讹音。测水的深浅，是为避礁、浅，即以免触礁或搁浅。一托约为1.5米，即一人双臂伸直的长度。用长绳系铁砣投入海中探测深浅，方言叫"打水托"。而探海流的方法是将湿炉灰捏成团抛入流水中，如稍有溶解即下沉，谓之正常，若溶解极快或被冲走，则为异常。

概括地说，"更路"既表时间又表航向和里程；每一条更路都包括四个因素：起点、终点、针路和更数。而"簿"就是现在所说的本子。更路簿是由"火长"把渔船特点、海水流向与流速、风向、风速和所需时间融为一体，综合考虑，加以修正而成的。海南渔民在南海诸岛海域航行的"更路"（即航线）有200多条，如王国昌抄本有251条，王诗桃抄本有279条。更路簿中给西沙和南沙各岛、洲、礁、滩、沙所取的俗名有136个，而现代船舰航行，不再使用更路簿。

（海南大学 周伟民 唐玲玲）

① 〔明〕张燮著，谢方点校：《东西洋考》，中华书局，2000年版，第170页。

第三节　更路簿产生的历史背景

截至目前，我们能寻找到的更路簿共有24种，另外有一幅带有更路簿性质的1935年老渔民符宏光绘制的《西、南沙群岛地理位置图》（示意图）以及20世纪80年代初郭振乾根据抄本更路簿绘制的一幅《西、南沙群岛渔业更路图》。历史上到底有过多少种更路簿，至今无法统计。2011年1月19日上午，在琼海市潭门镇渔民协会麦邦奋会长的陪同下，我们访问了上教村的老会员卢业发，他说："当年渔船上只要有罗盘就行，更路簿都在船长脑子里！"又据郭振乾调查，文昌市龙楼镇红海村人符用杏，"虽没有更路簿，但他对一些主要航路的更数都能熟记"[①]。这样说来，每一位出海到西、南、中沙的船长，脑子里都有一本更路簿。成文的都无法统计，不成文的更路簿更不知道有多少——更路簿真是"庭院深深深几许"！

可见，现存的24种更路簿的抄录或收藏人多数是琼海市潭门镇人，其余的分别是文昌市东郊镇、铺前镇和清澜镇人，但这两个市的抄录、收藏者又有交叉。如1921年苏德柳（潭门人）抄本在扉页上注明"抄自文昌"，而在开始处写道"(1) 立东海更路""自大潭过东海"，渔船的始发站是大潭。"大潭"即琼海潭门镇隔着浅海外面大片珊瑚礁盘所面对的大潭。因此，"苏本"显然是琼海渔民首创。可以推断，琼海潭门渔民创造了"苏本"，后来由文昌渔民传抄

① 郭振乾：《南海诸岛的主人》，载《南海诸岛地名资料汇编》，广东省地图出版社，1987年3月版，第464页。

过去，在潭门地区却消失了；于是潭门人苏德柳的父亲苏承栋又自文昌抄回，由苏德柳在 13 岁时重新抄录。不管历史上存在过多少种更路簿，传抄情况多复杂，其大都是由琼海市潭门镇的渔民，以及文昌市东郊镇、铺前镇、清澜镇的渔民所创造的，也有极少数是临高渔民创造的。

更路簿产生的历史背景是什么？

这些渔港，都有着哪些特殊的地理环境和人文因素？

一、上述各镇的土地条件不适于耕田，其所面对的海域又极适于“耕海”

上述各镇都在珊瑚礁滩密集的海边，土层浅薄，海沙堆积，不宜农耕。明清及民国时期，没有化肥，或者化肥极少且昂贵，居民们不能从土地中获得供给。而海边特别适宜于渔捞，如文昌市铺前镇的海岸（见图 1），从北面的新埠海、铺前港到东寨港，都是浅海，鱼虾

◎图 1　文昌市铺前镇海岸略图

◎图 2 文昌市东郊镇（东）及清澜镇（西）海岸略图

◎图 3 琼海市潭门镇海岸略图

丰美。张之洞于光绪十五年（1889 年）编撰的《广东海图说·铺前所》中记载：“港口有大沙滩二处……滩上有村，名北港。”北港村的村民们不可能在沙滩上耕作。清澜镇（见图 2）和东郊镇也是一样。琼海市潭门镇（见图 3）更为特殊，沿着海边有绵延几千米的浅海，浅海隔岸半海里处形成了几千米长的形似蚕虫的长珊瑚礁，阻挡海浪拍岸，让浅海风平浪静，海域内水质肥沃，鱼虾丰美。潭门居民自从明代成化初年[①]迁来以后，就以渔捞为生，浅海练就了潭门人一身的渔捞本事。随着社会的发展，他们不再仅满足于浅海渔捞，便造船到西沙，逐渐走向中沙，直至抵达南沙。

① 潭门镇苏德柳家藏的苏氏族谱记载，苏氏祖宗是明代成化四年（1468 年）迁到潭门的。

二、当地海神信仰的精神支撑

浩浩大海波涛万顷，特别是到了南海以后更是如此。在船只仅靠海风做动力的时代，人在大海航行常遇不测，渔民心中祈求超自然力的海神保护的心愿非常迫切。

文昌市的渔民一般信奉妈祖、“一百零八兄弟公”[①]，也有的信奉水尾圣娘。而最具特色的是潭门，这里的渔民将普遍性的海洋信仰和本土的精神资源整合，让本地渔民出海有安身立命的安全感。他们将“一百零八兄弟公”和本地的“山水二类五姓孤魂”一起供奉。笔者分别于 2011 年 1 月 19 日和 2012 年 8 月 17 日瞻仰了潭门镇大渔村、文教村的“文教兄弟庙”（见图 4），该庙十分典型。庙宇建在村东距大海仅数十米处，庙址选在一处小高坡，建筑面积也不过 100 平方米左右。可是，庙不在大，有神则灵。庙门正对东边波涛浩渺的南海。神庙额题“文教兄弟庙”。重新刷过漆的对联的上

① 关于“一百零八兄弟公”海上遇难的时代和情节，在海南的民间传说中有几个版本，但没有可以确信的、权威的书面记录。较好的书面记录，笔者仅见于〔法〕苏尔梦《巴厘的海南人：鲜为人知的社群》一文：“所谓‘一百零八兄弟’实际上是一群海南籍海上商人，他们在安南经商后于回国途中（1851 年）遭劫罹难，尸体被抛入海中。这些商人的灵魂升入天堂后，便担负起保护航海者安全的使命。在海南的铺前（1864 年）和清澜（1868 年）这两个与南洋贸易往来密切的海港，首先建起了奉祀他们的神庙。（参见 A Bonhomme, “Le Temple de Chieu-ung”, Bulletin des Amis du vieux Hué 1, 3, Juillet-Septembre 1914，第 191—209 页。除了介绍在 1887 年竣工的顺化昭应祠外，作者还提供了越南编年史片断的译文，它记录了事件的经过，以及大约 1890 年一个海南学者撰写的关于 108 个牺牲者的长篇传记。西贡海南会馆的领袖们仍然拥有《兄弟公遇难始末》，它重述了 108名商人的悲惨故事。）后来这两座神庙都被毁坏了。海南人在越南、马来西亚和泰国沿岸，即海南人迄今到达过的几乎所有地方，都为兄弟公单独建庙或在其他海南寺庙中拜祭他们。（在新加坡和西贡，把兄弟公的牌位引进天后宫的时间无法确定。在曼谷，祭祀兄弟公的昭应庙建于 1871 年。Wolfgang Franke, Pornpan Juntaronanont, Chun Yin and Toe Lee Kheng:《泰国华文碑铭汇编》，新文风出版社，1998 年版，第 65—76 页。）苏尔梦的论文全文见《琼粤地方文献国际学术研讨会论文集》（周伟民主编，海南出版社，2002 年版）。

◎图4 文教兄弟庙（周伟民 摄）

联为“文通人和神恩泽”，下联为“教顺地灵渔业丰”。有意思的是，庙内墙上有麒麟壁画一幅，两旁的对联“兄弟联吟镜海清，孤魂作颂烟波静”揭示出了主题。这里的“兄弟”与“孤魂”指的是壁画前面的两座神位：右座“一百零八兄弟公”之神位，左座“山水二类五姓孤魂”之神位。神位前面都有一只相同规格的香炉。第一次参观时听潭门镇渔民协会麦邦奋会长介绍，这五姓孤魂是本地渔民收留供奉的外地无主孤魂，他们与兄弟公一道协力救助遇难渔民，神通广大，有求必应。当地渔民出海前多来此祭拜，祈求神灵的护佑。是故，庙里香火颇盛。

三、当地渔民历代“耕海”所铸就的性格

渔港的渔民都是男性，一般从十三四岁起就跟随大人出海。

海南渔民们的共同性格特征，体现在他们口头经常说的三句话：“再大的风浪也是船底过！”“宁可死在海里，也不死在家里！”“踏

平南海千顷浪!”他们世代闯南海，对大风大浪司空见惯，习以为常。麦邦奋会长说，印尼海难中潭门渔民连续在海上漂流了53个小时后获救，同时，渔民们同心协力救起了50多位遇险的外国船员。2010年夏天琼海市遭受特大洪涝灾害，潭门有50多条大渔船受损。他们在灾害过后，不等不靠，自力更生，半个月内将船全部捞起，半年内即恢复出海生产。这些活生生的事实，印证了当地渔民能够创造出更路簿的倔强性格。

在历史上，大海培养和造就了一批识字的老船长，他们多年在南海航行，积累了丰富的经验并且在海难中幸存下来，有百折不挠的事业心和历史使命感。他们将自己的航海经验加以总结，并不断在实践中修正、完善，形成了多种版本的更路簿，有的则幸运地流传下来。

还需要特别指出的是，上述这些渔港，地理环境最为特殊，处于南海海域东亚季风区的核心地带，季风和海流的规律性明显。冬季刮的是东北季风，海流由东北流向西南；夏季则吹西南季风，海流的流向也就相反，由西南流向东北。在以风为动力的帆船时代，东北季风和海流将这些渔港的渔民带到三沙，西南季风和海流又将他们带回渔港。这些渔港的渔民在世代的摸索中逐渐认识并掌握了这种自然规律，走上不耕田而“耕海”的生活征程，并因此产成了更路簿。

可以说，更路簿是上述诸镇渔民先辈历代不耕田而“耕海”，并在与大风大浪搏斗中用血汗乃至生命凝固成的生产实践的结晶。

（海南大学 周伟民 唐玲玲）

第四节 更路簿形成、盛行和衰亡的年代及其性质、特色和用途

中国是面向海洋的国家。远在新石器时代，我们的祖先就已在南海一带活动。

自汉代起，南海已有通过中南半岛经印度洋到地中海沿岸的海上通道，简称“海上丝绸之路”。最早的书面记载见于《汉书·地理志》：“自日南障塞、徐闻、合浦……”[①]对南海海上丝绸之路这条黄金海道，在《汉书》以前，已经有过千百次航行经验总结，最后肯定这种走法最为便捷，因为当时开通了与东南亚、南亚、大洋洲、非洲、欧洲等地的贸易。到了唐代，曾任鸿胪寺卿，主持各族往来朝贡，熟悉边疆山川风土又勤于搜集资料的地理学家贾耽，对南海远航有更为详细的记载。《新唐书·地理志》附录贾耽所记南海通各国的水路，是当时南海航行的通道[②]。

海上丝绸之路这条黄金海道，是中国历代航海家、渔民及海盗所勘探出来的。南海水下的礁、滩分布特别复杂，古来有“九乳螺洲”“千里长沙”“万里石塘”之称，是海上航行的危险地带。东汉杨孚的《异物志》记载：“涨海崎头，水浅而多磁石。徼外大舟

① 〔汉〕班固：《汉书》卷二十八下，《地理志》下“粤地”条。
② 〔宋〕欧阳修，宋祁：《新唐书》卷四十三下，《地理志》卷七下。

锢以铁叶，值之多拔。”[①] 这是中国最早记载的南海海况。此后，各个历史时期的典籍都有关于南海海道的记载。例如三国时吴国万震《南州异物志》载：“东北行，极大崎头，出涨海，中浅而多磁石。”[②] 宋代赵汝适《诸蕃志》载：“暇日阅《诸蕃图》，有所谓石床、长沙之险，交洋、竺屿之限。”[③] 这些文献所说的崎头、磁石、石床及长沙等，指的是南海中珊瑚礁或珊瑚岛的周围由珊瑚碎屑构成的浅滩、沙洲、暗沙等，石床、石塘、长沙都是指南海中岛、礁、沙、洲的形成与珊瑚虫的活动有关，所以这些古地名有时泛指南海诸岛，有时专指其中的一些群岛，或某一群岛。同一个古地名，在不同时代、不同的文献中所指的地域又不相同。总而言之，所说的都是南海水道的险阻。

到了明代永乐年间郑和下西洋时，《郑和航海图》中明确绘出了石塘所在地。见下图：

① 〔明〕唐胄：《正德琼台志》卷九《土产下·药之属》，转引自《异物志》，海南出版社，2006 年版，第 197—198 页。

② 〔宋〕李昉：《太平御览》卷七百九《四夷部十一·句稚国》。

③ 〔宋〕赵汝适著，杨博文校释：《诸蕃志校释》，中华书局，2000 年版，第 1 页。

长沙、石塘都是南海，也是海南渔民最早征服并进行渔捞生产的地区。

一般说来，有渔民到西沙、南沙捕鱼即开始酝酿更路或记录更路。不过，那时没有成文的口头材料传承，或者后来写成本子时参考过，而新本子写成后旧本子遂弃去。笔者于 2011 年 1 月 17 日上午在潭门镇第一次访问老船长许书琳（1931 年生）时，他说："据传，本地渔民最早到南沙捕鱼的是符再德，他在元代至元二十三年（1286 年）到南沙，但他没有后代，他的更路簿是当地渔民一代一代往下这么传的。"这仅是一个传承的说法而已。但作为一种证据，在南海诸岛上建住宅和神庙足以证明海南渔民早就在岛上栖身并获得精神上的支撑和慰藉。

据考古资料显示，甘泉岛有唐、宋时的民居遗址，出土了大量的铁锅碎片、烧煮食物的炭灰、瓷器和陶器碎片、铁刀和铁凿残片，还有吃剩的鸟骨和螺蚌壳。当时在这活动的应该是渔民。明代海南人王佐所著的《琼台外纪》中已经失传，但《道光万州志》卷三《舆地略·潮汐》转述了《琼台外纪》中的话："州东（即万州）长沙、石塘，环海之地，每遇铁飓，挟潮漫屋、淹田，则利害中于民矣。"这证明当时西沙、南沙群岛的一些岛礁上有田园和房屋，上面居住的很可能是海南渔民的先人。今天，在永兴岛、石岛、东岛、赵述岛、南岛、北岛、晋卿岛、琛航岛、广金岛、珊瑚岛、甘泉岛等处，还有明、清两代遗存的小庙共 14 座。

这些神庙供奉的是海南文昌、琼海等市县信仰的天妃、观音、一百零八兄弟公及五姓孤魂等。如琛航岛上的娘娘庙中供奉的瓷观音像是明代的龙泉窑烧制的，北岛的小庙中供有木制的神主牌。

南海诸岛上的小庙中，有些还悬有对联、横匾。如永兴岛孤魂庙中的对联是“兄弟感灵应，孤魂得恩深”，与上文笔者在潭门文教村瞻仰兄弟庙时抄录的对联“兄弟联吟镜海清，孤魂作颂烟波静”呼应，异曲同工，都祈求“海不扬波”。另外，东岛上娘娘庙中的对联是“前向双帆孤魂庙，庙后一井兄弟安”，门额是“有求必应”，讲的也是孤魂兄弟的事。

征引这些材料，目的是证明我国渔民在明代以前就在南海诸岛进行渔捞生产。到南海去进行渔捞活动，可能会产生更路簿的祖本或者形成更路簿的雏形。

由于南海自古以来是沟通西太平洋与印度洋的重要海上通道，我国古代的水师、舟子、船工和海南渔民都在不断地探索这条黄金海道的安全路线。水师、舟子、船工们航海使用的本子叫作“航海针经书”，本论题的渔民航海路线记录则是“更路簿”。更路簿记录的路线，包括国内和国外两部分，国内更路又包括西沙群岛和南沙群岛两组。笔者后来征得的苏承芬《更路簿》中又有中沙群岛一组。

先说水师、舟子、船工们所用的针经书。向达校注的《两种海道针经》的序言中记载：

“古代航海家往返于汪洋无际、波涛汹涌的大海中，对各地路程远近、方向、海上的风云气候、海流、潮汐涨退、各地方的沙线水道、礁石隐现、停泊处所水的深浅以及海底情况，都要熟悉。航海的人要知道路程远近和方向，是不消说的了；还得知道风云气候，不仅台风、飓风，就是平常的风暴、风向不对，也足以使海船大大为难。海流、潮汐也很重要，古代谈到台湾落漈[1]，往往为之色变，即是一例。海船抛舡，怕碰上铁板沙、沉礁，也要知道停泊处所是泥底、石底还是石剑，怕走椗或弄断椗索，所以一定要知道水道、沙线、沉礁、泥底、石底、水深、水浅等，诸如此类，这是一本很复杂而又细致的账，掌握不了，就无从在大海中航行。”[2]

对水师、舟子、船工们航海经验的总结，中国有悠久的历史。班固《汉书·艺文志》中有《海中星占验》十二卷、《海中五星经杂事》二十二卷、《海中五星顺逆》二十八卷、《海中二十八宿国分》二十八卷、《海中二十八宿臣分》二十八卷、《海中日月彗虹杂占》十八卷等。这些典籍，总结了汉代出南海驶向印度洋航道的经验。而航行中由指南针定位则证明中国是世界上最早使用罗盘定位的国家。北宋朱彧说：“舟师识地理，夜则观星，昼则观日，阴晦观指

① 关于“落漈”的注释，见郑海麟著《钓鱼岛列屿之历史与法理研究》（增订本）第87页。最早见于《元史·外国列传》中的《琉球传》。随后，《大明一统志》（1461年）中“琉球国”亦有记此事。陈侃《使琉球录》中的“群书质异”即引自《大明一统志》，云：“落漈，水至澎湖渐低，近琉球，谓之落漈——漈者，水趋下不回也。凡两岸渔舟至澎湖，遇飓风作，漂流落漈，回者百无一二。”《元史》所记之“琉球”，据考为今之台湾，并非今之冲绳；所记“落漈”当在今澎湖列岛与台湾之间。另据梁嘉彬所考，“琉球”当指今之冲绳而非台湾（见梁嘉彬著《琉球及东南诸海岛与中国》，1965年台湾东海大学出版），则“落漈”之事当发生在赤尾屿与那霸之间，这与该地的地理环境（即黑水沟或曰东海海槽）相合。另，陈侃在《使琉球录》中提到，他曾将“落漈”一事询之当地的琉球人，“皆不知有其水”，此可作为“琉球”非冲绳说之注脚，但也可作为琉球人并无出姑米山过赤尾屿之经验的说明。笔者认为，“落漈”为海底深沟或岩洞形成的大漩涡，航海各处常遇之，并不拘泥于台澎或那霸两地。陈侃《使琉球录》“山川”条记“昨见古米山水急礁多，闻舟有至此而败者”，此即“落漈”最好的注脚。

② 向达校注：《两种海道针经》，中华书局，2000年版，第2页。（在中外交通史籍丛刊中，与《西洋番国志》《郑和航海图》合成一册）

南针，或以十丈绳钩取海底泥嗅之便知。"[①]吴自牧《梦粱录》也说："全凭南针，或有少差，即葬鱼腹。"宋代亦有专书记载航海家们用指南针导航的情况。

到了明代，有另一批水师、舟子、船工或称为水手根据自己航海的经验编写出更路簿，或称为"水路簿"。《渡海方程》是现在所见的中国第一本刻印的水路簿。1936年，向达对这本水路簿做鉴定时，推测其成书年代约是明代隆庆、万历之间（1567—1620年）[②]。

1959年2月，向达校注了《两种海道针经》，分别称为《海道针经（甲）顺风相送》《海道针经（乙）指南正法》。这时，向达得出结论，即《顺风相送》完成于16世纪[③]。

向达写道："这里刊布的《两种海道针经》都是从英国抄回来的。原本都是抄本，原藏于英国牛津大学的博德利图书馆（Bodleian Library）。甲种封面上旧题有"顺风相送"四字，今即取为书名。《顺风相送》的扉页上有拉丁文题记一行，说此书是坎特伯雷主教、牛津大学校长劳德大主教（Arch Laud）于明崇祯十二年（1639年）所赠。据说劳德曾收购到欧洲一所耶稣会大学的藏书，有好几种中文书，《顺风相送》是其中的一种。"[④]

但是，对向达1936年和1959年先后得出的两个结论，中外学术界都有不同的观点。任职于英国博德利图书馆的休斯（E. R. Hughes）认为，《顺风相送》与15世纪初郑和多次远洋航行有关[⑤]。

---

① 〔宋〕朱彧：《萍洲可谈》卷二，见《四库全书》，台湾商务印书馆第1038册，第289页。

② 田汝康：《〈渡海方程〉——中国第一本刻印的水路簿》，载《中国帆船贸易和对外关系史论集》，浙江人民出版社，1987年版，第127页。

③ 据《两种海道针经·序言》。

④ 向达校注：《两种海道针经》，中华书局，2000年版，第3—4页。

⑤ The Bodleian Quarterly Record, Vol.VIII, No.91, 1936 Autumn, p.233.

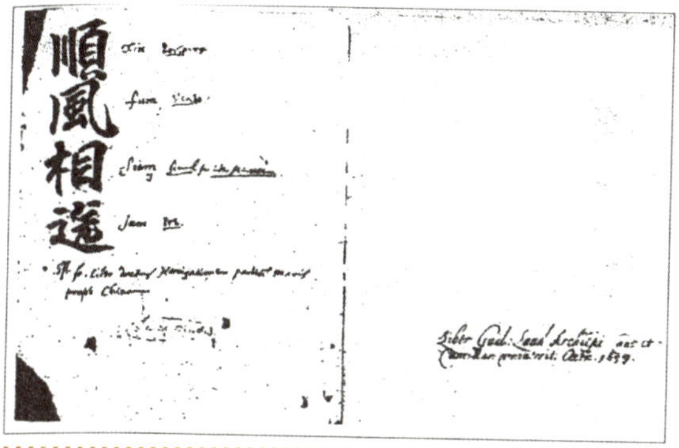

◎《顺风相送》明抄本封面、封底

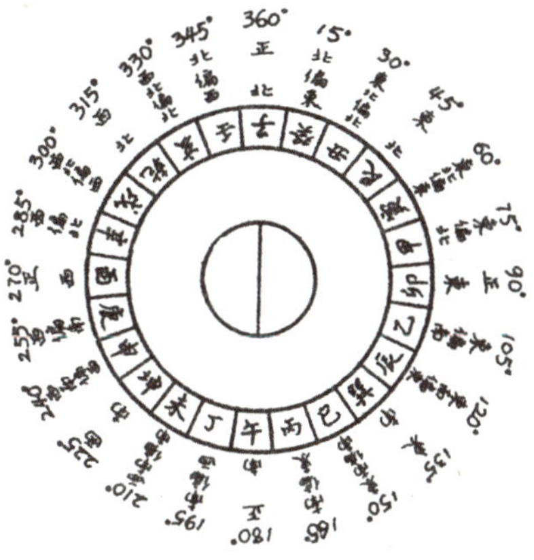

◎罗盘针位图

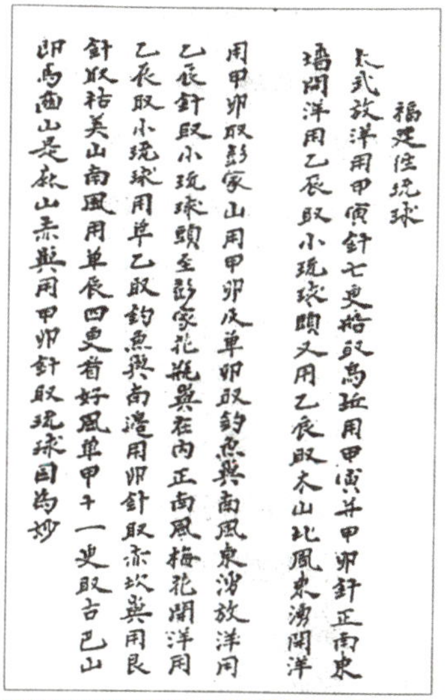
福建往琉球
太武放洋用甲寅針七更船取烏坵用甲寅并甲卯針正南東
墻開洋用乙辰取小琉球頭又用乙辰取木山北風東湧開洋
用甲卯取彭家山用甲卯及單卯取釣魚嶼南風東湧放洋用
乙辰針取小琉球頭至彭家花瓶嶼在內正南風梅花開洋用
乙辰取小琉球用單乙取釣魚嶼南邊用卯針取赤坎嶼用艮
針取枯美山南風用單辰四更看好風單甲十一更取古巴山
即馬齒山是麻山赤嶼用甲卯針取琉球國為妙

◎《顺风相送》内页

戴文达（J. J. L. Duyvendak）依据《顺风相送》无署名、无年代序言的内容，支持休斯的意见，同样认为这是明代初年郑和七次海外航行的产物①。李约瑟博士则认为《顺风相送》的完成年代可追溯到 15 世纪上半叶，即郑和远洋航行的末期②。

① T'oung Pao，Vol.34，1938，p.230.

② Joseph Needham：Science and Civilisation in China，1971，Cambridge，Vol.IV part 3.382，p.581.

笔者注：上述材料均引自田汝康的《中国帆船贸易和对外关系史论集》中的《〈渡海方程〉——中国第一本刻印的水路簿》一文。原书 1987 年由浙江人民出版社出版。

除了上述观点以外，还有其他的一些说法，这里存而不论。笔者所要指出的是，田汝康经过一系列缜密论证之后，得出新的结论：《顺风相送》实际上是中国第一本刻印的水路簿——《渡海方程》的传抄本。《渡海方程》是根据远在 15 世纪上半叶郑和多次远洋航行之前的一些水路簿编纂成书的，首次刻印是在明嘉靖十六年（1537年）。传抄本《顺风相送》虽然保留了原刻本的某些基本内容，但在传抄过程中又有取舍地做了添加和省略。因为绘制困难，即使已经被列入传抄本目录中的《山形水势深浅泥沙地礁石之图》，却被省略了。这应该是原本的主要内容[①]，所以田汝康指出：以《顺风相送》为名的水路簿从未见于中国古籍，也从未为任何人所引用过。反复见于各种记载的明代航海指南一类的书，只有《渡海方程》及《海道针经》。而根据《日本一鉴·桴海图经》的说法，这两本书实际上“同出而异名”[②]。

笔者认为田汝康的结论是正确的，《渡海方程》是中国第一本水路簿，而且是根据郑和下西洋之前的一些水路簿编纂成的。

这第一本水路簿编纂的时间应在 14 世纪下半叶，即明代初年。

那么，郑和下西洋之前的一些水路簿，跟海南渔民的更路簿是否有关系？如果有关系，对研究更路簿的最早形成时间有多大作用？

---

① 田汝康：《〈渡海方程〉——中国第一本刻印的水路簿》，载《中国帆船贸易和对外关系史论集》，浙江人民出版社，1987 年版，第 128 页。

② 郑舜功出使日本前多方收集有关航海的书，供自己选择合适的航路和指导航海。他后来写成《桴海图经》一书，在“万里长歌”前面的序言中说，他“广求博采”的时间很长，“后得一书，一曰《渡海方程》，一曰《海道针经》，此两者同出而异名也”。见《日本一鉴·桴海图经》卷一，民国二十八年影印旧抄本，第 1 页。另见朱鉴秋《〈日本一鉴·桴海图经〉及明代中日海上航路的研究》，载《海交史研究》，2000 年第 2 期，第 31—38 页。

关于前者，何纪生在《〈水路簿〉初探》[①]一文中列举了两个对比材料。一个是关于“海水澄清、朽木漂流”的描述，另一个是关于“外罗”海域的描述。所列的对比材料太简略，这姑且不说。更为可惜的是，何先生没有在论述方面向前跨一步，用这些对比材料来说明问题。笔者在他研究的基础上，做出扩展，借以说明更路簿的产生时间。

《两种海道针经》和更路簿，都属于中国传统的航海针经系统的传承，是两个支脉，各自传承不一样，各有谱系。海道针经书一般都在水手、舟子、船工或艄公们的手里，是手抄流传的秘本，外界不容易见到。但是在海上，他们跟海南渔民多有交往，所以也就流传出来，与更路簿互相影响。今天能看出两者有诸如以下四点的密切关系。

一、指引航路的方法相同。

《两种海道针经》与南海更路簿都是指导海洋中的航路，与在陆地走路不一样。陆地上，“行路难者有径可寻，有人可问”，而航海“则海水连接于天”“莫能识认”[②]。所以，《两种海道针经》与南海更路簿在航海者航路操作程序方面完全一致。这不是偶然的巧合，两者所叙的每条航路都有四个要素：起点、终点、针位和更数。

两者起点和终点都很明确。《两种海道针经》是指航路，“其正路全凭周公之法”[③]，即都使用罗盘定方向。传说罗盘是周公创造的。其实，我国自北宋晚期起，海上行船才使用罗盘，以指导航线。因为文献中记载航海使用罗盘针，始于北宋末年朱彧《萍洲可谈》及徐兢《宣和奉使高丽图经》，而记载航海使用罗盘针位，实始见于

① 广东省地名委员会：《南海诸岛地名资料汇编》，广东省地图出版社，1987年3月版，第535—545页。

②③ 据《顺风相送·序》。

元代周达观的《真腊风土记》一书[1]。后来明代张燮在《东西洋考》卷九的《舟师考》中明确将针位分为“单针”和“缝针”，他说，舟师在大海航行，“独恃指南针为导引，或单用，或指两间”。“单用”即单针、正针，“或指两间”则为缝针，即两正针夹缝间之一向。元代周达观《真腊风土记》一书总序里说的自温州开洋“行丁未针”，即是正针、单针，后面的自真蒲“行坤申针”过昆仑洋，也是针位。其实，针位在《两种海道针经》和南海更路簿中都用，如《两种海道针经》一书《福建往交趾针路》中“用坤申及单申七更船平南澳山”[2]，表示先用缝针坤申，即西南向西南偏西，然后用单针申，即西南偏西方向。南海更路簿中也一样，苏德柳抄本《更路簿》的第四章中记载，舟从铜鼓岭开，“用单丁加乙线未，五更取大洲，大洲外过用丁未平取赤好”，表示先用单针丁，即南偏西，然后过大洲用缝针丁未，即南偏西和西南偏南之间。至于更数，两者都是指在起点和终点之间航行的时间和距离。一天十更，一更六十海里。此外，航路中船员探测水深、观察海流和抛舡等的方法，都大体一样。

二、两者有些航路是相同的，但记叙略不相同。试对比三段文字。

《顺风相送·定潮水消长时候》：

船若近外罗，对开贪东七更船便是万里石塘，内有红石屿不高。如是看见船身，便是低了，若见石头可防。若船七州洋落去贪东七更，船见万里石塘似船帆样，近看似二三个船帆样，可防牵船。使（驶）一日见外罗山，千万记心耳[3]。

---

① 夏鼐校注：《真腊风土记校注》，中华书局，2000 年版，第 23 页。
② 向达校注：《两种海道针经》，中华书局，2000 年版，第 49 页。
③ 同上，第 27 页。

《指南正法·序》：

若过七洲，贪东七更，则见万里长沙，远似舡帆，近看二三个船帆，可宜牵舵。使（驶）一日见外罗对开。东七更便是万里石塘，内有红石屿不高，如是看见舡身低水可防[①]。

苏德柳抄本《更路簿》第三篇《驶船更路定例》：

舟过外罗七更是长线，连石塘内，北有全富峙、老粗峙、世江峙、三足峙，又有尾峙。如舟东见此七峙[②]，急急转帆，用甲庚卯酉驶回。

这三段水路或更路放在一起来看，是很有意思的。《顺风相送》是明初水手的亲历，描述万里石塘很准确，说是有两个特征："内有红石屿不高""近看似二三个船帆样"。《指南正法》明显是抄录《顺风相送》，抄录者可能没有到过现场，故将万里长沙包含了"近看二三个船帆"，又说"东七更便是万里石塘，内有红石屿不高"。这样，"东七更"是万里长沙，同一个"东七更"又有万里石塘。一处地点就有了两个地名，而且是两个大群岛叠在一起，显然万里长沙是万里石塘之误！而苏德柳抄本《更路簿》的作者是海南人，对西沙群岛十分熟悉，重新描述了石塘地段中的"红石屿"和那"二三个船帆样"即是全富峙等七个小岛和沙洲，显得十分生动而且描述清晰。

三、自西沙群岛到越南的更路，两者相同，甚至是照抄[③]。

---

① 向达校注：《两种海道针经》，中华书局，2000年版，第108页。

② 这里的"石塘"即西沙永乐群岛。"三足峙"包括琛航岛、广金岛和圆峙（甘泉岛），如此方足七峙之数。

③ 何纪生：《〈水路簿〉初探》，载《南海诸岛地名资料汇编》，广东省地图出版社，1987年版（内部发行）。

试对比另外四段文字。

《顺风相送·定潮水消长时候》：

船身若贪东则海水黑青，并鸭头鸟多。船身若贪西则海水澄清，有朽木漂流，多见拜风鱼[①]。

《指南正法·序》：

慎勿贪东贪西，西则流水扯过东，东则无流水扯西。西则海水澄清，朽木漂流，多见拜风鱼。贪东则水色黑青，鸭头鸟成队……

张燮《东西洋考·舟师考·水醒水忌》：

凡行船，可探西，水色青，多见拜浪鱼。贪东则水色黑，色青，有大朽木深流及鸭鸟声[②]。

苏德柳抄本《更路簿》第三篇《驶船更路定例》：

如船外罗东过，看水醒三日，且看风面，船身不可贪东。前此舟近西，不可贪西。海水澄清，并有朽木飘（漂）流，浅成挑，如见飞鸟方正路。

这四段文字，说的是自西沙群岛到越南的更路。其中关于飞鸟，不论是鸭头雁或其他鸟，以及“海水澄清”，可能都是海中经常有的自然现象；但“朽木”只是偶然从越南方向漂流来的，不可能长期在海中漂流，照抄“有朽木漂流”，这足以证明是一种对更路的传承关系。何纪生早已指出它们之间是“互相传抄”的。这谁都清楚，但这只能说明传承，而不能说明先后。这一点是何纪生的局限。笔者在何纪生观点的基础之上，对它们的先后关系做进一步说明。这里还是用这些材料做根据，在下文做出论证。

---

① 向达校注：《两种海道针经》，中华书局，2000 年版，第 27 页。

② 〔明〕张燮著，谢方点校：《东西洋考》，中华书局，2000 年版，第 189 页。

四、越南昆仑岛及其附近海域到越南东南岸等地更路亦相同或相近。

1.《两种海道针经》：昆仑北边庚酉八更取真糍（即真仕）。

2.《两种海道针经》：昆仑，丑癸五更、单癸一更取鹤顶及赤坎山。

苏德柳抄本《更路簿》：昆仑用丑未，五更见鹤顶山。

3.《两种海道针经》：罗湾头与昆仑，坤未对，十七更。

4.《两种海道针经》：东西竹用丑癸针四十五更取昆仑山外过，用丑癸十五更取赤坎。

苏德柳抄本《更路簿》：或在昆仑东北一更开，用丑癸十五更取赤坎。

由上述关于《两种海道针经》，特别是《顺风相送》与海南渔民南海更路簿深层关系的举证，可以推论出：海南渔民首创南海更路簿，最早是受到郑和下西洋之前福建外海船员、水手的一些水路簿的影响，而开始萌生并逐渐把自己在南海海上渔捞的经验积累写出并以“更路簿”的形式呈现，这是在明代初期。而后其在明中叶普遍流传、推广，盛行于明末、清代和民国。因此，海南渔民南海更路簿的出现及形成，在时间上与福建船员、水手最早的水路簿并不差多少年，都是在明代初期。

笔者这样的推论，不是主观的推测，而是有充分的资料做根据的。

一、《顺风相送》实际是中国第一本刻印的水路簿《渡海方程》的传抄本。《渡海方程》是根据远在郑和下西洋之前福建船员、水手的一些水路簿编纂成书的[1]。海南渔民与福建船员、水手有天然

① 田汝康：《〈渡海方程〉——中国第一本刻印的水路簿》，载《中国帆船贸易和对外关系史论集》，浙江人民出版社，1987年版。

联系，据海南现存家谱，许多海南人的祖先都是从福建移民来的，福建与海南的方言亦同属闽南方言。

二、上文举证的张燮的《东西洋考》中有水路抄自《顺风相送》。张燮写这部书时在凡例中明确指出，他是广采明初以来的资料，大量地利用了当时政府的邸报、档案文件以及采访航海商人、舟师得来的实际见闻等第一手资料。张燮是有意识这样做的[①]。张燮的这种做法，特别是采访商人、舟师的做法，实际上贯穿在《顺风相送》和海南渔民南海更路簿的编纂过程中。当然，海南渔民不可能像张燮那样查看政府邸报、档案等文件，但海上舟师们包括船员和水手等的经验是完全可以在茶寮酒肆的闲聊中获得的。

三、最关键的是上文所举证的《顺风相送》和南海更路簿中指引航路的方法、某些航路、国外更路及某些行文的相同。这是不可移易的，是从内文中揭示出来的。

笔者认为，更路簿形成于郑和下西洋之前的明初。证据有四。

第一，如上述，《渡海方程》和《两种海道针经》“同出而异名”。《顺风相送》是《渡海方程》的传抄本，而《渡海方程》是根据15世纪上半叶郑和下西洋之前的一些水路簿编纂成书的。更路簿跟《两种海道针经》有这么多相同的地方，是更路簿形成于明初的证据之一。

第二，上文说到有人到南海捕捞即开始酝酿更路。甘泉岛等岛屿上有唐宋及元明的遗物、遗址，但不能确定这些是海南渔民遗留下来的。潭门渔民符再德在元代至元二十三年（1286年）到南沙的说法，是代代相传的。符再德之后，必有后继者。南海上的136个

① 〔明〕张燮著，谢方点校：《东西洋考》，中华书局，2000年版，第11页。

海南渔民取的岛礁俗名，约定俗成是需要时间的，符再德之后的渔民，虽然都没有留下姓名，但他们必对此有贡献。这些渔民的活动，肯定对更路簿的雏形产生过影响。

第三，现存的更路簿中，郁玉清抄藏本名为《定罗经针位》。这个本子用“针位”作书名，这与元末明初时出现的《针位编》相似，即只是记录航路针位。它也的确和一般的更路簿略异。这个本子，名为《定罗经针位》，很可能是由古本的原书传抄下来的，它和其他更路簿不相同的一大特点是内容、条理都比较好。1976 年 4 月 29 日华南师范学院（今华南师范大学）地理系刘南威教授等人访问他时，他明确地回答说，有“祖传的罗经簿所记载的针路作指南”[①]行船。可见，《定罗经针位》一书的祖本一定是很古老的。

因为《针位编》这本书是明初时流传的。《西洋朝贡典录》作者黄省曾在自序中说，本书是他“摭拾译人之言，若《星槎》《瀛涯》《针位》诸编，一约之典要，文之法言，征之父老，稽之宝训”而编成的。其中《星槎》（《星槎胜览》）、《瀛涯》（《瀛涯胜览》）二书，今天还可以看到。唯《针位编》一书，始终未曾见过。《西洋朝贡典录》中大部分国家和地区都有关于针位（又称针路，即《东西洋考》卷九中之“东洋针路”“西洋针路”）的记载，无疑就是录自《针位编》一书的。《针位编》很可能就是郑和下西洋时舟师所用的书。

《针位编》或称《针经》，在明代一直存在。巩珍《西洋番国志》中的自序写于宣德九年（1434 年），其中说选配有航海经验的“驾船民梢”当火长，“用作船师。乃以针经图式付与领执，专一料理，

① 曾昭璇，曾宪珊：《我国古代有关南海几种针路簿的比较研究》，载《南沙群岛历史地理研究专集》，中山大学出版社，1991 年版，第 215 页。

事大责重，岂容怠忽”，可见《针经》的普遍运用。后来，在万历年间张燮《东西洋考·凡例》的第八则指出：“舶人旧有航海《针经》，皆俚俗未易辨说……”从明代这一系列的航海经籍的记载可看出，“舶人旧有”的航海《针经》是自明初流传下来的。

这样看来，郁玉清抄藏本《定罗经针位》，是据元末明初的祖本“更路簿”抄存而来的，抄出新本子后祖本被弃去。更何况那些《针经》，“皆俚俗未易辨说”。

第四，从地名的角度来看，更路簿中所用的土地名中都将西沙群岛的永乐群岛称为“石塘”。自《宋会要辑稿》中首次出现“石塘”之名并指明“石塘”所在方位之后，“石塘”这个地名称谓到宋元逐渐明确。既然更路簿在撰写时，把永乐群岛称为“石塘”，使用明初以前的地名称谓，可见，该簿最晚成稿于明初。在明永乐年间（1403—1424年）郑和下西洋所用的《郑和航海图》中，在南海部分，自东向西依次绘有“石星石塘”“万生石塘”“石塘”。其中，“石塘”绘在最西，指包括永乐群岛在内的西沙群岛。这里，土地名和古地名相同。这不是巧合，而是时间大体上相同①。联系到更路簿中所用的古地名有宋元时代的，有明代的；渔民用地名“鬼喊线”应是明代顾岕《海槎馀录》记载的“鬼哭滩”，即南沙群岛的九章群礁。故可以推测更路簿中用的“石塘”早于《郑和航海图》中用的“石塘”，即明初。

总而言之，海南渔民首创的南海更路簿的形成，至迟是在郑和下西洋之前的明初，即明代洪武、建文之间（1368—1402年），盛行于明中叶、清代及民国初期。一般来说，在19世纪30年代外国

---

① 刘南威，张争胜：《〈更路簿〉——海南渔民从事渔业生产活动的航海指南》，载《华侨报》（澳门），2014年7月21日。

海图风行和导航设施普及以后，更路簿被取代，退出了历史舞台，但也有些老船长，一直到20世纪六七十年代驾驶机动船时，还经常用更路簿，甚至创造出新的更路簿。

至于海南渔民南海更路簿的性质，据其所记载的航路来看，渔民们所记的航海针位和更数基本上是正确的，与今天的纬度和经度几乎相同，而且已经注意到了海流方向与航行的关系，如林鸿锦抄本、郑庆能抄本和苏承芬抄本等。更路簿是因实用而产生和流传的。

它的特色是更路略于国外而详于南海，国外更路主要用于渔捞产品的贸易。南海，特别是南沙群岛，更路密布如织，各抄本所记同一海区的更路，多少不一，最多的是王诗桃抄本，有279条，而蒙全洲口述本是87条（见下页表格）。这足以证明它的特色是更路略于国外而详于南海，这与针经书详于国外而略于国内的特色是不同的。

还应该特别指出，更路簿在郑和七下西洋之前的明代初期形成以后，一直是以动态的形式存在和发展的，基本成形以后，船长们在航行中据自己的经验不断地对其补充、增加。

笔者田野调查时听老船长们说，有海南渔民到南海捕捞即有更路簿。2011年1月17日上午访问老船长许书琳时，他说相传第一个到南海捕捞的海南人是符再德，那是元代至元二十三年（1286年）。现在已经不可能见到原始状态的更路簿了，很可能是船长们将原有的本子补充、增加以后，形成了新的本子，旧的、原始的本子就舍弃了。现存的更路簿中苏德柳抄本和苏承芬祖辈传承抄本大同小异，苏承芬祖辈传承抄本对苏德柳抄本有所补充。

苏氏家谱[1]中的辈分排序为樊、伟、承、德等。苏承芬的祖父是苏樊德，父亲是苏伟忠。苏德柳的祖父是苏伟德，父亲是苏承栋。苏承芬比苏德柳高一辈。

序号	更路簿版本	航线条数
1	苏承芬祖辈传承抄本《更路簿》	西沙 29，南沙 115（驶船更路定例 10，共计 144）
2	苏承芬据航海经验重订的《更路簿》	中沙 65，西沙 192，东沙 5（共计 262）
3	王诗桃抄本《更路簿》	西沙 61，南沙 183，琼州行船更路 35（共计 279）
4	郑庆能藏本《更路簿》	广东下琼州更路志录 18，琼岛港口出入须知 30，琼州行船更路志录 50（共计 98）
5	《顺风得利》（王国昌抄本）	西沙 42，南沙 209（共计 251）
6	林鸿锦抄本《更路簿》	西沙 59，南沙 162（共计 221）
7	《注明东、北海更路簿》（麦兴铣存本）	共计 135
8	《东海、北海更路簿》（李根深藏本）	共计 151（含南沙更路 112）
9	苏德柳抄本《更路簿》	西沙 29，南沙 106，广东、海南岛、中南半岛、南洋更路 54（共计 189）
10	许洪福抄本《更路簿》	南沙 153，东沙头 67（共计 220）
11	《定罗经针位》（郁玉清抄藏本）	西沙 35，南沙 65（共计 100）
12	《西、南沙更路簿》（陈永芹抄本）	西沙 16，南沙 83（共计 99）

① 琼海市潭门镇苏德柳家藏本。

续表

序号	更路簿版本	航线条数
13	《去西、南沙水路簿》（蒙全洲口述，麦穗整理）	西沙 13，南沙 74（共计 87）
14	卢洪兰抄本《更路簿》	西沙 66，南沙 120（共计 186）
15	彭正楷抄本《更路簿》	西沙 17，南沙 200（共计 217）

苏德柳生于 1909 年 4 月 16 日，卒于 1990 年 5 月 16 日。虽然苏德柳年长苏承芬 26 岁，但论辈分却是苏承芬的侄子辈。

据调查，苏德柳抄本《更路簿》是他父亲苏承栋（生于 1888 年）当年从文昌县老渔民的抄本转抄来的。但笔者考证过，这个本子是琼海潭门渔民首创，文昌渔民传抄过去，在潭门消失了，后来苏承栋又自文昌渔民手中抄回来。

苏承芬说，他的祖传抄本是他爷爷（1839 年生）传下来的。苏承芬的爷爷比苏德柳的父亲早生了 49 年。这样，他的祖父传给父亲，父亲又传给他。这个抄本，可能原来保存在潭门，与苏德柳父亲的抄本同源。不同的是苏德柳抄本从 1921 年传抄，到 1974 年（苏德柳时年 65 岁）献给国家，内容基本上没有变动过，而苏承芬祖辈传承抄本从其祖父到其父亲再到他本人，三代人都根据自己的行船经验进行了补充和增加。

补充、增加的内容是：第一篇最后增加一条，第二篇中间处增加一条，第二篇最后增加一条。

由弄鼻仔大弄鼻用寅申一更收。对西南。

由乙辛回安南山用己亥廿更坂。对西北。

由乙辛与罗汉湾夹乾巽相对，二十二更收。对西北。

由墨瓜线去浮罗蚍未，用寅申加二线坤，二十五更。

由墨瓜线去宏武銮，用甲庚，二十五更。

往浮罗利郁，用甲卯，二十五更。

这六条苏德柳抄本缺，苏承芬一本开风帆船时用工整笔画抄写的本子上亦缺，只有在苏承芬自备开机动船时的一个笔记本子上增加了。

但是，苏承芬祖辈传承抄本也有将苏德柳抄本中有的五条更路置于不同的地方。

自昆仑去真仕，用甲卯，九（更）。

自真仕去大横，用乾巽，六更。

自大横去小横，用辰戌。

自大横去云冒，用乾巽兼巳亥，六（更）。

自云冒去谷远，用卯酉，十八更。离三更有云冒仔。

苏德柳抄本将这五条更路另立为第五篇。这五条更路显然是船长航海时积累的素材，所以看不出连续的航向。苏承芬祖辈传承抄本将这五条列于整本的最后作为附录，显得更加科学。

另外，文中《自星洲去吧里更路》一篇，最后有三条更路是苏承芬祖辈传承抄本缺少的。

这样看来，即使传抄同一个祖本的本子，后来也经常发生变动。

还有一层，更路簿最早的形态已经不可得，但据统计，初期处于雏形阶段的更路簿是没有记载到新加坡、印度尼西亚这些国家的更路的，只是记到南海诸岛（见上表，苏德柳抄本除外）的更路。而后来苏德柳抄本、苏承芬祖辈传承抄本记载的更路却多了很多，甚至自第三篇起至第八篇止，不完全是记载到西沙、南沙群岛的航海更路，而是大大超出了西沙、南沙群岛的范围。如第三篇记载自外罗（越南）起的更路，第四篇有记载到南洋群岛的更路，第七篇记载从新加坡到印度尼西亚巴厘的更路。

此外，这两本抄本的第四篇、第六篇、第七篇中，多次记述了

"灯"，提到印尼旧港外的三处灯塔和航标灯。雏形的更路簿可能没有国外的更路，如果更路簿形成于明初，当时新加坡、印尼等地也还没有灯塔和航标灯。

最早的海南岛的航标，建在木栏头。因为文昌最北端的铺前紧贴南海，地形险峻，水流湍急，水流速度仅次于英吉利海峡，被称为"急水门"。旧中国海关总税务司副司长班思德在《中国沿海灯塔志》中，将它称为"中国领海中最危险的地方之一"。民间相传这里有水妖海怪出没，是海难频发之地，滩头上到处散落着帆船的烂木碎片，当地人称之为"木烂头"。明朝天启五年（1625年），礼部尚书海南人王弘诲率众向皇帝奏请在七星岭主峰上设立一座高20米的斗柄塔，用于镇妖和引航。斗柄塔建成之后，过往船只因有了航标，事故发生率大大降低，文昌人也把"木烂头"改为"木栏头"。近代琼州开放为通商口岸之后，往来琼州海峡的轮船大大增加，对航海安全的要求提高。清光绪二十年（1894年），在木栏头设立两具灯浮（航标）；1954年设立导航灯标；1995年建成现代化的灯塔，塔高72.12米，灯光射程达二十五海里，塔内设有先进的船舶识别与管理系统，是当时中国乃至亚洲最高的现代化灯塔[①]。因为航标出现晚，故更路簿中没有记载西沙、南沙灯塔。

其实，现存的文昌、琼海渔民保存的更路簿，详略不一，主要看船长的取舍。渔民们在航海的实践中，根据自己的经验不断修改补充，如陈永芹抄本名为《西、南沙更路簿》，这个抄本已经将原先的"东海"直接改为今名西沙，把"北海"改为南沙，这显然是抄写时改动的。据说，陈永芹是从同县的铺前公社蒙全洲的《更路簿》抄过去的。

① 寒冬：《南海史话》，广西师范大学出版社，2011年12月第1版，第14页。

此外，还有些船长根据自己的航行实践，对原先转抄来的本子进行更正，进而注明正确的航向。如王诗桃抄本《更路簿》中的“自三角去双门，用辰戌，二更，对东南，壬丙巳亥”条。“壬丙巳亥”是王诗桃抄本给原本的航向“辰戌”做的更正和补充，注明正确的航向应该是“壬丙巳亥”，也就是对南稍偏东方向。又如“自双门去断节，用乙卯”条中，“乙卯”是“乙辛兼卯酉”的省略。接着又补充说，应该是“对东，乾巽兼巳亥”。还有，“自双门去鸟串，用壬丙，二更，对南”中的“对南”是后来的船长对原本的“壬丙”做出的补充，在这一条更路的末尾增加了关于航海时东南西北的方向指示。其他条中凡是缺方向的更路，都在末句增加了方向指示。

因此，更路簿一直以动态的形式存在和发展着，也不断地被老船长们创造着，苏承芬所创造的《中沙水路簿》即是一例。至于里面是否有海南人创造的土地名，因时因地而有别。像中沙群岛，都是暗沙，故历史上没有留下土地名。

综上所述，海南岛潭门地区的渔民最早到西、南、中沙捕捞。渔民出海，因生产需要而逐渐在民间以口头形式流传“更路”，到明代初年，形成手抄本形式的更路簿。它盛行于明中叶、清代及民国初期。19 世纪 30 年代，导航设施逐渐普及，外国海图风行，更路簿慢慢退出历史舞台。更路簿依照海南渔民的习俗说明南海海区的划分，用海南渔民的俗名指明南海各岛礁的名称与分布，以“更数”和针位标示岛礁间的距离和相对的方位，用渔民惯见、惯用和惯听的日常用品做名称，记录岛礁的地貌和海况，并根据历代渔民在南海进行捕捞活动的经验，记录了南海的航行路线。这些路线主要到达南海地区。国外的更路，只略记出售渔捞产品时用到的极少路线。渔民的这些记录，基本上是正确的。

（海南大学 周伟民 唐玲玲）

第五节　使用更路簿期间，海南渔民在南海的生存状况

海洋神秘莫测，暗礁、险滩无处不在。张燮在《东西洋考》中曾经感叹："洄沫粘天，奔涛接漠，无复崖埃可寻，村落可志，驿程可计也。"①

海南渔民在南海进行渔捞作业，世代相传。他们每年 11 至 12 月间借东北风，自清澜、潭门等东海岸渔港起航，途经西沙群岛，有些船就留在西沙群岛作业，更多的船是在永兴岛等地进行生活补给，再起航到南沙群岛进行渔捞活动，待到次年 4 至 5 月间西南风起时，渔船满载而归（渔获物到国外出售见下文）。这种渔捞生产规律的形成，是使用木帆船，靠季风作动力，渔捞期间不能受台风影响的结果。

这种规律性的渔捞生产活动，以文昌、琼海二市居多，有文昌的铺前、清澜、东郊、文教、龙楼等港口及附近的墟镇村庄；琼海则是以潭门为主，长坡也有；此外，海南岛东南部的陵水、万宁、三亚等市县，海南岛西北部的临高以及广东阳江也有渔民出海。

文昌县近海渔场、渔汛与主要渔获物概况表

渔场名称	渔场位置	水深（米）	底质	汛期（月）		作业种类	主要渔获物及生产情况	作业船数
				一般	旺汛			
飞鱼刺网渔场	18°30′—25°55′N 110°30′—112°40′E	20—160		2—5	3—4	飞鱼流刺网	飞鱼，船产7—10 吨	30—130 只

①〔明〕张燮著，谢方点校：《东西洋考》，中华书局，2000 年版，第 11 页。

续表

渔场名称	渔场位置	水深（米）	底质	汛期（月）		作业种类	主要渔获物及生产情况	作业船数
				一般	旺汛			
七洲铜鼓灯光渔场	19°33′—20°03′N 111°06′—111°20′E	20—75	沙礁石	4—9	5—7	灯围扛缯为主，次刺钓	兰园脂眼鲱夜产一般15—40担	30—140只
清澜门至冯家前渔场	19°26′—19°35′N 110°45′—111°08′E	30—70	沙泥	1—10	1—3 7—9	3—4指、8指刺网和钓	金枪鱼，刺网日产50—250斤，钓日产40—60斤	120—350只
抱虎和沙卡渔场	20°04′—20°25′N 110°55′—111°25′E	30—60	沙泥	2—9	5—8	拖鱼、拖虾为主，次3—4指刺网	鱼或鱼虾米，拖鱼日产一般30担，拖虾日产400斤	10—70只
铺前湾渔场	20°03′—20°06′N 110°05′—110°34′E	10—40	沙或沙泥	10—4	11—1	马鲛鱼刺网	马鲛鱼、赤鱼，日产一般30—80斤，毛虾200—400斤	20—60只
西沙近海渔场	西沙群岛礁盘海域	10—200	珊瑚礁	11—4	12—2	钓刺业扛缯业	马鲛鱼、金枪鱼、石斑鱼，一般日产200—400斤	20—70只

2000年11月出版的《文昌县志》记载：“据老渔民说，抗日战争前（文昌）去西沙、南沙诸岛海域的渔船每年有30多艘，500至800人，均男性。”但东郊镇似乎又略有不同，如笔者2012年秋多次做田野调查时，听老船长郑庆能口述，后来他的大儿子、跟随他出海的船员郑辉又一再强调，说文昌东郊镇的渔民，一般是在近海捕鱼，捕马鲛鱼等，或到七洲列岛附近下钩海钓，几乎世代都不

到南沙。因为他们的渔船比较小，设备也大不如潭门渔民。郑庆能所提供的三种更路簿也极少提起到西沙、南沙的更路，而潭门渔民都出远海，到西、南、中沙去。

潭门的渔民在南海中进行渔捞活动时的生存状况，包含在他们世代相传、亘古不变的三项基本守则中，具体如下。

一、联帮出海，父子不同船

到西沙、南沙去的渔船越造越大。清代中晚期，特别是渔获物可以输出到东南亚出售并且购回日用洋货而盈利丰厚的民国时期，渔船一般都由原先单桅、十几吨的船改为二桅或三桅的风帆船。二桅船载重二三十吨，甲板上放四只舢板；三桅船载重三四十吨，甲板上放五只或七只舢板。

渔船上人员分工明确，各司其职。一般是四条船或五条船结成一帮出海，每条船上人员互相配合，一帮船驶向西沙，然后分散驶向南沙，在不同的作业线上进行作业，相约于清明或其他时日在某

◎渔船联帮出海（李英挺 摄）

岛礁集合。笔者在做田野调查时，听老船长们说，集合地点多选在南沙群岛的日积礁（渔民俗名为“西头乙辛”），这个礁距新加坡、马来西亚近。

每条船上一般有二三十人，在南沙分散捕捞。经过几个月的“站峙”“行盘”作业，各船渔获物都十分充足。这些船到约好的地点集合，推举一条船为代表船，其他各船派代表若干，乘坐被推举船，并将渔获物搬上该船，该船多出的船员分头乘各船回海南岛。代表船则开往新加坡、马来西亚或泰国出售海产品，然后用所得的现款购买洋油、布匹、火柴等海南岛紧缺的日用品，并运回海南出售。

其他各船，或有残次的渔获物，包括蚝壳等也运回海南处理，因为这些东西还可以卖出价钱。

渔捞使用舢板。到达目的岛礁后，舢板全部放下海，每条舢板分乘四五个船员，由“舢板头”摇桨。如果采马蹄螺，因南海水体清，能见度达 10 米左右，“舢板头”则指挥船员下水捞取。这种劳动，强度大，危险性也大。潜水到深海捕捞的话，消耗体力极大；裸眼捞采，伤害眼睛；如果遇到鲨鱼，很可能受伤或丧命。当年渔民们的生存状况是很不好的，但为了养家糊口，世代如此。

对于渔捞生产，很多人误以为是捕鱼虾，其实潭门渔民只是捕捞海参、马蹄螺、海人草、砗磲和牡蛎（蚝）等，并不捕鱼虾，顶多捕来当天吃。

关于海参，笔者在潭门多次进行田野调查时听老渔民说，最早到西沙、南沙的人极少，某些浅海礁盘在退潮时，海参多到像晒谷场上的谷子一样。退潮时，他们在礁盘上“行盘”，即边行走边捞取海参。海参品种极多，有梅花参、二班参（白尼参）、黑尼参（乌圆参）、蛇目参、方桂参、黑狗参（黑参）等十多种。尤以梅花参、二班参、黑尼参最为名贵。后来到南沙的渔民越来越多，捕海参不能再用“行盘”的方法。海参一般在礁盘的水下生存，渔民们用长绳在竹竿上绑上带钩铅锤，潜水捞取。梅花参大的有60—70厘米长，甚至可达120厘米。

一般情况下，捕得的海参，从舢板上卸下海岛，剖开去肠，用带去的铁锅点火烤干，再用草木灰拌着晒，也有放在木炭上烤干的，晒干后的海参每只不足半斤重。

潭门镇草塘村老船长苏承芬说，1990年农历二月“二十日生产梅花参568个（5锅烤干）”“二十一日生产梅花参903个（11锅烤干）”。

牡蛎（蚝）的种类也很多，约有20种，西沙、南沙产量极大，大部分在水下十几米处粘固礁体生长，其肉干最大者有1千克以上，正常情况下每船一天能获50千克左右。牡蛎肉质鲜美，可加工制成蚝豉、蚝油及罐装品，其壳可烧石灰，亦可入药，在国外销路很好。

海龟是洄游性爬行动物，个体大，重50千克左右，大者达100千克以上。每年春夏之交，海龟成群到西沙、南沙各岛产卵。晚间渔民趁海龟上岸，逐个扛翻，制成干龟肉和龟板，价值极高。海龟现为国家保护动物，禁止捕捉。

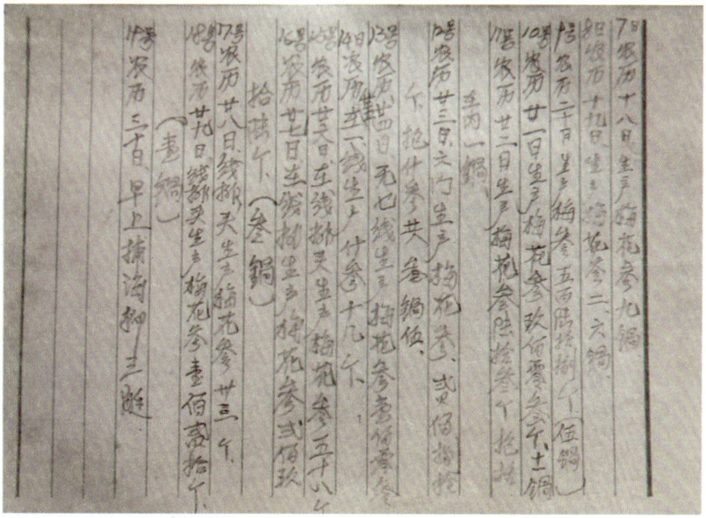

◎20世纪90年代初老船长苏承芬在南沙群岛生产时的账单

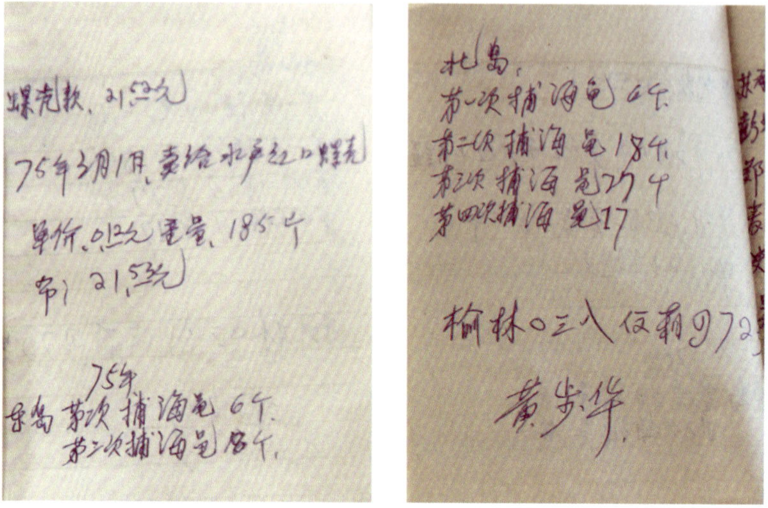
螺壳款，21.53元
75年3月1日，卖给水产站口螺壳
单价，0.12元 重量，185斤
共，21.53元
75年
东岛 第一次 捕海龟 6斤
第二次捕海龟 8斤
北岛，
第一次捕海龟 6斤
第二次捕海龟 18斤
第三次捕海龟 27斤
第四次捕海龟 17
榆林〇三八 仮莉 972
黄步华

◎老船长苏承芬的笔记

马蹄螺多被渔民称为“公螺”，贝壳多呈圆锥形或蜗牛形，有的呈耳形，多栖息在潮间带至浅海岩石、沙或泥质海底。马蹄螺螺壳中珍珠粉质量甚高，可作高级油漆原料或制作纽扣。清末以后，英、日等国对此需求很大。从前，渔民拣螺取其肉，不要壳，因此，尽管南沙群岛有丰富的马蹄螺出产，却得不到充分利用，未能引起重视。后来，飞机工业飞速发展，飞机机体喷漆

大马蹄螺 *Trochus niloticus*

别名：马蹄钟螺、公螺。

壳长120mm；贝壳大、呈圆锥形。壳面为灰白色，具紫红色或暗红色的火焰状纵行花纹，有一层黄褐色的壳皮。底部平，有同心肋和与壳表相同的花纹，脐孔漏斗状。壳内珍珠层厚，可制作纽扣或贝雕工艺品。

习性：生活在低潮线至10m左右的岩石或珊瑚礁海底。

分布：台湾、广东及海南各岛屿；印度–西太平洋热带海区。

◎大马蹄螺[1]

① 张素萍：《中国海洋贝类图鉴》，海洋出版社，2008年6月第1版，第30页。

需要马蹄螺螺壳珍珠层作为主要原料之一，南沙群岛的马蹄螺才开始被大量采集，行销至国际市场[①]。由于马蹄螺经济价值提高，海南渔民逐渐大量捕捞，其他作业逐渐居次要地位。

砗磲为双壳类动物中个体最大的贝类，大砗磲壳长可达 1 米甚至更长。壳可制作成高级工艺品，洁白无瑕，十分可人。

◎长砗磲[②]

海人草亦作“海仁草”，曾被误称“鹧鸪菜”，属红藻门，松节藻科。藻体丛生，暗紫红色，干后呈绿色或灰色，软骨质。固着器圆盘状。枝圆柱状，呈不规则的叉状分枝。全体密被毛状小枝，顶端似狐尾。生长于低潮线下 2—7 米

① 据 2000 年 11 月出版的《文昌县志》载，文昌市文教镇后田村委会田源三村的黄学儆（一作“校”），在 20 世纪初叶（当时他 40 来岁）把南沙群岛所产的鸟干、蚝干、鱼翅等海味运到新加坡卖，偶然在海南人黄卓如开办的“九八行”看到来自印度洋的马蹄螺，100 斤（老秤）值银圆 100 多元。他问黄卓如：如果再运一些马蹄螺来，能不能收购？回答是：能运来多少就照价收购多少。自此以后，黄学儆开始涉足南沙群岛马蹄螺的采集和贸易。20 世纪前 20 年，黄学儆有大船三艘，每年仅马蹄螺一项就盈利 3 万元左右。当时，他家有资产 30 余万元。到 20 世纪 30 年代，他把经营南沙群岛马蹄螺的事业交给长子黄德宗。

② 张素萍：《中国海洋贝类图鉴》，海洋出版社，2008 年 6 月第 1 版，第 320 页。

深处的珊瑚碎块上。可供药用，为驱蛔虫药剂的原料。干海人草可做成工艺品，鉴赏性强。

◎西沙群岛海域，两艘联帮渔船的渔民相互照应①

联帮船出海，除上述分工的作用外，还因为有“父子不同船”的规矩。田野工作中，潭门渔协麦邦奋会长朗声说：“到了南沙，隆冬也很热，渔民下海作业全裸，一则天热，二来也省裤子。但渔民传统是父亲的阴部绝不能让儿子看见，是故‘父子不能同船’。”但是，这里面还有深层次的不便明言的原因，也是渔民们的避讳。因为南海风云诡谲，即使非台风季节，南沙也时常突发“黑风暴”，渔船可能遭遇不测。父子不同船，意味着一家人传宗接代不断。

关于联帮出海，田野调查中老船长们都郑重地指出，一帮四五条船，要在出海之前民主选举出平时威信高、航海经验丰富而且出售海产品时有主见的人当帮主。南海的海况及海盗的出没都难以预料，一帮船遇到共同的重大问题时都得听帮主决策，如老船长苏德柳就常被选为帮主。

① 《海南日报》2012 年 7 月 25 日 T11 版。

二、船长的绝对权威

田野调查时，渔民所述渔船上的分工大体与传统记载相一致："每舶舶主为政，诸商人附之，如蚁封卫长，合并徙巢。亚此则财副一人，爰司掌记。又总管一人，统理舟中事，代舶主传呼。其司战具者为直库，上樯桅者为阿班，司碇者有头碇、二碇，司缭者有大缭、二缭，司舵者为舵工，亦二人更代。其司针者名火长，波路壮阔，悉听指挥。"①

民国以前，船上还配备武器，也与传统记载相符："弓矢刀楯战具都备，猝遇贼至，人自为卫，依然长城，未易卒拔焉。"②

过去，渔船上的船长分为两种：一种是渔船属于渔栏主所有，船员都是渔栏的雇工，由全体船员共举经验最丰富、威信最高又具权威的人任船长，全船立誓服从；另一种船长是渔船所有者，他拥有渔船，自任船长，然后招商分红，像上述引文说的"诸商人附之"。船长掌管全船，又设账目和事务管理人员，技术工种分五种：一为火表（航工、大公），管罗盘，负责驶船，工资较高；二为大缭，是二把手，管理全船渔民的劳动；三是阿班，管中桅（即主桅）；四是头碇，管前桅和舢板；五是舢板，一般劳动力，参加水下捕捞和日常劳动，人数最多，工资最低。全船一般有 24—25 人，少则 22—23 人，多则 27 人。渔民出海以半年为一期，出海前要备足各种生产资料和基本食品。

上文说到，更路簿与明初福建船员、水手最早的水路簿有递属关系，因为《东西洋考》中的许多地名抄自明初的水路簿，这里所有的船上任职名称，诸如"阿班"、"头碇"、"大缭"、"火表"

①② 〔明〕张燮著，谢方点校：《东西洋考》，中华书局，2000 年版，第 170—171 页。

（“火长”）等，也是一脉相承的。

船在出发之前，船长负责筹措足够全船人员在海上生活近半年的各种生产、生活资料。生产资料中除了船上应具的锚碇以外，还要有遇到大风时“下尾扣”的大缆绳等。生活必需品是柴、火、水、米以及油、盐等。其中，柴和水到了西沙时还可以在有些岛上补充若干，而火柴或打火铁、火石等一定要备足，而且要保管妥当，遇风浪时不致受潮，米要备三四千斤。据田野调查得知，因为蔬菜不能久贮，有经验的船长还备上几百斤黄豆，在海上发豆芽，以补充植物纤维和维生素，避免浮肿病和红眼病。一路上钓鱼做菜及汤。船上还备两头肥猪，一头在路上慢慢吃，另一头到了南沙后，则选个有淡水的岛放养。放养的猪在耳上系红绳或剪开叉，以防与其他船的猪相混淆。春节时，渔船回来休息三天，杀猪过年。

船上至少要备三只罗盘，放在船中部，子午线对准船的中轴线。火表用两只，船长用一只。

渔船在南沙偶然遇到“黑风暴”或回航时遇到早到的台风，是对船长全方面的考验，因为全体船员的生命财产安全全凭他掌握。田野调查时，老渔民说遇到风暴时，船在大海中颠得厉害，或风暴刮得船到处乱漂，最怕是碰上礁尖，全船会覆没。这时，为了减缓船速，是下头碇还是下尾扣，很有讲究。特别是尾扣，将大碗口一般粗的缆绳三根绞成一股，有几丈长，两头在船尾两侧的木桩上系牢，然后将缆绳投入大海，海浪将缆绳冲成一个在大海中漂浮的半圆圈，阻力极大，可以减缓船漂流的速度。但这也有另一层危险，即当海流迅速变化时，尾扣若冲入船底，容易扣击船底而致险。

还有，当船偶然被冲上礁盘时，为了减轻船的负重，往往要舍得将船上所有能丢弃的东西，包括几只舢板，统统投入大海。

诸如此类偶发性的海上危险，最为考验船长的见识与胆气。船长的判断要正确才能避免危险发生。

渔船进港或下锚，船长也需要关照。上文说过，渔船在黑夜行驶或进港时，用长绳系铁砣投入水中探测深浅，叫“打水托”，一托约等于 1.5 米，为一个人双臂直伸的长度。此法虽然不是很准确，但简便易行。而探海流的方法是将湿炉灰捏成团抛入水中，如稍有溶解即下沉谓之正常，若溶解极快或被冲走则是异常。西沙和南沙属珊瑚岛礁，近岛海水较深或为石底，抛锚去泊船有困难。因此，船长首先选择位置，锚上后还要附加木碇以稳定船只。

如果四条船相约一起出海，到西沙后分头出发生产，各船所走的路线各不相同，船长怎样选择“最佳路线”？

渔船到了西沙，一般都在永兴岛、东岛等添加淡水及柴等。完成了生活补给，渔船再起航到南沙的双子岛（奈罗），即北子岛（渔民俗名“奈罗上峙”或“奈罗线仔”）、南子岛（渔民俗名“奈罗下峙”或“奈罗峙仔”），为第一站；再起航向南到中业群岛，主要是中业岛（铁峙），为第二站；再起航向南到道明群礁，主要指南钥岛（第三峙），为第三站。到了第三站以后，船长要思考这次出海主要捞什么海产，然后选择东头线、南头线或者西头线。东头线也有直接从南子岛分出的。不管选择哪条线路，在进入主岛以后，船长要分配船员到各岛去进行生产（见下文苏承芬笔记本书影）。例如，以其主要渔捞航路计算，走南头线的，在渔船进入南沙群岛时从北至南经双子群礁、中业群礁、道明群礁进行渔捞，可经岛礁 16 个，主要渔捞产品以马蹄螺（公螺）、海参、砗磲为主，海龟次之。东头线航路自西向东，所经岛礁约有 23 个，渔捞产品以马蹄螺为主，砗磲、海参次之，海龟最少。南头线航路从北至南所经岛礁约33个，渔捞产品以海参为主，马蹄螺、砗磲次之，海龟较少。赤瓜礁产赤瓜海参，榆亚暗沙（深筐）产黑白参，司令礁（眼镜）等岛礁产砗磲。西头线航路从东北至西南所经主要岛礁约有9个，渔捞产品以马蹄螺、海参为主，砗磲次之，海龟最少。（见后文所附《海南岛渔民历年在南沙群岛生产作业活动示意图》及东头线、南头线、西头线主要岛礁渔捞产品初步调查）①

东头线

东支：双子群礁（双峙）→乐斯暗沙（红草线排）↘西月岛（红草峙）→
杨信沙洲（铜金）→火艾礁→西月岛（红草峙）→
马欢岛（罗孔）→鲎藤礁→仙宾礁（鱼鳞）→蓬勃暗沙（东头乙辛）
马欢岛（罗孔）↘五方礁（五凤）

东南支：太平岛（黄山马）→敦谦沙洲→恒礁→三角礁（三角）→美济礁（双门）

↗仁爱礁（断节）→仙宾礁（鱼鳞）→蓬勃暗沙（东头乙辛）
↘仙娥礁（乌串）→信义礁（双担）→海口礁（脚跋）→舰长礁（石龙）
信义礁（双担）↘半月礁（海公）

西头线：太平岛（黄山马）→大现礁（劳牛劳）→永暑礁（上戊）↘
大现礁（劳牛劳）↘毕生礁（石盘）↗

① 郭振乾：《南海诸岛的开发者》，载《海南暨南海学术研讨会论文集》，台湾图书馆，1996年版。

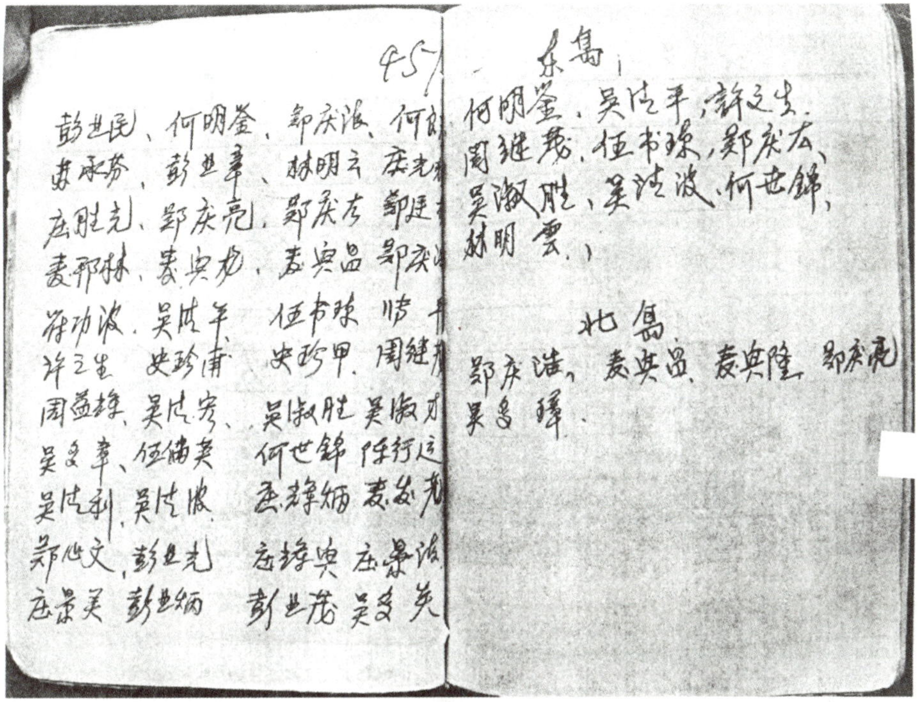

◎老船长苏承芬笔记中记录他分配船员到各岛进行生产的名单

华阳礁（铜铳仔）　东礁（大铜铳）　中礁（弄鼻仔）　西礁（大弄鼻）→南威岛（鸟仔峙）→日积礁（西头乙辛）。

南头线：九章群礁［包括景宏岛（秤钩）、南门礁（南门）、西门礁（西门）、东门礁（东门）、安乐礁、长线礁（长线）、主权礁、牛轭礁（牛轭）、染青东礁、染青沙洲（染青峙）、龙虾礁、扁参礁、漳溪礁、屈原礁、琼礁、赤瓜礁（赤瓜线）、鬼喊礁（鬼喊线）、华礁（秤钩线）、吉阳礁］→六门礁（六门）→南华礁（恶落门）→无乜礁（无乜线）→司令礁（眼镜）→榆亚暗沙（深匡）

↗簸箕礁（簸箕）→南海礁（铜钟）→柏礁（海口线）→安波沙洲（锅盖峙）

↘破浪礁→光星仔礁（光星仔）↗光星礁（大光星）↘弹丸礁（石公厘）→皇路礁（五百二）

（光星仔礁（光星仔）→弹丸礁（石公厘））

南屏礁（墨瓜线）←南通礁（丹积）←

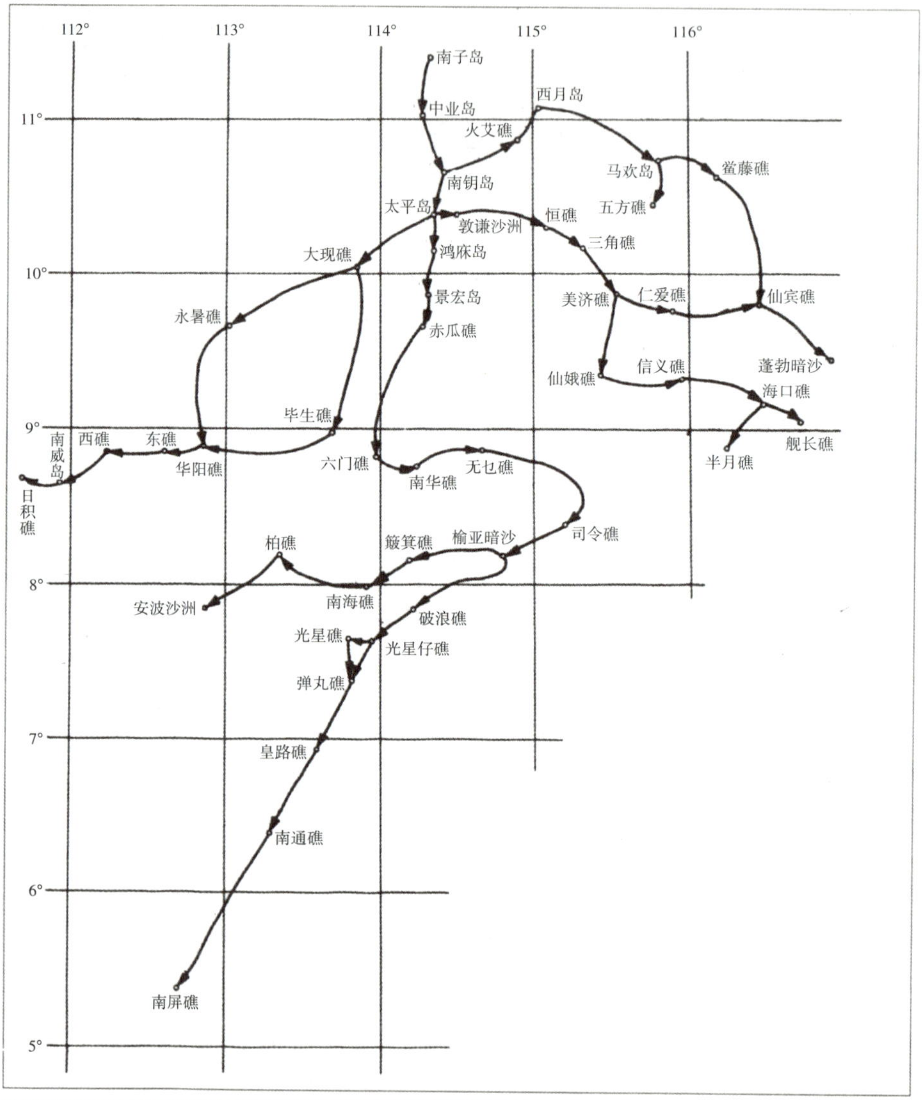

◎海南岛渔民历年在南沙群岛生产作业活动示意图

东头线主要岛礁渔捞产品初步调查

岛礁名称		渔捞产品	备注
标准名	渔民俗名		
西月岛	红草峙	海参	
乐斯暗沙	红草线排	马蹄螺、海参、砗磲	海参为墨瓜参（芳参）
马欢岛	罗孔	马蹄螺、海龟	
费信岛	罗孔仔	马蹄螺、海参、砗磲	
五方礁	五风	马蹄螺、海参、砗磲	东头线渔船多先来此
三角礁	三角	马蹄螺、砗磲	
禄沙礁	禄沙	马蹄螺、砗磲	
美济礁	双门	马蹄螺、海参、砗磲	主要渔捞场所之一
蓬藤礁	蓬藤	马蹄螺、海参、砗磲	主要捞马蹄螺、砗磲
仙娥礁	鸟串	马蹄螺	
信义礁	双担	马蹄螺	
海口礁	脚跛	马蹄螺、砗磲	盛产
牛车轮礁	牛车英	马蹄螺、海参	
仙宾礁	鱼鳞	马蹄螺	
舰长礁	石龙	马蹄螺、海参、砗磲	产量不大
仁爱礁	断节	海参、砗磲	盛产
双子群礁	双峙	马蹄螺、海参、砗磲、海龟	包括贡士礁、北子岛、南子岛、北外沙洲、奈罗礁、东南暗沙、东北暗沙、北子暗沙
中业群礁	铁峙线排	马蹄螺、海参、砗磲、海龟	包括铁峙礁、梅九礁、中业岛、铁线礁
南钥岛	第三峙	马蹄螺、海龟	从西沙到南沙这是第三站，故有“第三峙”之称，从此分头作业

续表

岛礁名称		渔捞产品	备注
标准名	渔民俗名		
敦谦沙洲	黄山马东	马蹄螺、海参	
安达礁	银锅	马蹄螺、海参、砗磲	
半月礁	海公	马蹄螺、海参	主要渔捞场所之一，盛产

南头线主要岛礁渔捞产品初步调查

岛礁名称		渔捞产品	备注
标准名	渔民俗名		
鸿庥岛	南乙	海参、海龟	
赤瓜礁	赤瓜线	海参	产赤瓜参
南华礁	恶落门	海参、砗磲	
榆亚暗沙	深筐	海参	黑白参最多
司令礁	眼镜	马蹄螺、海参、砗磲	砗磲较少
光星仔礁	光星仔	马蹄螺、海参、砗磲	
南海礁	铜钟	马蹄螺、砗磲、海龟	盛产
柏礁	海口线	马蹄螺、海参、砗磲、海龟	主要渔捞场所之一
安波沙洲	锅盖峙	马蹄螺、海参、砗磲	
弹丸礁	石公厘	马蹄螺、海参、砗磲	海参为黑尼参
皇路礁	五百二	马蹄螺、海参、砗磲	海参产量不多
南通礁	单节	海参	海参为赤瓜参
南屏礁	墨瓜线	海参	海参为墨瓜参

西头线主要岛礁渔捞产品初步调查

岛礁名称		渔捞产品	备注
标准名	渔民俗名	马蹄螺、海参、砗磲、海龟	
大现礁	劳牛劳	马蹄螺、海参	西头线第一站
毕生礁	石盘	海参、砗磲	在此加工海参
华阳礁	铜铳仔	马蹄螺	
东礁	大铜铳	马蹄螺、海参、砗磲	
中礁	弄鼻仔	马蹄螺、砗磲	
西礁	大弄鼻	马蹄螺、海参、砗磲、海龟	在此晒海参
南威岛	鸟仔峙	马蹄螺、海参、海龟	常由此去新加坡出售赤瓜参、红参、马蹄螺
日积礁	西头乙辛		

三、更路簿是航海的经典，但也要灵活运用

更路簿是海南渔民航海的经典，风帆时代的渔船离不开更路簿。更路既表时间又表航向和里程，传统的一天分为十更，也有的说一天分十二更船，以后船看不见前船桅顶为一更，约合四十里或六十里，通常一天航行五更船，也有一天开六七更船的。

更路簿的经典性体现在航海中。火长运用更路簿，一般不会出差错。但更路的运用要灵活，要把渔船的特点、海水流向流速、风向风速和所需时间融为一体加以修正，遇到横风、横流时更要如此。如南沙群岛柏礁（海口线）至光星仔礁（光星仔）（见南沙群岛示意图，东经 114°，北纬 8°），本应用乾巽的，因光星仔礁在柏礁正东南方，却用壬丙子午线，成了北南向，偏角达 38°。又如柏礁至南海礁（铜钟）（经纬度同上），本应是乙辛，成了乾巽添辰戌，偏差 18°。为什么偏差角这么大还能到达目的地呢？这正说明渔民

◎潭门渔船出海作业（张杰 摄）

非常熟悉西沙、南沙群岛海域的生产条件，把木帆船的特点、海水流向流速、风向风速与中途岛礁障碍以及所需时间融为一体，加以修正[①]。

（海南大学 周伟民 唐玲玲）

① 郭正乾：《南海诸岛的开发者》，载《海南暨南海学术研讨会论文集》，台湾图书馆，1996年版。

第三章

海南渔民世代经略祖宗海

——老船长的口述历史

没有任何人、任何事能阻挡我们对南海的向往

◎潭门镇部分老当益壮的老船长（2012 年冬）（张杰 摄）

第一节　苏承芬：更路簿和南海那些事儿

◎老船长苏承芬

那时没有马达，没有卫星导航设备，开木帆船出海，更路簿的重要性不言而喻。

他 13 岁第一次去南海捕鱼，半世纪以来凭借看云辨别岛礁鱼群，平安渡过大风大浪。

更路簿是我国古代沿海渔民航海时用来记录时间和里程的书。现存最早的更路簿手抄本产生于明代，详细地记录了西沙群岛、南沙群岛、中沙群岛中各岛礁的名称、详细位置、航向和更数。琼海渔民苏德柳、卢洪兰等的手抄本更路簿，标明了到西沙、南沙、中沙各岛屿的主要航线和岛礁特征，是我国人民开发西、南、中沙群岛最直接的历史见证。

现年 81 岁的苏承芬是琼海市潭门镇草塘村委会上教村人，是传承、见证和记录更路簿的老渔民之一。

13 岁随父去南海捕鱼　第一次航行永生难忘

南国都市报记者在上教村见到苏承芬时，81 岁高龄的他正在自家门前的树荫下制作一艘小木帆船。他笑呵呵地对记者说："这是琼海市文物馆邀请我制作的，再过几天就能完工了。"随后，老人家放下手上的活儿，与记者聊起了更路簿和南海的故事。

"1948 年 11 月，我 13 岁，因家里贫穷，父亲苏伟忠带我从潭门走路去文昌清澜港打工，开木帆船去南海捕鱼。"苏承芬说，"当时帆船上没有马达，11 月刮东北季风，帆船可以借风出海到南海捕鱼，来年的三四月刮西南风时，再借风回家。"苏承芬告诉记者，第一次随父亲出海，航行在辽阔的南海上，看着深蓝的海水、飞翔的海鸟，他经常跑到船头高兴地大声喊叫，那景象至今都忘不了。

"父亲是船长，我也是从那一次开始接触更路簿。父亲在船上，每过一小时左右，就会拿出簿子和铅笔，仔细地记录。"苏承芬说，"每一次记录都很详细，一条航线，要航行五六次，甚至十次八次，才能修改完成，上面记录着南海的每一个岛礁、珊瑚礁以及航线、里程、航行时间、岛礁和珊瑚礁的水涨水落等，还记录了航行时的季节、风向、水流、云色。"

在海上航行的时间长达几个月，因年纪小，苏承芬白天在船上帮忙修理船杆和帆布等。"晚上，只能在船上或无人的岛屿上过夜。"苏承芬说，"我经常坐在船头或岛礁上，在黑夜里，望着一望无际的大海，听着海浪声想家。"

苏承芬告诉记者，在南海上航行捕鱼，最缺的是淡水和药品。

虽然船上也会备些淡水，但几乎每次都不够，他们只能在岛礁上寻找淡水或等下雨时接雨水，不要说刷牙漱口了，有时一整天都没水喝。“那时医药紧缺，每次去南海捕鱼，船老板都会带一小瓶蜜糖和一包甘和茶，船员感冒发烧时，就给点蜜糖水或甘和茶喝。”

18 岁收到“传家之宝”——曾祖父留下的《更路簿》

也就是从那时起，苏承芬每年都驾驶帆船去南海捕鱼，从船员一直升到船长，直至他 68 岁“退休”。

苏承芬家祖祖辈辈都在南海上捕鱼，祖辈给他留下了很多宝贵的更路簿。他至今还保存着一本曾祖父留下来的《更路簿》，上面详细记录了每一次去南海的航行，甚至还详细记录了去新加坡的航线和那里的风土人情等。

“那是我 18 岁当船长时，父亲留给我的传家之宝。”苏承芬告诉记者。他走进内屋，拿出三本用报纸包好的《更路簿》和一个木制“经盘”。其中一本《更路簿》用白纸装订而成，上面的文字原本是用

◎罗盘指引着潭门老渔民开着木帆船驶向南海（图片源自南海网）

铅笔记录，后来用蓝色的墨水填上去。苏承芬拿着那本用白纸装订而成的《更路簿》告诉记者：“这就是我曾祖父留下来的，另外两本是父亲和我记录下来的。”

这些更路簿虽已年久泛黄，但清晰、详细地记录着南海上的航线、岛礁、珊瑚礁、风力、水流等。

苏承芬笑称，要是自己再年轻 10 岁，肯定带记者去南海捕鱼，体验一下其中的艰辛。“那时没有马达，没有导航等现代化设备，完全靠这些更路簿引导木帆船去南海捕鱼，更路簿是我们祖祖辈辈智慧的结晶，也是我国最宝贵的非物质文化遗产之一，我会完好地保留下来，留给后代。”

苏承芬还告诉记者，这些更路簿上的详细记录，不但能让木帆船顺利到达南海，还能避开台风、大风大浪、海盗等，准确率高达90%以上。依照更路簿航行，就算稍微偏离一些，也不远，用眼睛就能看到要去的岛屿、珊瑚礁或海域。

看天上云层分辨海况　大风大浪都平安渡过

“在南海上捕鱼，随时都能遇到特殊情况，很多人问我为什么在大风大浪里都能安全渡过。”苏承芬直言，他当船长多年，完全靠天上的云层分辨情况。

“如果台风将至，在三四天前会有预兆——傍晚 7 时左右，太阳已落山了，但天上突然出现一片红色的云层，说明即将有台风，在船头上用布块测试风向，能知道台风的中心位置。”苏承芬说，“如果布块显示吹的是西风或西北风，说明台风的中心不在附近，要是偏向东风和东南风，渔船就必须回港避风了。”

苏承芬还告诉记者如何通过云层分辨岛屿、珊瑚礁和鱼群。

“南海上的岛屿、珊瑚礁等周边的海水很清澈，能一眼看到水底的白色沙子。如果航行时偏离航线了，注意观察天上的云层。云层上如果有闪光点，说明你要去的岛屿、珊瑚礁就在那片云的方向，而且不远。”苏承芬说，“在南海上要分辨是否有鱼群，晚上留意天上的云层，如果云层上出现闪光点，而且有鳞波，说明那里有大的鱼群。”苏承芬称，他的这些经验没有记录在更路簿上，但却是他祖上流传下来的，他当船长多年，一是靠更路簿，二是靠祖上流传下来的这些经验。

（《南国都市报》杨琼文）

第二节　黄家礼：航海“真经”代代传

◎老船长黄家礼拿着祖辈留传下来的《驶船更流簿》

在潭门镇草塘村老渔民黄家礼的家中，至今还收藏着一本泛黄的宣纸手抄本《驶船更流簿》，和它一并传下来的还有一本始录于清咸丰年间的黄氏家谱。

这本家谱显示，黄家礼的父亲黄兆芳出生于清光绪庚子年，但家谱上并没有记载他的卒年。1937 年农历十月，黄兆芳驾驶渔船前往南沙捕鱼，再也没回来，不知生死。

在今年 86 岁的黄家礼的记忆里，父亲黄兆芳是一个堪称传奇的船长，他经常去南沙，驾驶着渔船在星洲（新加坡）和潭门之间的海域来去自如。不行船的时候，父亲偶尔会和他说起在南沙那些岛礁上的故事。“小时候阿爸经常跟我说，他从我祖父手中拿到更路簿的第一天，仅仅翻了一遍，就将所有线路倒背如流。”黄家礼觉得，父亲那么说，不仅是对自己航海技术的自信，更是对儿子的一种勉励，希望儿子长大以后能像他那样熟练地掌握更路簿上的航海技能，驾驶渔船在南海上乘风破浪。

1937年农历十月，黄兆芳驾驶着帆船从潭门港拔锚起航远赴南沙。第二年农历五月，当出海的渔船陆陆续续回到潭门港时，迎接父亲归港的黄家礼始终不见父亲。黄家礼的母亲四处打听丈夫的下落，最后从那艘船上回来的一个渔民口中得知，这一路上没有遇到海难，但是船开到星洲附近，黄兆芳就失踪了，和他一起失踪的还有船上的好几个渔民，不知是滞留在了星洲，还是因为其他意外殒命他乡。家人再追问下去，这位船员却摆摆手，表示对之后的情况已一无所知。

就这样，黄家礼印象中那位传奇的船长父亲失踪了。隔着茫茫南海，黄家礼也不知道那个船员口中的"星洲"是什么地方。直到今天，黄家礼家中还保存着父亲前几次去星洲时带回的几个西洋瓷餐盘，每个餐盘下都印有英文、法文标识。

失去父亲的黄家礼和母亲、哥哥相依为命。在父亲的遗物中，他找到了那本《驶船更流簿》。在这本小册子上，黄家礼找到了"星洲"，那就是新加坡。

1946年农历十月，16岁的黄家礼为了养家糊口，同时怀揣着"去星洲找阿爸"的想法，跟随村里的渔船出海前往南海捕鱼，开始了他的闯海生涯。

1950年立冬后，黄家礼和同村人驾船出海，刚刚离开潭门港两天，在西沙北礁附近海面，就遇到大约10只小划子的海盗。海盗们将小船围向渔船，索要大米。

"每艘小划子上有两三个人，二三十人一下把我们的船围得严严实实。"眼看着一场恶战一触即发，急中生智的黄家礼和渔民们在铁桶内点燃一挂本想在春节期间燃放的鞭炮，海盗们误以为船上有枪，吓得四处逃窜。

这样的遭遇让黄家礼知道，在茫茫南海之上，除了要征服自然，还会有各种各样不可预知的情况出现。

1955年，村里的渔民互助组组织数艘渔船成群结队地驶入南沙，按照更路簿上的记载驶入黄山马（太平岛），随后又转向马欢岛、费信岛。这一次，船队里有了收购船，渔船再也不需要前往新加坡销货，只需将渔获物交给收购船，便能专注捕鱼。

正是这个原因，黄家礼这一辈子也未能去过他一直想去的“星洲”。20世纪90年代，退休后的黄家礼将那本祖传的《驶船更流簿》交给了自己的儿子，希望他继承黄兆芳传奇的船长事业。

（《海南日报》李磊/文 宋国强/图）

第三节　陈在清：接过更路簿便成掌舵人

◎老船长陈在清讲述他年轻时到南、东、西沙等海域捕鱼的经历（图片源自南海网）

在老一辈海南琼海潭门渔民的记忆里，将更路簿交给下一代掌舵人是一种庄严的仪式。接过更路簿，不仅意味着接过了那艘承载着全家人生计的渔船，还意味着接过了全船人的生命。

81 岁的潭门老船长陈在清至今还记得，父亲将更路簿交给他时，千叮咛万嘱咐，让他一定要把这本小册子收好，更要利用这本小册子把舵掌好。

“会闯这片祖宗海，还怕赚不到银圆？”

1949 年农历十月，14 岁的陈在清第一次和父亲出海，作业区位于西沙附近海域。当时的陈在清作为杂工，只能在渔船闷热的后舱待着，主要工作就是做饭，并将捕获的螺类、贝类海产煮熟，再帮助渔民将熟螺肉晒干。

半年后，渔船返港，陈在清获得了他航海生涯中第一笔报酬：三块银圆。父亲扣下两块后，陈在清揣着仅剩的一块前往附近的福田集市上买东西。没想到他刚到集市就发现口袋破了一个大洞，那块银圆早已不知所踪。

丢了银圆的陈在清想到半年来在船上的辛苦，哭闹着让父亲将那两块银圆还给他，否则再也不出海。父亲劝他说："丢了银圆还可以再赚回来。茫茫南海是我们的祖宗海，会闯这片祖宗海，还怕赚不到银圆？"

渴望再赚到钱的陈在清很快又回到了船上，这一次，父亲开始让他干一些在甲板上抓鱼的活计，顺便在行船的途中教他一些航海的经验。

三年后，陈在清的父亲当上了船长，他也从父亲的口中渐渐学懂了更路簿上的特有名词，掌舵的父亲开始手把手地教他如何操控船只，教他如何看天气，如何辨别水流。

"更路簿是闯海人的秘籍，千万要收好！"

"猫注、锅盖、三圈、黄山马……"经过数年的航行，这一个个更路簿上的传统地名，都深深地印在了陈在清的脑子里。如今，他闭上眼，南海各个岛礁的位置依然如画卷一样呈现在眼前。

1968 年，陈在清 33 岁。那年他和父亲出海回到潭门后，年近六旬的父亲郑重地将一本一指多厚的祖传手抄本更路簿交给他，叮嘱他一定要按照更路簿上的要求行船，更要保管好更路簿——那是闯海人赖以生存的秘籍。

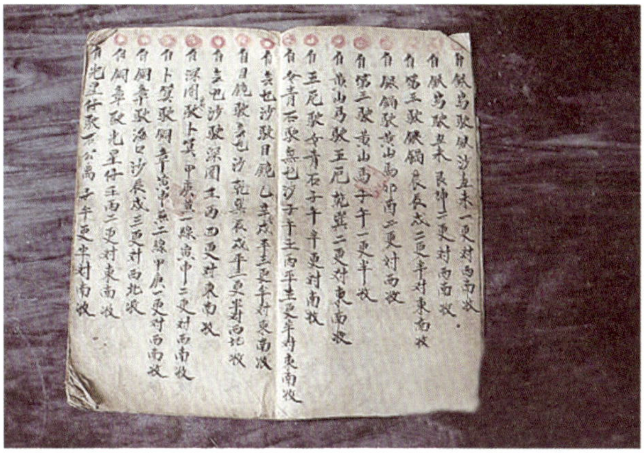

◎在帆船时代，更路簿是船长出海必不可少的航海经（图片源自南海网）

接过这本残破不全的小册子，陈在清顿时感觉责任重大，父亲之所以将它交给他，不仅考虑到他是家中的长子，更重要的是经过这么多年在船上的摸爬滚打，他已经能够独立掌控船只。对于一个潭门渔民家庭来说，是时候让他挑起全家人生计的重担了。

掌握这本更路簿，陈在清仅仅用了四年多。1973 年农历十月的那次出海，38 岁的陈在清开上了机帆船。船上配备了收音机，能够接收到最新的天气预报。从出发的那一刻起，一个问题就在他脑海中打转：机帆船比木帆船的速度快很多，用传统的计更方式来测量距离虽然不合适，天气预报又是现成的，那些老祖宗传下来的更路簿还有用吗？

当船行驶到永乐群岛附近海域时，陈在清发现，海水开始变得浑浊起来，根据多年前父亲教导的判断风暴的经验，再加上对日落的观测，他判断很快就会有风暴袭来。他迅速架船驶向附近的琛航岛躲避风浪，与此同时，收音机里传来了风暴即将到来的天气预报。

陈在清的船进港不久，风暴即呼啸而至，陈在清逃过一劫。风暴过后，他将船驶入东岛附近，只见整个岛屿一片狼藉，岛上的树枝都被狂风吹断了。陈在清觉得很庆幸，如果仅仅凭借天气预报判断天气，没有更路簿和父亲传授的那些经验，很难逃过这次大难。

再返南海，更路簿成了南海主权历来属于中国的证据

1992年，57岁的陈在清又一次出发前往南沙。这一次，他的船上载了一位特殊的乘客，是一名独臂老教授。开船前，送教授上船的当地干部一再叮嘱陈在清一定要照料好老教授。

一路上，老教授每到一处岛礁，都会亲自下水在岛礁礁盘上寻找一些残破瓷器的碎片。渔船按照传统更路簿规划的路线，一路沿着南沙各个岛礁行驶到了曾母暗沙。老教授沿途搜集了中国渔民使用过的器具，其中还发现了一根清代佛山出产的铁锚。

陈在清在和老教授聊天的过程中才知道，这位老教授就是大名鼎鼎的王恒杰教授，他这次来南沙考古，目的是要搜集中国渔民在南沙生产作业的证据。其考古成果将成为我国古代渔民世世代代在南沙生产生活的有力证据。到了后来，陈在清号召船上的渔民主动下礁盘，帮助王教授寻找这些水下文物。

途中，陈在清想起了那本早已遗忘的更路簿，它记录着祖辈们闯南沙的点点滴滴，也是中国渔民世世代代在南海海域耕海捕鱼的重要证据。

航行结束回到家中后，陈在清找出那本已被遗忘在角落里多年的祖传更路簿，小心翼翼地把它包裹好，吊在他认为最安全的房梁上。

“南海是年轻人的”

那一次从南海返回，陈在清到了快要退休的年龄。为了给自己挑选一名优秀接班人，他思考了多个晚上，最后做出了一个让人意外的决定：他没有将船长一职交给自己的儿子，而是交给了自己22

岁的侄子陈则波。

在陈在清眼里，陈则波“脑子活，胆子大，遇到突发事件能够随机应变”。

陈则波接过了大伯的轮舵。他没有让那位富有正义感、民族感的大伯失望。当上船长后的陈则波带领着村里的渔民们勇闯南沙、中沙海域，并多次奔赴他的父辈、祖辈们曾经前往的黄岩岛附近海域作业。在 20 世纪 90 年代和 2012 年，陈则波曾多次被菲律宾当局非法扣押，他的渔船也曾被菲律宾军舰撞沉。这几起事件中，陈则波宁愿被菲律宾当局扣押，也始终没有在菲律宾提供的承认黄岩岛属于菲律宾的文件上签字。

遗憾的是，陈家那本更路簿没有被完整地保留下来。2012 年，当有学者提出看一眼这本祖传更路簿时，陈在清让人爬上梯子，将那本藏在房梁上多年的更路簿取下，却发现它已被老鼠啃咬得残破不全，用手轻轻一碰，立刻化成了碎片。

当夕阳西下，吃过晚饭的陈在清喜欢散步至离家不远的潭门港，看一看挤满港口的新式渔船。采访中，他提出要和侄子陈则波在港口合一张影。当新老两代船长站在一起，这位 81 岁的老船长发出了这样的感慨：“我们老一辈船长和更路簿的时代已经过去了，如今的南海是他们年轻人的。”

（《海南日报》李磊/文 宋国强/图）

第四节　卢业发：每个岛礁都有讲不完的故事

◎老船长卢业发

在琼海潭门世世代代在南海耕海牧渔的渔民中，流传着一句古语："自古行船半条命。"在祖祖辈辈征服南海的过程中，唯有一本名为"更路簿"的小册子能助他们避开那些海上凶险。

这本小册子上，不仅记载着航行线路，还记载着通往南海途中的水流、风向和暗沙。每一代潭门人都会在更路簿上添加对南海的新的探索，每一本更路簿的背后都承载着一个老船长说不尽的闯荡南海的故事。

岁月流逝，属于老船长们和更路簿的木帆船时代已经过去，老船长们在这些岛礁上的故事已成了久远的回忆。

走进琼海市潭门镇草塘村卢业发家的堂屋，89 岁的卢业发将那本祖传的更路簿和罗盘拿出后，随即又展开一张 1985 年印刷的《南海航海图》，每个岛礁的官方地名后都用铅笔歪歪扭扭地写着更路簿上传统的地名。

“三圈、猫注、黄山马岐、鸟仔岐、罗孔……”卢业发在地图上一个个指出这些岛礁的位置，就像在数家乡道路的名称。在这位闯了一辈子南海的老船长心中，这一个个熟悉的岛礁名，就是他航海的坐标点，每个岛礁都有说不完的故事。

看风出发，立冬离港

“我 14 岁就跟着父亲出海了，后来当了船长，都离不开这本更路簿。”这位已经退休在家的老船长指着那本祖父传下的更路簿说，“一半的航海生涯都记载在这本薄薄的小册子上。”

在帆船时代，每位掌舵的老船长人手一本更路簿。“掌舵的船长，要严格按照更路簿上规定的线路来走，将岛礁作为定位点，到达一个岛礁后，再到另一个岛礁。”卢业发说。每年立冬之后，当南海上空刮起东北风时，潭门渔民就借着风力出海前往西沙。在到达西沙海域作业一段时间后，前往南沙的船只会继续向南行驶，直到

◎老船长卢业发在翻看当年陪伴他南海行船的更路簿

新加坡，这些达到新加坡的船只之后会再随着风向在祖国的南海上画完这个圈，在来年端午前赶回潭门。

卢业发说，更路簿上标注的这些地名，就是船长们航海的坐标点，一更为十海里，用天干地支的方式标注了方位、角度。驾船时，船长会用罗盘按照更路簿上记载的角度、方位，让罗盘所对应的角度对准子午线，船就按照这个角度行驶。到达下一个岛礁后，按照更路簿记载的角度更换行船方向，再行驶到下一个岛礁。如此连接下去，就顺利地绕整个南海一圈，航行完毕。

在卢业发的记忆里，严格依照更路簿航行，都不会出错。在航行途中，只要盯住罗盘及时修正船的方位，即使稍微偏离一些，偏离的距离也不远，凭借双眼就能看到要去的岛屿、珊瑚礁或海域。“视力好的船长，能一眼看出几十海里!”卢业发说。

太平岛上欢度春节

1947 年农历十月，卢业发跟随船队出海，这是卢业发第一次来到南沙海域。卢业发所在的船队原本打算仅在西沙作业，但一艘船在西沙浪花礁附近作业时，被突然袭来的狂风巨浪打断了一根方向帆桅杆，无法控制方向的渔船只能顺着风向南进发，希望能找到岛礁停靠以修理桅杆。船长按照更路簿的指引，不断调整方向，最终抵达太平岛。

“1948 年的春节我们是在黄山马（太平岛）上过的，除了从海里捕的鱼，还有肉!”这一次，卢业发他们比较幸运，在太平岛上发现一间以前渔民建的铁皮房子。铁皮房子附近有一口淡水井，还有一群家猪和山羊，但是找了一圈，岛上也没有人。这些家畜还未饿瘦，看来人走没有多长时间，他们就将猪和羊杀了。他们白天在礁盘附近捕鱼，晚上睡在铁皮房里，整整停靠了一个月，将桅杆修理好后，接着向大海更南处进发。

在帆船时代，断了桅杆对渔民来说，就意味着渔船失去了动力和方向。多亏当时的船长对更路簿了如指掌，凭借着精湛的航海技术，找到一个岛礁停靠。这不仅意味着补给与休整，更重要的是，这个岛礁能为前往下一个岛礁进行航行定位。

“鸟仔峙”（南威岛）上的淡水越取越咸

那次离开太平岛后，卢业发所在的船队按照更路簿的指引，来到了南沙。

“越过奈罗上峙（今北子岛）和奈罗下峙（今南子岛）后，我们去南沙附近海域捕鱼的下一个淡水补给点和捕捞点就是‘鸟仔峙’（南威岛）。”在卢业发的印象里，南威岛尽管没有太平岛面积大，但上面丛林密布，林子里还有一口水井。船长派人砍下成堆的木材，补充船上的灶台燃料。渔船在补给完毕后，卢业发和另外两名渔民被要求留守在南威岛上。

白天，那两名渔民就地在礁盘上捕捞贝类、鱼虾，在岸上接应的卢业发负责将捕捞的渔获物进行简单处理后在礁石上晒干。不捕捞的日子，他们就砍伐岛上的树枝，在烈日下晒干，等待船只返回时拿上船作燃料。在这期间，两艘同样来自海南岛的渔船也停靠于此，补充淡水，并陆陆续续有人留下。

南威岛上有一口简单的水井，卢业发他们每天靠喝井中的淡水度日。“但是随着淡水用得越来越多，水的味道也开始从淡变咸。”时隔六十多年，卢业发回忆起那口井，依旧念念不忘。因为有了井，岛上生活条件也比船上好许多，还可以用那口井的水洗澡。

一个半月后，渔船从新加坡返回，此时船上已经装满了煤油、布匹等各种各样的洋货——渔民把渔获物运往新加坡换成洋货。由于当时的国际贸易没有统一的货币，只能以物易物。

“一路上，我们还去了南钥岛、舶兰礁、南密（鸿庥岛）、费信岛、马欢岛。”卢业发记得，因为费信岛、马欢岛这些岛屿的礁盘太小，抓不到鱼，只能在岛上将贝类、鱼类晒干。老人用手在地图上画了一个半圆，将南海的各个岛礁连成了一串，最后航行的终点是潭门港。

20 世纪 50 年代，卢业发从父亲手中接过更路簿与罗盘，成为一名船长。尽管木帆船在 20 世纪 70 年代被换成了机帆船，渔民们在西沙作业依旧严格遵守着传统作业的航线和时间。

（《海南日报》李磊 / 文 宋国强 / 图）

第五节 许书琳：我们世代到三沙，是用热血和生命来开发我们的领海

◎2011 年 1 月 17 日上午访问许书琳（左）

许书琳已 80 多岁高龄，但身体健朗，精神矍铄，谈起当年渔船航海诸多事来，滔滔不绝。

老人告诉笔者，他 9 岁时开始跟着爷爷赶海，一直干到 70 岁。他 32 岁当船长，当了 22 年，西、中、南沙每年都去，当时去南沙必用更路簿和木制罗盘。27 岁时去南沙乘的是帆船，没有机动船。每年农历十月乘东北风去南沙，过了春节到农历三月间西南风吹起时才乘季风回来。

“我在一生中遇到过三次海难。遇到第一次时，我才 12 岁，在海上遇到台风来袭，因为来不及把帆降下来，也没把桅杆锯掉，船

翻了，我跟爷爷在海上漂流了好多天。爷爷当时已 73 岁，天气冷，他太老了受不了，在海上被冻死了，我们也没有见到他的尸体。我爬进一个浮在海面上的筐里，顺风漂到岸边，被人家救上来。有一个 60 多岁的老伯给我衣服穿，又给饭吃，我才活下来！"

"第二次遇到台风时，我 23 岁，我落水后漂到港北被救上岸，衣服全被海浪卷去了。当时新中国已经成立，乡长让我们把民兵的衣服穿上，又发动乡里捐了一点钱，让一个民兵送我们踏上回家的路。"

"我 7 岁到 9 岁在学校读书，没认得几个字。但我还算机灵，老船长用更路簿和罗盘的时候，我就偷偷地跟着学。去西沙用多少度、多少天等项，都默记下来。渐渐地我就学会了，记住了。当年去南沙时我还没当船长，一直在偷偷地学，后来才当上了船长。更路簿是自己记下来的，当船长了，便把更路簿抄下来。有了更路簿，去南沙对我们来说并不困难了。"

"我 32 岁时当船长，一共当了 22 年，去西沙、南沙一点也不难。1956 年，机帆船试验成功，我就开始用机帆船，也有海图，但是还需要更路簿，没有更路簿的帮助，我们很难使用海图。"

"我们去南沙，用的是三四十吨的船，四五条船联帮出海，每条船上有二三十人，原则是一家父子分乘两条船。到南沙，每条船都有小舢板四五条，每条舢板上有四五人，分头下海采海产品。下海潜水很危险，不说遇到大鲨鱼被咬伤，就是自身减压有时也会丢命！即使活下来，有的人眼睛也凸出来了。所以说，新中国成立前我们到南沙，是用热血、用生命来开发我们的领海。新中国成立以后好了，有了潜水服，又有氧气瓶，政府还供应减压舱，很安全了！当时我们下海采得的海产品，要在岛上剖开，用预先备好的竹编片子晾晒干，然后打包。"

"到南沙时间长，出发时，每条船一般都带两头猪，在路上吃一头，另一头养在西沙有草吃的岛上，船回西沙过春节时吃。"

"晒干打包的海产品，由各船选派若干人，乘一条大船运到新加坡、马来西亚去卖，然后买回火油、水泥等洋货回海南卖。另外的三四条船则回海南。有时捕捞到的海产品量大，而南风又未起，我们也会在新加坡、马来西亚那边打短工，候南风回海南。"

他说，1961 年到 1971 年他在西沙、南沙、中沙工委会工作。西沙有些岛上有树，也长草，可以种菜。有人从海南岛将羊及黄牛带到这些小岛上养，在东岛上养的黄牛现在成了牛群。

他还说，有一个名叫符再德的海南人，是第一个到南沙捕鱼的，时间是元代至元二十三年（1286 年），这是代代相传的说法。他记得很准确，可惜符再德没有后代。

2012 年 8 月16 日下午，我们陪香港中文大学讲座教授科大卫等访问许书琳老船长时，他也说过这番话。关于符再德在元朝时到南沙群岛捕捞一事，潭门镇老一辈的渔民都是知道的。

◎科大卫与许书琳在谈话

（海南大学 周伟民 唐玲玲）

第六节　何良茂：三沙是潭门渔民的第二故乡

◎何良茂船长

何良茂生于1919年，笔者一行到他家访问时他已是93岁的老人。老人拄着拐杖到厅里坐下，并出示了一幅海图及一个木制小罗盘，一位年轻人拿来印有“昭和”字样的南中国海地图一幅。

◎何良茂出示他珍藏的日文海图

◎何良茂出示他用过的罗盘

老人慢悠悠地解说罗盘的用法以及他当年到西、南、中沙的见闻。他说，永兴岛上有椰子树，是爷爷那一辈人种的。还有很多鸟，在海边看好像一片都是白的，鸟飞起来，在上面可以遮住太阳。海里的海豚，看到开船时掀起水浪，也会跟船游过来。“我们的船经常到黄岩岛捕捞。黄岩岛是我们的岛礁，这一点也不能含糊！”

过去老船长在海上用更路簿，需要在航行时转一个方向就记一个方向，又转一个方向，再记一个方向。我们问他更路簿准不准确，他说：“用更路簿要脑子很好才行，主要是要知道当时风向和水流是怎样的。这些更路簿是前辈留下来的。”这时旁边有位戴眼镜的中年男性渔民告诉笔者：“过去苏德柳有一本更路簿，已捐献给广东省博物馆。苏德柳的祖父曾经讲过抄更路簿的经过，这本小册子从潭门传到文昌，又从文昌传回潭门。现在他的孙子还在镇上，也下海捕鱼。”

何良茂说：“爷爷当年去过北海（南沙群岛）、铁峙（中业岛），还在尾峙（金银岛）种了6棵椰子树。爷爷在大圈（华光礁）周围捞到了几个残破的青花碗带回家来，清洗后可看到碗内有两个鸳鸯。1974年7月，广东省博物馆来借那本发黄的更路簿，结果爷爷还同意他们带走窗台上的那几个青花碗。1990年，苏德柳患病去世，临终时还在念叨，博物馆的人干吗带走那几个破碗，难道是什么宝贝？”

苏德柳的更路簿所记的，广东省博物馆的专家也看不懂。那本更路簿应该是明代传下来的。为什么这么说呢？有一个东西可以确定，其中写有“自大潭过东海”。“大潭”这个词在明代大家都用，“大潭”就是现在的潭门，“过东海”就是到西沙群岛。所以可以认定这本更路簿是明代所写的。其他的更路簿也有的是明代传下来的，但应该多是清代的了。

广东的专家曾向苏德柳、彭正楷请教更路簿的内容，他们解释说："三峙"就是西沙群岛的南岛，"石塘"这词古代就有，是指西沙的永乐群岛，"自三峙下石塘"，就是从西沙群岛的南岛去永乐群岛。出海的船长都要背熟更路簿，一辈又一辈口口相传。

◎2011年1月17日笔者与何良茂（右）交谈

过去琼海的船长们手上都有更路簿，但传下来的已经不多了。有一位老船长深爱更路簿，把它藏在竹枕头里，死时儿子把它连枕头一起烧掉了。现在使用机动船，都不用更路簿了。苏德柳的孙子这几年还继续出海，他要把以前爷爷抄下来的内容弄懂，还想再抄一本。他的意图可能也像爷爷那样，就算今后更路簿没有用，但是西沙、南沙群岛是他们祖祖辈辈耕海的地方，是第二个家园，从感情角度来讲，仍希望下一代也像上一辈那样，一代又一代到西沙、南沙群岛捕捞。

潭门港的渔民都说，南海是潭门渔民的第二故乡。渔民中的大多数都去了西沙、南沙群岛，但不是所有的人都同时回来，三四十人出去，每次回来的只有十几二十个人，有十人左右住在西沙，其余十几个人住在南沙。

他们在孤岛上可以种菜，遇到风风雨雨，岛上有树和珊瑚，可以随便搭个小屋住。在太平岛、永兴岛、甘泉岛等岛上都有他们镇上的人住，因为有淡水。有的人一直住了十七八年。他们住的岛上没有其他人。在西沙群岛的一些地方，他们挖了水井，种了椰子树，还建了小庙，在岛上种菜生产。这些庙宇、水井都是琼海渔民开发南中国海的证明，西、南、中沙群岛就是我们中国的领土。

（海南大学 周伟民 唐玲玲）

第七节　王诗桃：与海浪搏斗的一生

◎2011 年 1 月 18 日上午笔者访问王诗桃老人（中）

在一个古老的小渔村里，村落中的房屋大都已经破败不堪，无人居住，房前屋后杂草丛生，藤蔓爬满颓垣残墙。笔者一行在这个小村的一间平房里找到了王诗桃，老船长已 90 岁了，佝偻着背，行走也不大方便。

王诗桃老人热情地接待了我们。他说："村里的下一代在潭门镇建了新屋，都搬走了。老鸟恋老树，我是老人恋老屋，所以还住在这里。"

他说话还很清楚，告诉我们说："（我）9 岁开始去赶海，从 9 岁干到 70 多岁。我们公社的渔民中就我去的地方最多，除了新加坡没去，西沙、南沙群岛的很多岛礁都去了。"

他 23 岁时开始去西沙，25 岁开始当船长，27 岁又去南沙，后来去南沙就多了，西沙则是每年都去。当年去南沙时用的是更路簿和木制罗盘，去一趟南沙要走三天三夜。每年农历十月去，过了春节以后三月才回来。当时没有收音机了解天气预报，要等南风吹起来，天气好了才能回来。他在海上遇到三次海难，没有死，命大。

去西沙永兴岛挑鸟粪的时候，一共有 80 多人。公社号召大家争先进，谁挑得多，谁就可以评上冠军。王诗桃老人当年一担能挑 100 多斤飞跑，但有一次踢到树桩摔倒了，脚趾头踢断了，休养了一个月。

他有一本更路簿，但被郑庆扬借走了，没还回来。后来他又抄了一本，要留给儿子、孙子。说着，他回房间打开木柜子取出一册抄写的更路簿给我们看。

老人很自豪地说，他 25 岁时当上船长，曾利用更路簿去了南海诸岛。如果遇到台风，都是用更路簿和罗盘绕过台风跑回来。他还说，当时带船到南沙，基本上认识了南沙所有的岛。南沙一些岛礁上有淡水，岛上还可以挖出很大个的地瓜。这些地瓜也是潭门渔民带过去种的。太平岛上椰子特别多，落了满地，掉到地上又自动发芽，长成了一片。

在访问的过程中，王诗桃老人有问必答，记性很好。笔者要求与他一起照相，他也欣然应允。他送笔者一行离开时很有感情地说了一句话：“我这一生都是在我们的祖宗海上跟海浪搏斗！”

（海南大学 周伟民 唐玲玲）

第八节　苏德柳的孙子苏标武：更路簿确证南海诸岛自古以来是我国领土

◎2011 年 1 月 24 日笔者与苏德柳的孙子苏标武（左）在一起

近十多年来，我们曾三次到广东省博物馆寻找苏德柳的《更路簿》原本，但始终没有见到。博物馆的人不是说馆藏难找，就是说搬新馆了藏品尚未展出。

后来我们来到潭门，打听苏德柳的老家。渔民协会会长麦邦奋出面约好苏德柳的孙子在家里等候笔者。

苏德柳的孙子名叫苏标武，是一名 40 多岁的壮年渔民。苏家已在村里海边建起崭新的砖瓦房，在厅里的排桌上，摆着几枚玲珑剔透的海螺，颜色美极了。苏标武早已有准备，见到笔者，他把家里珍藏的 1974 年广东省记述其家藏更路簿的文章及自己重抄的苏德柳版《更路簿》拿出来给大家看。

广东省博物馆所写的文章题目是《〈水路簿〉和〈航海图〉——我国海南岛渔民往西沙群岛、南沙群岛等地的航海针经》，文中不仅详细记述了获得苏德柳抄本《更路簿》的经过，也对更路簿的形成、价值和使用做了简要的说明。文章写道：

1974 年 7 月，海南岛琼海县潭门公社草塘大队六十五岁的老渔民苏德柳将他在十二岁时（1921 年）抄写的一本航海《水路簿》献给国家。这是一本记载海南岛渔民到广东沿海、南海诸岛、中南半岛和南洋群岛等地的航海针经书，对研究南海渔民开发南海诸岛的历史很有价值。苏德柳说，这是他父亲当年向文昌县清澜港某渔民借来抄的。苏德柳自十二岁起跟随父亲出海作业，五十多年来足迹遍及南海诸岛，对西沙群岛、南沙群岛的每一处地方都很熟悉。他在渔民中享有很高的威信，是一位有名的“航海通”。他说，多年来的航海实践，证实书中有关往西沙群岛和南沙群岛的更路记载是正确的，是祖辈们长期航海的经验总结。

手抄本没有书名，海南岛渔民将其称作“水路簿”。书用棉纸抄写，长二十二厘米，宽十四厘米，对折双面，共四十七页，八千余字。书由八篇文章组成，第四、五、八篇无标题，其他是：一、《立东海更路》；二、《立北海各线更路相对》；三、《驶船更路定例》；六、《自新州去西寺更数》；七、《自星洲去吧里更路》。

现在我们将手抄本的全文抄录发表，供有关方面研究参考。为阅读方便，抄录时加上标点符号，对原文中个别明显的错漏字也在后面的括号中补上或加以说明。原文中的地名有些写法不一，都保留原状，如“卜箕”又作“坡箕”，“抨购”又作“秤钩”等。书中共记载了 889 个地名，我们按简化汉字笔画顺序编写了地名索引附在后面，以供查阅。

苏标武还从屋里拿出他又一次手抄的苏德柳版《更路簿》及苏氏家谱给笔者看。家谱第四卷中有苏德柳的记载："承栋长子德柳，生宣统己酉（1909年）四月十六午时，卒庚午年五月十六日巳时。配符氏，生宣统戊申八月廿一寅时，子三：顯光、顯桄、顯材。"

从苏德柳老人向广东省博物馆捐献的水路簿中，可以看到潭门渔民在漫长的历史岁月中，不畏狂风巨浪，克服艰难险阻，在辽阔的南海诸岛及其附近海域战天斗地、勇敢耕海的实践。更路簿中每一个地名、每一项经验的取得，都经历了很长时间的航海实践，付出了巨大的代价，甚至有许多渔民在狂风巨浪中献出了宝贵的生命。更路簿是南海渔民耕海经验的总结，也是开辟南海航线的历史见证，证明了西沙、南沙、中沙、东沙群岛等南海诸岛自古以来就是我国神圣的领土。

苏标武热情地向笔者解释这本祖传的更路簿。他说，他爷爷跟随曾祖父出海作业，50多年来足迹遍及南海诸岛，对西沙群岛、南沙群岛都很熟悉，在渔民中享有很高的威望，是一位有名的"南海通"。爷爷抄录的更路簿是祖辈长期航海经验的总结。

由他家的家谱可以知道苏家是从福建迁来的。一家几代都是捕鱼的。爷爷那一代是从南海抓海螺到新加坡去卖。他从小在海边玩水并学会潜水，可潜10米深，常跟老船长到西沙去。永兴岛有庙，有人住在西沙那里。爷爷还在海中捡到象牙，拿回家制成几双筷子，每人一双，但由于不注意保管，遗失了。后来他自己到南沙打鱼也看到过这样的象牙，但是他们觉得没有多大用处，所以没捡。

苏标武说，从他们祖辈以来，去南沙不是捕鱼，而是去抓公螺和海参等，然后运到新加坡去卖。他的大哥当年去西沙，一共23人去打鱼，遇到了台风，整艘船被打翻了，23人全部遇难。他经常到西沙，在一些岛上都有海南人建的海神庙，还有海南人养的牛和羊。20世纪90年代，还可以看到海底的石雕。他说他爷爷原来也捡过一些古代的碗、碟，但后来都被广东、北京来的人调查时拿走了。

接着，苏标武带领我们去看苏德柳的墓地，瞻仰苏德柳的遗像。这次采访，让我们知道了许多更路簿的往事，了解了南海渔民勇敢耕海的可歌可泣的历史事迹。

（海南大学 周伟民 唐玲玲）

第九节　郑庆能：临高师父传承的更路簿

◎2012 年 5 月 11 日笔者与郑庆能（中）在文昌市东郊镇口牙村海边合影

2012 年 5 月 11 日，海南日报社的魏如松、陈德雄两位记者驱车带领我们到文昌市清澜港和铺前港采访更路簿传人。

我们在文昌市东郊镇口牙村找到了更路簿传承人郑庆能。这是我们第一次访问，之后又有过三次。村子在椰林深处，郑庆能家门口的两棵椰子树中间系了吊床，一群青年男女、小孩在树下欢声笑语，谈笑玩耍。我们到达时，郑庆能老人及儿子郑辉出来迎接，家人采了一盘鲜艳可口的莲雾及荔枝招待来访的客人，气氛十分融洽。

郑庆能是一位健壮的老渔夫，1935 年出生，已 77 岁高龄了。儿子也以捕鱼为业。自从郑庆能被评为海南省更路簿的传承人之后，他们家已习惯了接待来访的客人。老人告诉我们：西沙、南沙他都曾经去过，1958年去了南沙。当年去南沙靠罗盘及更路簿，驾驶的是帆船。琼海的渔船比文昌的大，所以经常远行到南沙，他们文昌的渔船大多是在近海捕鱼。

每次出海都是老人带年轻人，去一次需要多长时间不定，最大的船有150吨，小的八九吨。“当年更路簿好用，现在的人不懂。我们从清澜港出发，也有的从口牙港驶去南沙、西沙，只捕马鲛鱼。不像潭门港，他们船大，去远海，抓海螺。”

“更路簿是师父教的，我的师父是临高人，叫李长福。内容都记在大脑里，都能背熟。我与师父一起，一边出海，一边现场学。”

“出海一般是在11月至12月，顺风才走，遇到台风季节不能走，一般去永兴岛。铺前港的渔船不跑西沙。清澜港的渔船去西沙，一次一个月左右。过去在海上没有导航，靠更路簿，看流水动向，看鸟，看星星。现在有海图，有导航，不用背更路簿了。”

郑庆能老人说，他家几代都是跑船的，跑东南亚，爷爷一代在越南、泰国做生意，后来死在那里。渔民下南洋的很多。他家没有田地，只是耕海、养虾、钓鱿鱼。过去也曾去黄岩岛，黄岩岛肯定是中国的。

“文昌东郊渔民下海钓马鲛鱼，钓的比网的好吃，钓上来的不缺氧，大的有1米长。这里是钓鱼，琼海渔民是潜水抓公螺、海参等，我们也抓金枪鱼，潜水抓得多。以前有十多艘船都去七洲列岛，去七洲列岛二十海里，一两天可来回，能获得千把块钱。”

当问他是否还留有更路簿时，他回答说，已交给市文化馆，做了光盘。

在访问过程中，老人的儿子郑辉也在场，互相补充，大家十分高兴。

这之后，海南大学图书馆馆长詹长智博士驾车送我们再访、三访郑庆能。后面这两次访问，郑辉将他父亲所说的补充得更加详细、具体。

（海南大学 周伟民 唐玲玲）

第十节　齐见德：一生的航海经验

◎2012 年 5 月 12 日齐见德船长（中）接受采访

2012 年 5 月 12 日上午，笔者一行四人驱车到铺前港，在铺前镇铺前港村后港村委会见到了更路簿传承人之一齐见德。

齐见德住在海边一栋新建的楼房里，面向大海，环境清静、优美。当代渔民的生活已今非昔比！

我们一行人受到了齐见德老人的热情接待。他说，因为脚患风湿病，已多年没有下海打鱼了。

他 1960 年开始出海打鱼，当时是 20 岁。1975 年至 1976 年去西沙永兴岛。1975 年海军打仗，1976 年他们就去西沙。在生产队干工就是出海，船有 10 多吨，20 匹马力，一般是 6—8 人，在海上钓石斑鱼，抓大鲨鱼、墨鱼。到西沙是 12 月份去，3 月份回来。当年有罗经，更路簿以前是抄的，后来都丢了。

“改革开放后，铺前镇又买了 1000 多吨的大船去西沙，到过东岛。东岛上鸟最多，到处是鸟蛋。岛上没有人，到处都是灌木。岛上还有兄弟公庙，是元朝时渔民建的，以纪念遇难的 108 位兄弟。这里还有海龟，每只重 100—200 斤。”

他回忆说，1960 年开始学开船到西沙去，学会开船时用罗经观测和导航，更路簿是背下来的，只能用脑子记。

从铺前港出发，指南针是 24 个字，现在的是 360°，一般一更两小时。从清澜港出发，到永兴岛，在茫茫大海中看到海鸟就知道有岛。险滩很多，要根据海流速度行船，全船由船长指挥，他当过二副，是船长助手。

潭门下远海，捕捞海螺；铺前渔业公司主要是拖渔网捕鱼，抓龙虾。一船一条线钓鱼，西沙鱼很多，一条线一天可钓 100 多斤鱼。不过水下有礁石、珊瑚，珊瑚礁有海沟，根据海底地形，鱼在珊瑚礁里，一般有大石斑鱼。

齐见德写了一篇题为《继承发扬传统的航海和捕捞经验》的文章，总结自己几十年来航海的经验，全文如下：

◎齐见德出示他获得的“非遗”项目传承人证书

在科学发达以前，我们从事航海和捕捞业的人，靠的是前辈传授下来的和自己多年积累的经验，形成了从一个海区开船往另一个海区、从一个地方开船往另一个地方的确定的路线，即“更路”。“更路”在航行和捕捞作业中是驶船的方向，也是路线。可是行船中它不是一成不变的，航行中随着流速、流向与风力的影响，需要时常调整“更路”。在实践中为了确保“更路”的准确、顺利实施，航行的人们想出了行之有效的方法和简单工具，更靠自身目看耳听和智慧，创造出了丰富多彩的航海经验。下面仅述几个方面。

（一）水砣是我们航海人以前测试水深和水质的工具。水砣是由绳子和铅砣制作成的，其形状为鹅蛋形。用铅铸造时，上端须横穿一个洞，用来固定绳子，下端要凹入一个洞。试水时将水砣下到土壤装泥沙，就可以观察土质。航行到某个地方需试水深和土质，只要将水砣抛入海里，然后量多长，再看水砣里的土质，就可知道当时的水深和土质。什么地方水多深、什么土质，航海人心中都有一个谱，水砣的作用就显得重要了。

（二）海鸟是茫茫大海中的领航员。大海中的航行“更路”是路线与方向，但在长时间的航行中，由于风力和流向的影响造成一些误差，按时间和“更路”计算的航程应到达的岛依然未见，这情景让人们心里有压力，要是这时看见海鸟飞翔，它的方向和我们的航向相同，就说明距离海岛不远了。海鸟的生活规律是日出而作日落而息，睡眠与繁殖在岛上，而寻找的食物——鱼虾在大海里，所以在无边无际的大海上，海鸟是航海人的领航员。

（三）航海中的看和听。在大海中航行和捕捞，“更路”准确是关键。目看四方、耳听八路尤其重要。看，是观察水色、流速和流向；听，是听浪声与风力。正确的“更路”其水位都是深的，深水位海区的水色基本上是蓝色的，当接近浅滩，就是俗话所说的“线”时，水的颜色是赤红的（短的和平潮例外）。在冬天的雾天航行，看和听更显重要。雾色茫茫的天气，能见度低，要是顺风顺流，航行的速度快，容易一下子就撞到障碍物，所以要求航海者看东西目要明，听东西耳要聪。

（四）航海和做海人要胆大心细。在大风大浪中航行，没有胆量是不成的，但仅凭胆量也是不够的。俗话说“小心能驶万年船”，就是描述航海人所应具备的心态。天有不测风云，海洋地理环境复杂，而且海洋又与天气息息相关，所以航海人应掌握一些天气知识，并善于观察天气变化。

（五）凡事要做到心中有数。航海和捕捞知识丰富多彩，既要掌握天文地理、海洋风貌，又要掌握水文流向。如潮水的规律，一个月有多个潮水，什么时间流东或流西，什么时间是急流，什么时间是平流。这些潮水的规律老前辈已整理并编写成潮水簿，如今的潮汐表就是根据这些资料编写成的。心中有数，就是说要顺利安全航行，要有正确的“更路”，具备良好的心态，掌握丰富多彩的知识，继承发扬传统的航海和捕捞经验，并将它发扬光大。

齐见德

2007年3月16日

齐见德是铺前港的老渔民，航海和捕捞经验丰富，虽然现在年迈有脚病不能下海，但他所总结的航海经验十分宝贵。被评为海南省更路簿的传承人之后，他在总结实践经历时写道：

本人在几十年的航海和捕捞生涯中，深得老海员和老渔民的言传身教，认真总结了前辈们的经验和自身的体会，深刻认识到“南海更路经”的形成，是千百年来世世代代航海人的丰富经验集成，至今仍具有重要的参考意义。

例如1975年冬季，我们生产队从清澜开往西沙群岛生产，未开航前我们已经从海图中定了开往西沙的路线，估计了所需的时间。可经过了30多个钟头的连续航行，只见茫茫大海，不见任何目标，将近七连屿时才看见海鸟飞。这时我们才估计要到目的地了，可见航海知识丰富的重要性。

“南海更路经”是前辈们航海经验的结晶。除结合自己航海和捕捞的经验外，航海时还要参考风向风力、流向流速、海水颜色的变化和漂浮物的出现，这些都是判断海面海段的重要参考物。

现在科学发达，给航海人创造了便利，但千百年来形成的“更路经”依然有参考价值，作为传承人的我有义务将这些经验传给下一代。

“南海更路经”已于2008年入选国家级第二批非物质文化遗产保护名录。

在文昌市清澜港、铺前港渔民中流传这这样的民谚：“有了更路经，出海赛神仙。”“学会更路簿，能当海师傅。”“家有更路传，能当好船长。”“更路经”是海南渔民出海航行、捕鱼的指南，也记录了我国通往东南亚、西亚，以及地中海沿岸国家的线路。在南海诸岛的开发史上，南海更路簿所起的重要作用，值得我们今天认真地进行整理和总结。

（海南大学 周伟民 唐玲玲）

第十一节　韩健元：我的行船经验

◎2012 年 8 月 19 日拍摄，右二为韩健元

老船长韩健元，长时间担任渔港的党支部书记，在群众中威信高。他为人朴实、忠厚，做事、写文章都实事求是，他总结自己的行船经验时也是这一贯的风格。试读他的回忆录：

本人是文昌市铺前镇铺渔村委会铺渔北村人，男，现年 67 岁（1940 年生）。

在没有航海仪器和先进的科学航海技术的时候，本人出海捕鱼仅利用以下八个字：靠、测、定、算、观、听、试、验。

1. 靠：当时我们航海行船主要依靠罗经（指南针）。因为第一次从起点到终点要先从海图上看，按它的方向航行，这就是行船中依靠罗经的作用。

2. 测：在确定航线后先用海图来测从起点到终点的方向。如我们准备到抱虎渔场作业，出港的罗经应是向西北方向；船航行到中水道又要转向正北方向。还要测出起点到终点的距离，以及测出中间转向的距离。

3. 定：在测出航向和距离后就利用罗经来航行，按照罗经指定方向，并定中间罗经的转向。

4. 算：要算出起点到终点的距离，我们的船每小时的航行速度，全程需要航行多长时间；还要算出中途需要行驶多长时间才能转向。最重要的是要结合当天的天气，特别是风力和流向，机船或帆船，顺风顺流本船的航速，逆风顶流本船的航速。（港里分为涨潮和退潮，大海分为流东和流西）只有详细计算才能准确地将船驶到目的地。

5. 观：在航行的途中还要观察海水的变化和海水的颜色来判断本船的航行位置。在一般情况下，即风平浪静时，观察到海水是深蓝色的，说明该船正在深水中航行。如果发现海水是淡黄色，而且水中带有沙土，说明船在浅水中航行，也就是说将近浅滩，船将会有搁浅的危险，在这种情况下应立即转向以保证安全。在夜间航行时，有时也利用天空中的星斗来确定方向。如果在航程远和航行时间长的情况下，比如前往西沙或南沙等，还可观察空中的飞鸟来判

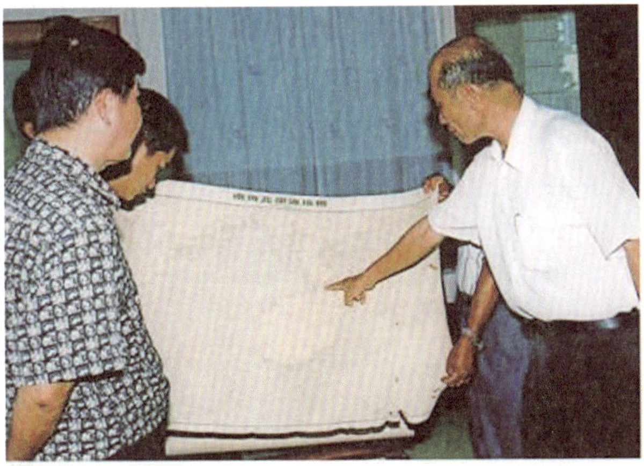

◎韩健元船长在讲解渔场图

断本船的位置。如果发现飞鸟，说明我们的船距离陆地不远。我们就是利用多种方法来观察和判断船的位置和方向的。

6. 听：船在航行中经常会遇到大雾。在这种情况下，我们可以利用耳朵来听，甚至抛锚把船停下，听是否有什么声音。如果听到波浪声，说明我们的船离浅滩不远，并且要听出浪响的方向，以便做好转航的准备；如果听到机船的航行声，说明本船航行在正航线上，要注意听出对方船的航行方向，以便做好避让工作。

7. 试：船在航行中，为了确保航线不偏离，或在因大雾和风暴而导致船的位置一时难以确定的情况下，我们利用试水的方法来确定本船当时所在的位置。我们用土方法制作试水工具，就是用几斤重的铅煮成一个铅砣，并在砣上装一个耳圈，将一条长 100 米左右的胶丝结在耳圈上，由一个人站在船头把铅砣向船头方向抛下海去，然后拉上来量，以确定水的深度。若流水湍急或航行速度太快，还可以把船停下来试水，这样一般可以掌握本船所航行的路线和位置。

8. 验：船在航行途中遇到各种难以航行的情况时，还可以把铅砣抛下海去然后拉上来，检验铅砣上所沾土的土质来判断船航行在什么地方。因为我们琼州海峡到七洲洋一带海底一般若是深水都是沙、泥土，要是铅砣沾的是纯沙，说明我们的船是在浅滩中航行，所以要预防船搁浅带来的危险。

以上很多方面都是靠自己几十年来行船的经验积累下来的，也是从多方面摸索和教训的吸取中得来的，因为在长期航行中难免碰上各种疑难和浅滩，所以要想出各种解决办法。

（海南大学 周伟民 唐玲玲）

第十二节　王书保：南海行船，更路簿最可靠

◎王书保在驾驶室驾驶操作

2015 年 11 月，作为更路簿传承人之一，琼海潭门老船长王书保带领着 30 名学员驾驶着渔船，从潭门行驶至西沙。

这一次航行，他们没有用卫星定位系统，所有线路的定位都是依靠那本祖上传下来的更路簿，王书保在船上手把手地教这些年轻人使用罗庚、更路簿定位。

当渔船安全准确地行驶至西沙群岛时，船上的学员们无不为这本南海奇书的神奇和王书保精湛的航海技术称奇叫绝。

每代人都在使用、每代人都在更新的更路簿，在现代科技全球定位系统称霸导航领域的今天，依然有其实用价值，不能不让人叹为观止。

打开一扇沉重的木门，潭门镇孟子园村渔民王书保走进镇上那家自费建立的更路簿展览馆，拿出一本祖上传承了多年的更路簿。

这本更路簿，王书保的祖父记，父亲记，内容不断更新，记录着南海各个岛礁线路图和传统渔场所在地，凝结着世代在南海谋生的王家人的心血。

如今，作为更路簿非物质文化遗产传承人之一的王书保，在经历了大半辈子的闯南海的经历后，他更是感觉到更路簿在南海文化中的重要意义，他希望越来越多的人了解更路簿，更希望更多的人加入到更路簿的传承之中。

更路簿代代记，代代有更新

“我父亲用更路簿驾驶着木帆船出南海打鱼，当年他交给我的更路簿上的每一条线路，到如今我还能倒背如流。”站在那间更路簿展览馆中，王书保拿出一本略微发黄的日记本，内页上用钢笔整齐地记录着南海上的一条条航线。

今年57岁的王书保，18岁时就开始出海捕鱼，28岁时当上了轮机长。他手中保存的那本更路簿传自他的父亲，而他那位经验丰富的父亲手中的更路簿则传自王书保的祖父，而他祖父的更路簿也是从上一代手中接过……与其他版本的更路簿一样，这本抄写在笔记本上的更路簿，凝结着世代在南海谋生的王家人的心血。

这本更路簿上，有王书保祖父所做的记录，也有王书保父亲留下的笔记，每一代人都会为更路簿补充新的信息点。传到王书保手中时，上面已经密密麻麻地记载着多条线路，不仅记录着前往西沙、南沙的各条线路，还记录了水流的变化，标注了容易发生海难的海域，更详细地将岛礁附近的南海传统渔场标注出来，并注明在哪里能捕捞到什么样的海产品，可谓是一本西沙、南沙渔场的百科全书。

当年，父亲将那本用油布包了一层又一层的更路簿传给王书保时，坚持让他用更路簿上的方法驾船，并对他说要想从海里谋食，必须把更路簿熟记于心，至今王书保仍觉得当年父亲的教诲不无道理。

祖上留下的更路簿最可靠

“待到我掌船时，已是20世纪80年代，那时潭门渔民都用上了机帆船，但我依旧用更路簿来定位航线。”王书保说。都说更路簿只适用于木帆船时代，但那时他每次出海前，都会拿出更路簿计算一番，就能知道行船轨迹。

王书保这样解释机帆船上使用更路簿的秘诀：根据航速、水流、风速、时间，可以算出船的实际行驶里程，然后以一更十海里，将行驶距离换算成更数，这样就可以用更路簿的记载导航了。王书保说，他一直用更路簿上记载的线路进行导航，没有出现过任何错误。

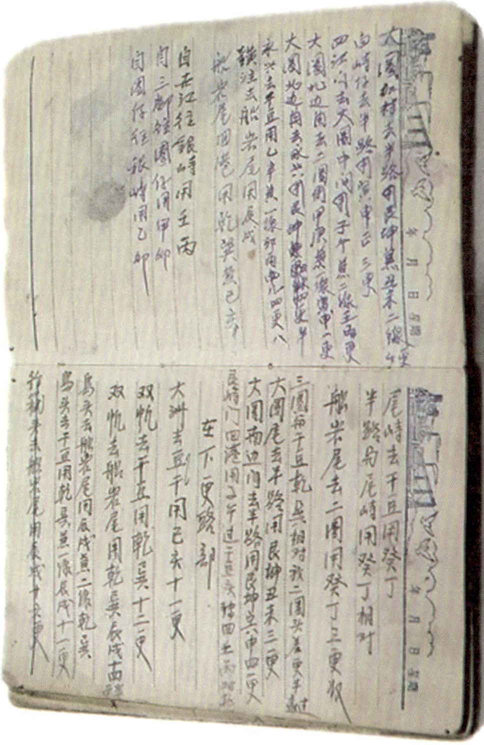

◎王书保一家世代传承的手抄本《更路簿》

“都说现在用上了卫星导航，更路簿没有用了，但你可曾想过，如果现代化定位设备失灵，在海上如何行船？因此在南海上行船，最可靠的还是老祖宗留下的更路簿。”

王书保说到这里，还讲了20多年前他在南海上的一次亲身经历。

1987年秋天，王书保驾驶一艘机帆船前往西沙捕鱼，一路上，他严格按照更路簿上记载的航线行驶，在航行途中，王书保遇见一艘从三亚榆林港开出向南行驶的轮船，这艘轮船航速较快，不一会儿就不见了踪影。第二天上午，当王书保的渔船行驶至西沙永兴岛附近海域时，却发现昨天见到的那艘轮船正缓慢地朝海南岛方向行驶，觉得蹊跷的王书保通过电台与轮船取得了联系。

在电台里，轮船的船长告诉他，这艘轮船的目的地是西沙永兴岛，定位系统采用的是无线电罗兰器定位，由于那天罗兰器发生了较大的偏差，导致轮船偏离了原有航线。轮船的驾驶者将船驶入永兴岛附近海域时，费了好大的劲都没有找到永兴岛，无奈之下又将船开了回来，并且一边开一边重新定位寻找永兴岛。当王书保发现这艘找不到目的地的船时，它已经在永兴岛附近海域来回转了多趟。

“一旦定位系统偏航太多，距离目标岛屿太远，在茫茫大海上用肉眼是看不到岛屿的。”王书保说。后来，王书保用自己的渔船为轮船引路，轮船才准确地驶入永兴岛码头。

让越来越多的人熟悉更路簿

在海上忙了大半辈子的王书保如今已经很少出海，可闲不住的他和家人在潭门镇办了一个养殖场。闲暇之余，他还凭借着多年轮机修理经验，为潭门港中的渔船修理轮机。他的儿子王振忠更是将更路簿背后承载的海洋文化结合到了产业中，在潭门镇开办了一个加工贝壳艺术品的工艺产业园，园中设有更路簿展览馆，分为南沙馆、中沙馆等分馆，那本祖上传下来的更路簿便成了镇馆之宝。

2015 年 11 月，在琼海市文化馆主办的“南海航道更路经”传习活动中，作为更路簿传承人之一，王书保带领着 30 名学员驾驶着渔船，从潭门行驶至西沙，进行了本节开头讲述的那场航行。

王书保觉得这次出海是这些年来航行生涯中最有意义的一次，再次向新一代的船员证明了更路簿的历史价值和实用价值。他也希望这样的活动能够多举办几次，并希望政府在潭门建立固定的传习基地。

他表示，尽管自己年近六旬，到时候还是愿意带着有意愿学习更路簿的学员出海传习。他说：“我相信会有越来越多的人愿意了解更路簿，愿意将它传承下去。”

（《海南日报》李磊 / 文 宋国强 / 图）

第四章

浮出历史的深海——探究更路簿

第一节 更路簿：中国拥有南海诸岛主权的重要证据

2012 年 6 月 21 日，民政部发布了一则公告：国务院批准撤销西沙群岛、中沙群岛、南沙群岛办事处，设立地级三沙市，管辖西沙群岛、中沙群岛、南沙群岛的岛礁及其海域。

三沙市的设立，具有标志性意义。这是中国继浙江省舟山市之后的第二个以群岛为行政区划设立的地级市，也是目前地处中国地理位置最南端的城市。设立三沙市，与中国认识、开发、经营、管理南海的深厚历史积淀密不可分。

三沙市的设立，有利于进一步加强我国对西沙群岛、中沙群岛、南沙群岛的岛礁及其海域的行政管理和开发建设，有利于进一步保护南海环境。

翻开记载这些历史进程的重要证据之一——更路簿，我们可以在这本航海针经的指引下，穿越历史的尘埃，看到勤劳的中国渔民认识、开发、管理海洋的漫长而艰辛的历程。

一、中国人用命换来的航海经

“哥伦布?”起初听到“更路簿”这一名字时，脑海里的反应，是地理大发现的先驱者——哥伦布。中国渔民或许没有哥伦布那般大名鼎鼎，但凭借骨子里的那股闯劲，早在汉代就开始探索神秘莫测的南海了。他们以生命为线，用执着做针，将散落在南海深处如同珍珠一般的岛礁找到，串起，镶嵌在祖国浩渺的蓝色国土上。从此，中国人的足迹便深深烙印在这里，这是数百年风雨都无法抹去的历史。

更路簿又称“水路簿”“南海更路经”等。更路簿的“更”为距离单位，“路”为航向，“簿”为册子，是渔民以文字或口头形式相传的、在南海海域开展航行和捕鱼活动的航海指南，对研究我国航海史、外贸史、南海开发史都具有珍贵的史料价值和现实意义。

在那没有精确的航海图标和卫星定位系统的久远年代，凡前往南海作业的中国渔船都必备两样东西：一是罗盘，二是更路簿。罗盘，指引渔船确定航行方向；更路簿，则记载了自家乡港口到南海各岛礁的详细情况。

“自大潭过东海，用乾巽使（驶）到十二更”，这是更路簿中的一句话。“大潭”指琼海潭门港；“东海”即西沙海域；“乾巽”是航行角度；“更”指路程，以后船不见前船桅杆为一更，风帆船约行五小时，航程大约十海里。简短一句话就标示清楚了出发地、目的地、航向以及航程，作者对南海地理地貌了然于胸的功力果然了得。

南海海域复杂，气象多变，暗礁密布，是什么力量支撑海南渔民仅凭借简陋的航海装备就去闯荡神秘海域？被誉为帆船时期渔民远洋必备的航海“秘籍”和“保护神”的更路簿，到底是怎样一本航海针经？更路簿的记录与流传又经历了怎样的艰辛？翻开这本古老的册子，隐约间，一队渔船缓缓映现在南海清晨升起的薄雾中，渐行渐远，仿佛要带领我们穿越历史，去解开现代人这一连串的疑问……

在更路簿的发源地——海南省琼海市潭门镇，渔民早在几个世

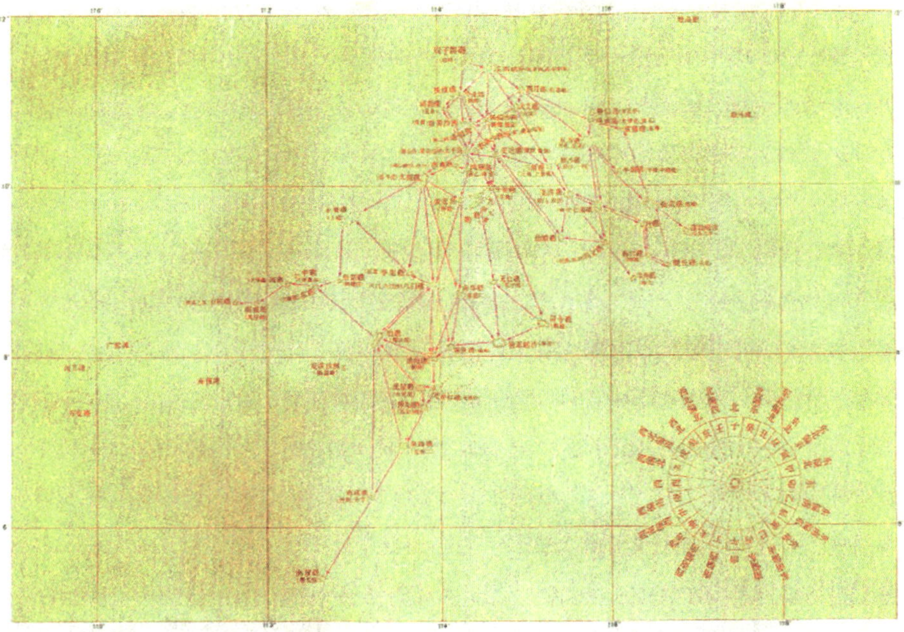

◎今人绘制的南沙群岛水路航线示意图

纪前就不在近海捕鱼了，而是选择下南洋。俗话说靠海吃海，渔民就是这样，明知道有风、有浪、有危险，但是为了生计也要冒险。

历史记载，这里的船队每年农历十一月至十二月乘东北风南下，先至西沙群岛，一些船留在当地生产，另一些船再赴南沙群岛。利用冬春两季大约半年的时间，进行捕捞作业，然后带着捕捞的各种珍稀海产品，至第二年的清明、谷雨期间乘西南风北返。

潭门镇的船长都有记录自己航行轨迹的习惯，无论是否识字，船长都用自己的方法记录下航行中的点点滴滴。他们的航海记录本身就是更路簿的初稿。潭门镇 90 多岁的老渔民王诗桃就是凭借祖传的这本小簿子和罗盘，当了 30 多年的水手，其中 20 多年担任船长。“不仅是西沙到南沙，整个海南岛周围的海域我都去过，包括琼州海峡。几月份水流是什么样，有多少暗沙，我全知道，而且都写在我的簿子里面了。”王诗桃说。

每个渔民都有权利把自己的经验添加到更路簿里。也就是说，更路簿没有定本，一直在不断修改和完善，从而成为一部详细记录西沙、南沙群岛的岛礁名称、特征、准确位置、起航线、岛礁地貌，以及海浪、潮汐、风向、风暴等水文气象信息的航海针经。

在浩瀚的海洋面前，人类是渺小且脆弱的，幸好有航海经验的记录与流传，让生命得以延续。这种约定俗成的记录，依靠的是海南渔民油然而生的使命感。

在那个全靠海风为动力的航海时代，一旦发生海难，那些记有航海经验的册子便会与生命一起被无情的海浪卷走。言简意赅地讲——更路簿，是渔民拿命换来的。

潭门镇石宛村老渔民麦兴铣收藏的麦氏家谱中记载："四十七世俞文次子声番妣王氏……考生辛卯年十月十九日未时去东海（西沙）卒，咸丰五年四月初五卜葬港门坡与俞昌公同矿。"

这部用自己的亲身经历乃至生命书写的更路簿，其准确性是不容置疑的。所以，在航海地图出现若干年以后，许多船长依然靠更路簿外加罗盘航海。直到 20 世纪 50 年代，更路簿才真正完成了它的使命，退出了历史舞台。

据考证，更路簿大致形成于明末清初。渔民手中流传的更路簿全部都是手抄本。现存的更路簿约成书于清代康熙末年，已被列入第二批国家级非物质文化遗产保护名录。无论是哪种版本的手抄本，里面每一个字都一笔一画书写得认真工整，仿佛是一种祭祀先辈的仪式。

如今，被发现的更路簿有十余个版本的抄本，包括苏德柳抄本《更路簿》，彭正楷抄本《更路簿》，郁玉清抄藏本《定罗经针位》，陈永芹抄本《西、南沙更路簿》，林鸿锦抄本《更路簿》，王国昌抄本《顺风得利》，麦兴铣存本《注明东、北海更路簿》，李根深藏本

《东海、北海更路簿》，许洪福抄本《更路簿》，卢洪兰抄本《更路簿》，李魁茂抄本《更路簿》，蒙全洲口述、麦穗整理本《去西、南沙水路簿》等。

在那个航海技术不发达的年代，中国渔民不惧惊涛骇浪，闯荡南海海域，用生命和智慧换取殷实的生活。

二、中国人自古经略南海的见证

在潭门镇街上，几家店铺叫卖着唐冠螺、凤尾螺、万宝螺、龙虾、海参、鲍鱼……这些在今天看来依旧珍贵的海产品，都与千里之外的南海有关，都与更路簿有关。

老船员苏承芬说自己是 1948 年上船，当时的目的地就是南洋。“行船南海，最大的收获就是海参和马蹄螺，在船上或者礁盘上晒干，再运到新加坡、马来西亚，然后换煤油、布和轮胎回来。”说起航海的日子，老人滔滔不绝。

南海盛产海参、海龟、马蹄螺等稀有珍贵的海产品，特别是马蹄螺，其螺壳珍珠粉质量高，可作高级油漆原料和纽扣，清末以后，英、日等国大量进口。从那时起，南沙群岛的马蹄螺开始被大量采集，行销至国际市场。正常年景，一个季节一条渔船可赚五六千银圆，这让渔民过上了殷实的生活。

在众多经营南沙的渔民之中，海南岛文昌县的黄学校赫赫有名，是海南经济发展史上的成功典范。这位清末民初的“海南船王”，白手起家，从小船员做到大船东，继而拥有了自己的船队。一次，黄学校将南沙出产的蚝干及鱼翅等海味运到新加坡出售，在海南人黄卓如经办的“九八行”（经纪行）里偶见产自印度洋的马蹄螺，这种马蹄螺每百斤值 100 多银圆。他便问黄卓如，如他再运一些马蹄螺来还收不收。黄卓如回答，运多少，收多少。自此以后，黄学校开始经营南沙的马蹄螺。当时，黄学校有三条船，每年仅马蹄螺一项可获3万银圆左右。黄学校因此发了财。

正是更路簿为以黄学校为代表的渔民们指明了一条致富的航道。中国渔民通过对比、研究千百年来的路线记载，逐步确定了便于海上作业的“最佳路线”。彭正楷抄本《更路簿》记载有17条西沙捕鱼线路，200条南沙捕鱼线路，29条从南沙返回海南岛的航线，7个海上交通枢纽和渔业生产中心，其生产作业范围甚至扩展到了东南亚的纳土纳群岛和潮满岛。从这些线路看，西沙、南沙海域早在明代就已经成为中国渔民的传统渔场了。

随着更路簿的不断完善，海南渔民更加游刃有余地航行在恶浪险滩之中，不仅开辟出了捕捞业的黄金水道，也航行出了闻名遐迩的“海上丝绸之路”。中国海船越来越频繁地携带大批丝绸、黄金，从雷州半岛起航途经今越南、泰国、缅甸、印度等国，去换取这些国家的特产。

郑和七下西洋，也都途经南海诸岛，绘制的地图一直保留至今。殷实的生活是用艰辛换来的。海上风云莫测，台风巨浪袭来，怎么办？每次去南海海域作业都要在远离大陆的海洋上漂泊三至四个月，赖以生存的淡水、粮食从哪里补给？由于南海海域常年高温高湿，冒着生命危险捕捞上来的海产品如果不及时处理就会变质，怎么办？

翻开更路簿，它会告诉你答案。根据里面的详细记载，某个月份某片海域大致是怎样的情形，渔民们都了如指掌。很多渔民还在岛上用草席、椰叶或破旧船料、树木等搭起窝棚，将捕捞到的海参、海龟、螺等海产品晒干贮藏。到15世纪，中国渔民不但以西沙、南沙作为渔业生产基地，还在岛上建屋种田，从事农业生产。凡是有淡水的、具备住人条件的岛屿，大都有中国渔民居住，有些渔民在岛上一住就是几年甚至十几年。《文昌县志》记载，文昌东郊上坡村渔民陈鸿柏曾在双子群礁上住了整整18年。

渔民们不仅住在岛上，还为岛屿起了颇为生动形象的名字，如称环礁为“筐”，称南威岛为“鸟仔峙”，称司令礁为“眼镜”，称安达礁为“银饼”，称仙宾礁为“鱼鳞”……这些名字都极具海南方言特色。这些地名有些还被译成外文。英国海军部出版的《中国海指南》中曾记载“Sin Cowe”和“Nam Yit”两个南海岛屿的名称，显然就是音译海南渔民对景宏岛的称谓“秤钩”和对鸿庥岛的称谓“南乙”。

考古发现更进一步证明了中国渔民在南海海域航行和捕鱼的历史。在西沙群岛的永兴岛和北礁等10多个岛屿及礁盘上发现的陶瓷器就达2000多件，自南北朝、隋、唐、宋、元、明至清代的都有。从产地看，这些陶瓷器产于广东、福建和江西等地，这表明在南北朝时期，我国渔民已在这片海域活动了。

在甘泉岛上，发现了唐宋时期的青釉罐、青釉四系罐等不少质地普通的盘、碗、瓶、罐，这些显然是我国居民的日常生活用品。特别是铁刀、铁锅，更是他们曾经在岛上生活的见证。

“一帆风顺”永远只是一句美好的祝福，不少渔民带着梦想出发，却不幸付出了生命的代价。在清同治十二年到光绪三十三年（1873—1907年）的35年光景中，有记载的遇难的海南渔民就达130多人。在西沙及南沙群岛，中国渔民为死去的同伴建起了孤魂庙和土地庙。

相传，明代108名海南渔民曾到七洲洋（即西沙海域）捕鱼，然而天有不测风云，台风突袭，掀起巨浪，渔民全部葬身海底。多年后，又一批海南渔民来这一带作业，狂风恶浪依旧肆虐，撕扯着渔船。生还无望的渔民们别无他法，只能焚香祷告，祈求108位弟兄神灵的庇护。霎时间，风浪归于平静。死里逃生的渔民们为了感谢这108位兄弟在天之灵的保佑，集资在永兴岛修建了庙宇。

1975年，台湾人张振国来到南沙，其写作的《南沙行》一书记载，太平岛、中业岛、南威岛、西月岛及南钥岛上都有神庙。其中，太平岛土地庙的门上写有“有求必应”四字横批。中业岛的土地庙由几块宽大的石板搭成，三尺来高，两尺来宽，中间供着石质的土地神像。神像虽经多年风雨侵蚀，已经剥落模糊，但依稀可辨。

三、中国人捍卫领土主权的史诗

一本更路簿，使散落在南海深处的岛屿与祖国大陆紧紧联系在了一起。

根据《旧唐书》《诸蕃志》和《琼州府志》等书的记载，唐高祖武德五年（622年）开始设置崖州，唐太宗贞观元年（627年）设置崖州都督府，唐德宗贞元五年（789年），唐中央政府平定海南岛上的战乱，收复琼州，改崖州都督府为琼州都督府。因此海南岛设置“督府”可上溯至唐代。纵观历史可以看出，南海诸岛在唐宋时期就在我国政府的管辖之下。元世祖忽必烈于至元十六年（1279年）亲派著名天文学家、主管全国天文测量工作的同知太史院事郭守敬到西沙进行天文测量。这是我国政府在南海海域行使主权之举。

明清时代，由官方纂修的《广东通志》《琼州府志》和《万州志》等许多地方志书，都把西沙群岛和南沙群岛载于“疆域”“山川”“海境”或“风俗形胜”等条目下，列入水师巡视范围。

明太祖洪武二十七年（1394年），“设海南备倭指挥一员，专辖内外十一所。每所官各一员，督管军船，于所部海面巡视，有警申报剿除”。

《清绘府州县厅总图》明确将“七洲洋”划为我国的一个府，图上标绘了作为“府”一级行政单位的红色方形图例。这是目前我们所见到的清代将“南澳气”“千里长沙”“万里石塘”和“七洲洋”，即东沙、西沙、中沙和南沙列入我国版图并设府管辖的最早的一张地图。

清道光十二年（1832年），规定崖州协水师副将和水师守备，轮替出洋巡缉。当时有大小水师舰船4艘，巡洋兵丁146名。道光十七年（1837年），建立定期巡海会哨制度。

清光绪三十四年（1908年），中国海关曾根据外国的请求，呈请政府在西沙群岛建立灯塔，以利航行。

这片海域战略地位重要，资源丰富，让中国渔民过上富裕生活的同时，也令欧亚列强垂涎欲滴。

1907年，日本人西泽吉次受日本汤峙樟脑公司的派遣，乘坐“四国丸号”船武力侵占东沙岛，并擅自将其改名为“西泽岛”。清政府以《海国闻见录》为依据，迫使日方承认理亏并退出了东沙岛。政府派广海舰前往接收，在东沙岛鸣炮21响，并行升旗礼，申明清政府在此行使主权。

1933年，法国殖民当局派遣三艘舰船，武力侵占南沙群岛中的九个岛屿，住在南沙各岛礁上的中国渔民当即反抗。据记载，在南威岛，渔民符鸿克撕毁了法国国旗；在中业岛，渔民王安荣挖出法国人埋藏的物品，郑兰锭撕烂法国国旗；在南子岛，渔民符国和、石玉礁、林青等人扯下法国国旗，并砍断旗杆。法国殖民者以舰只撞渔船，不甘示弱的渔民以土炮还击，竟将装备精良的洋舰击毁。为此，法国政府向中国政府提出抗议。当时，中国舆论哗然，群情激愤。法国政府见讨不到便宜，只好匆匆离去。

第二次世界大战期间，日本侵占东沙岛，并于1939年侵占西沙群岛和南沙群岛。经过八年抗战，日本投降。1946 年 11 月至 12 月，当时中国政府指派高级专员分乘“永兴号”“中建号”“太平号”“中业号”等军舰前往西沙群岛和南沙群岛接收，并在岛上举行了接收仪式，重竖石碑以示纪念。这些主权石碑至今仍矗立于永兴岛和太平岛等地，成为历史见证。

中华人民共和国成立后，1951 年 8 月 15 日，中国政府外交部部长周恩来发表《关于美英对日和约草案及旧金山会议声明》，严正指出：西沙、南沙群岛和东沙、中沙群岛一样，“为中国领土”。中国对西沙、南沙群岛的主权，“不论《美英对日和约草案》有无规定和如何规定，均不受任何影响”。

此后，我国政府曾多次郑重声明，东沙群岛、西沙群岛、中沙群岛和南沙群岛都是中国领土的一部分。中华人民共和国对这些岛屿附近的海域拥有无可争辩的主权。

1974 年 1 月 15 日至 19 日，南越西贡当局悍然出动海空军侵犯我国西沙群岛，中国人民解放军海军部队和民兵进行自卫反击，赶走了南越军队，捍卫了中国的领土主权。

历史上的欧亚各国列强也不得不承认，当他们来到南沙之后，发现中国渔民是这片海域最早的居民。

1867 年，英国测量船“来福门”擅自到南沙群岛测绘，在其调查报告中说：“各岛皆有中国渔民之足迹，以捕取海参、介贝为活，颇多常年留居于此，而由海南居民每岁遣小舟来，供给粮食，换取参贝。”

1927 年，英国一艘商船误进南沙群岛的九章群礁，不得不请海南岛琼海县潭门港渔民彭正楷引航才得以脱险。他们承认，中国渔民熟悉自己的海域。

日本海军退役军官小仓卯之助在其所著的《暴风之岛》一书中

忆述，他第一天到达双子群礁时，就见到三名中国渔民在那里居住。渔民们告诉小仓卯之助，中国渔民每年都有300多人结队到南沙作业。

合上更路簿，思绪渐渐从千百年的历史中抽离回来，关于南海的各种纷纷扰扰一时间在耳边渐渐平息。无须解释，你信，或者不信，历史就在那里，不增不减。

（《人民海军报》海军军事学术研究所 张军社 祖新 孙樱）

第二节 南海针经书彭正楷抄本《更路簿》内容初探

我国史籍中有大量关于南海的记载。在漫长的历史长河中，我国人民最早发现和命名了南海诸岛，最早对南海诸岛进行了开发和经营，我国政府最早对南海诸岛进行了持续不断的行政管辖。在这一过程中，我国海南的渔民总结出了大量在南海从事渔业生产的经验，更路簿正是对这些经验的总结。更路簿是记录我国海南渔民在南海航行的航向和航程的书（古称“海道针经”），是我国海南渔民航海实践的经验总结，是研究我国渔民开发南海诸岛的历史的珍贵资料。彭正楷抄本《更路簿》中所记的南海各岛礁的渔民俗称、南海渔业生产主要线路等内容较其他版本更路簿具有其自身的特点，对其进行研究非常有利于更加深刻地理解更路簿给今人们传递的历史信息。

一、南海针经书更路簿及其各种抄本

历史上中国人民对南海诸岛的发现和命名，是在对这一海域的认识不断扩大和深化的过程中开始的。早在秦汉时期，随着我国开辟南海航线，对南海的命名应运而生。我国人民的活动范围到达南海之滨，那时的中国人就开辟了中国大陆经南海至印度半岛和阿拉伯半岛的海上丝绸之路。三国时期万震所著的《南州异物志》中记录了从马来半岛到中国的航程：“东北行，极大崎头，出涨海，中浅而多磁石。”康泰在《扶南传》中记曰：“涨海中，倒珊瑚洲，洲

底有盘石，珊瑚生其上也。”这里的“珊瑚洲”即南海诸岛，“洲底有盘石”是指各岛屿下面的礁盘。其后历代记载南海及南海岛礁的史籍多达数百种。

至迟成书于清代的“更路簿”，又称“水路簿”，是我国海南渔民总结航海实践经验并世代传抄的航行指南类抄本，也是研究我国渔民开发南海诸岛的历史的珍贵资料。

我国古代以“更”计时，一天分为十更。我国古代航海人出于航海需要，把在正常季风的作用下，帆船一更时间顺风航行的距离叫作一更。因此，“更”便由计时单位演变为距离单位。自古代至20世纪50年代，我国航海人一直习惯使用“更”为距离单位，一更约为十海里。“路”指船只在海中航行的线路。1974年，广东省博物馆在《西沙文物》一书中称其为“水路簿”，而根据海南渔民的习惯叫法，一般称为“更路簿”，即记录航海更数和线路的指南。因为在各种抄本的更路簿中大都用“立××更路”来作为书中的篇名，所以，学界大多将其称为“更路簿”。

有关我国人民开发西沙和南沙群岛并在那里生活的历史事实，不仅大量见诸史籍，也在各种更路簿的抄本中得到体现，其中大量记载了我国海南渔民在西沙、南沙生产和生活的情况，清楚地记录了南海诸岛各岛礁的渔民俗称及渔民的作业线路。我国外交部网站上有相关的论述：“更路簿是中国人民自明清以来开发南海诸岛的又一有力证明。它是中国海南岛渔民在西沙和南沙群岛进行生产活动的航海指南，是积累了许多人的航行实践经验的集体创作。它孕育于明代，后不断完善，记载了渔民从海南岛文昌县的清澜港或琼海县的潭门港起，航行至西沙、南沙群岛各岛礁的航向和航程。”[1]

① http：//www.fmprc.gov.cn/chn/pds/ziliao/tytj/tl0648.htm

中国人民至迟于明初就已到南沙群岛从事渔业生产。每年立冬或冬至时节，海南渔民乘着东北季风扬帆起航，前往西沙、南沙群岛进行捕捞作业。他们捕捞的海产品最初是运回海南等地销售，后来由于捕捞技术的进步以及捕捞范围的扩大，有不少渔船前往马来半岛或安南（今越南）从事早期的对外贸易活动。这些人往往在翌年的清明或端午节前后购买外国产品，并乘着西南季风返航回国，将这些货物在国内销售。海南渔民在长期的海洋生产生活实践中，逐步认识并熟悉了西沙、南沙各岛礁的基本情况。为了辨别各个岛礁之间的不同，对西沙、南沙各岛礁进行了命名。这些渔民的命名大都记载在各种手抄本更路簿之中，如黄山马是今太平岛，丑未是今渚碧礁，赤瓜线是今赤瓜礁等[2]。有些岛屿名称沿用至今，反映了渔民经长期活动后对南沙群岛的认识，成为海南渔民开展渔业生产、开发岛礁资源的依托。

目前查知的更路簿抄本主要集中在海南省文昌和琼海两市。之所以如此，是因为当地渔民皆从文昌的清澜港或琼海的潭门港出海。迄今为止，查知不同抄本的更路簿共有 12 种，除藏于华南师范大学地理系麦兴铣的《注明东、北海更路簿》、李根深的《东海、北海更路簿》和藏于广东省博物馆的彭正楷抄本《更路簿》外，其他抄本尚未访见。这 12 种抄本是。

1. 苏德柳抄本《更路簿》。该本是苏德柳于 1921 年从文昌县渔民那抄来的，共记载了 22 个地名，189 条航线。航路大都自北向南。

2. 郁玉清抄藏本《定罗经针位》。该本比较细致地区分了北风和南风针路，其中记载的穿越南海各岛礁的航线较多。

3. 陈永芹抄本《西、南沙更路簿》。该本成书于民国，但也是根据清代的更路簿修改而成的。

4. 林鸿锦抄本《更路簿》。该本记载较为详细，航线数目较多，各岛礁之间的距离也比较具体。

5. 王国昌抄本《顺风得利》。该本记载非常详细，南风、北风、东风针路各不相同。其记录长于航向记载，转航方向也比较明确，具有很强的实用性。

6. 麦兴铣存本《注明东、北海更路簿》。麦氏系琼海潭门镇人，其更路簿抄本藏于华南师范大学地理系。

7. 李根深藏本《东海、北海更路簿》。李氏系琼海潭门镇人，其更路簿抄本藏于华南师范大学地理系。

8. 许洪福抄本《更路簿》。

9. 卢洪兰抄本《更路簿》。该本记录从各个岛礁回航和出航的航线都较其他版本为多。

10. 李魁茂抄本《更路簿》。该本记载海南岛、越南航线较多，包含南海岛礁地名 20 多个。

11. 蒙全洲口述、麦穗整理本《去西、南沙水路簿》。该本所载各主航道的针路都是依据明代以来渔民的生产作业经验记录的。

12. 彭正楷抄本《更路簿》。彭氏系琼海潭门镇人。该本抄于 1924 年前后，原本藏于广东省博物馆。琼海潭门镇渔民协会前会长麦邦奋先生所藏本据广东省博物馆本抄录，并有所增益。

二、彭正楷抄本《更路簿》全文转录

彭正楷是海南省琼海市潭门镇人，1901 年生。其家族世代以捕鱼为业，曾担任船长多年，曾有过长期“站峙”（居留于岛礁）的经历。本簿由两篇组成，一为“东海更路”17 条，二为“北海更路”200 条。彭本抄于 1924 年前后。据潭门镇渔民协会前会长麦邦奋先生抄本整理转录，全文如下。

（一）东海更路

1. 自尾峙下半路用癸丁加一线子午，二更，向南驶收。

2. 自三圈下半路用甲庚寅申，六更，向西南驶收。

3. 自半路往干豆用癸丁，五更半，向东北驶收。

4. 自大圈头上往三圈南风用辰戌，三更，向东南驶收。

5. 自老粗大门驶出四江门用乾巽辰戌，二更，向东南驶，二边相对。

6. 自三脚门上驶往银峙用子午壬丙平，向北驶，二边相见。

7. 自猫注往干豆用辰戌加一线乙辛，三更，向西北驶收。

8. 自三峙往猫注子午相对，向南驶收。

9. 自红草门上猫兴用乙辛，一更半，向东南驶收。

10. 自四江往猫兴用甲庚，四更半收。

11. 自石塘往大圈用乾巽，一更收。

12. 自干豆往石塘用巳亥，二更收。

13. 自猫注往二圈用丁未，二更半收。

14. 自船坎尾往干豆用乙辛加卯酉，三更收。

15. 自红草往石塘用寅申，三更收。

16. 自二圈往大圈用寅申，一更收。

17. 自三圈到奈罗驶巳亥到廿三更转回壬丙廿三更收。

（二）北海更路

1. 自白峙仔到双峙驶乾巽巳亥，平二十八更收。

2. 自三圈往罗孔用乾巽驶二十八更收。

3. 自双峙往铁峙驶子午癸丁，平二更收。（原本加小字：贾东西开六更有轮船）

4. 自下峙沙仔到铁峙沙排驶壬丙二线巳亥，二更收。

5. 自铁峙到库归驶乙辛辰戌，二更收。

6. 自库归到三角驶乙辛辰戌，五更收。

7. 自三角到双门驶乾巽，二更收，回驶壬丙。

8. 自双门到断节驶乙辛卯酉，二更收，回乾戌收。
9. 自断节到牛车英驶乙辛、二更收，回仝上条（乾戌）收。
10. 自牛车英到脚拔驶乾巽，三更收，回用壬丙。
11. 自脚拔去石龙驶乙辛卯酉，平二更收。
12. 自石龙到鱼鳞驶癸丁，四更收。
13. 自鱼鳞到五风驶巳亥，四更收。
14. 自贡士沙到红草沙排驶乙辛辰戌，三更收。
15. 自沙排到火哀驶乾巽，二更收。
16. 自火哀到三角驶乾巽，四更收。
17. 自红草线排到红草驶乙辛，二更收。
18. 自红草到罗孔驶乙辛卯酉，平五更收。
19. 自罗孔至嵤藤驶乙辛卯酉，二更收。
20. 自红草至五风驶乙辛辰戌，四更收。
21. 自五风至断节驶壬丙，四更收。
22. 自断节至双担驶巳亥，二更收。
23. 自双担至海公驶乾巽兼辰戌平，三更收。
24. 自海公回双担驶壬丙，三更直收。
25. 自双担下鸟串驶乙辛，二更收。
26. 自鸟串回银饼驶壬丙兼二线巳亥，五更收。
27. 自铁岛至铜金驶辰戌，二更收。
28. 自铜金至银饼驶乾巽，二更收。
29. 自银饼回黄山马驶卯酉，三更收。
30. 自黄山马至牛轭驶乾巽，二更收。
31. 自黄山马落南蜜驶壬丙，一更收。
32. 自牛轭至目镜驶壬丙巳亥，平九更收。
33. 自目镜至无乜线驶乾巽兼辰戌，三更收。

34. 自无乜沙至深圈驶壬丙，三更收。（原本加小字：回用癸丁）

35. 自无乜沙落恶落门驶寅申，三更收。

36. 自深圈下半簸驶甲庚兼四线寅申，二更收。

37. 自半簸下铜章驶寅申兼二线甲庚，一更收。

38. 自铜章到光星仔驶壬丙，二更收。（原本加小字：仔门过头到东南）

39. 自光星仔到石公厘驶子午，一更半收。

40. 自石公厘到五百贰驶癸丁，平三更收。

41. 自五百贰到单节驶癸丁丑未，平三更收。

42. 自铜章到海口线驶辰戌兼一线乾巽，三更收。（原本加小字：海口线东南风回六门寅兼甲庚）

43. 自海口线落大铜铳驶乾巽，五更收。

44. 自铜铳仔下大铜铳驶甲庚，一更收。

45. 自铜铳下弄鼻驶乙辛，二更收。

46. 自弄鼻下鸟仔峙驶艮坤寅申，二更收。

47. 自黄山马到南乙峙驶壬丙，一更收。

48. 自南乙到秤钩驶癸丁，二更收。

49. 自秤钩到荷乐门驶子午，四更收。（原文加小字：此条准）

50. 自荷乐门到六门驶乾巽兼辰戌，一更收。

51. 自六门到铜章驶丙午，四更收。

52. 自六门到石盘驶乾巽兼辰戌，平二更收。

53. 自石盘到上戊驶乾巽巳亥，平四更收。

54. 自上戊到大铜铳驶癸丁，四更收。

55. 自石盘到大铜铳驶甲庚兼四线卯酉，四更收。

56. 自黄山马到劳牛劳驶寅申，三更收。（原文加小字：此

条准）

57. 自劳牛劳到恶浪门驶壬丙，五更收。

58. 自秤钩到石盘驶丑未兼一线艮坤，四更收。

59. 自劳牛劳下上戊驶寅申，四更收。

60. 自染青石到无乜线坐子午壬丙，平四更收。

61. 自铁峙下铁线驶丑未，一更收。

62. 自铁峙下丑未驶艮坤，二更收。

63. 自丑未下黄山马驶乾巽，四更收。

64. 自鱼鳞到乙辛是驶单辛，三更收。

65. 自鸟仔峙到乙辛亦是驶乙辛，二更收。

66. 自铁峙往下三用巳亥，二更收。

67. 自下三往黄山马用子午，二更收。

68. 自红草下沙排驶辰戌，一更收。

69. 自鱼鳞下断节驶卯酉，二更收。

70. 自银饼往鸟捶驶乾巽二线辰戌，五更收。

71. 自红草往第三峙驶艮坤，三更收。

72. 自丑未往双王驶辰戌，二更收。

73. 自铁峙往双王驶壬丙，二更收。

74. 自双王往黄山马驶壬丙，二更收。（原文加小字：马离半更开在东北有浅海硬浪）

75. 自第三往银饼驶辰戌，三更收。

76. 自铜金往银饼驶巳亥，二更收。

77. 自银饼往牛轭驶癸丁，二更收。

78. 自目镜往深圈驶寅申，二更收。

79. 自南蜜峙往浅沟峙驶壬丙，二更收。

80. 自浅沟往六门驶癸丁，五更收。

81. 自恶浪门往半篏驶壬丙。四更收。
82. 自光星仔往大光星驶卯酉，一更收。
83. 自大光星往石公厘驶乾巽，二更收。
84. 自大光星往海口沙驶子午，四更收。
85. 自红草下铁峙驶卯酉，四更收。
86. 自乌仔峙回老沙白峙仔驶癸丁丑未更收。
87. 自女青石往无乜沙用丙兼巳，五更收，对东南。
88. 自丹节往海口沙，北风用癸丁，十更。
89. 自五百贰往海口沙，北风用午丁，七更。
90. 自红草沙排下裤归用丁未，二更。
91. 自半路往北海用乾巽，二十八更收贡士沙。
92. 自三圈往北海向巳亥壬丙二十八更收奈罗。
93. 自奈罗北边角下贡士沙用甲庚，一更收。
94. 自南边奈罗角用乙辛驶下，收贡士沙。
95. 自双峙沙仔下铁峙沙排壬丙二线巳亥二更又有犬殿沙一个。
96. 自鱼鳞往曑藤用子午，四更收，回用亥壬。
97. 自那孔往五风向壬丙，一更收，回向癸丁收。
98. 自红草往火衰向子午，一更收。
99. 自火衰到三角用乾巽，四更，回用壬丙收。
100. 自断节往双担向丙巳，二更，回向子癸收。
101. 自双担往乌串向辛酉，二更半收。
102. 自断节往乌串向癸丁未，二更收。
103. 自断节往五风向癸丁，四更收，回向壬丙。
104. 自红草沙排上红草峙向乙卯，一更收，回用戌字。
105. 自那孔往曑藤向乙卯，一更半收，回乾巽。
106. 自曑藤往鱼鳞向巳亥，四更收，回用子午。

107. 自鱼鳞往东头乙辛沙向乙辛，三更收，回乾巽。

108. 自鱼鳞往那孔向壬丙子午，四更收，回乾巽巳亥。

109. 自鱼鳞往石龙向壬丙，四更收，回用子午癸。

110. 自鱼鳞往断节向卯酉，一更半收，回用癸丁。

111. 自五凤往断节向壬丙，四（更）收，回用癸丁。

112. 自铁峙（去）铜金峙仔向乾巽，二更收。

113. 自铜金去银锅向乾巽，二更收，回向壬丙。

114. 自银锅去鸟串向乾巽巳亥，六更收，回上。

115. 自铁峙沙驶去丑未沙向丑未，驶半更收。

116. 自丑未驶去第三向辰巽，驶二更收。

117. 自铁峙驶去双王沙仔向王丙驶二更收。

118. 自双王沙仔驶去黄山马向壬丙，一更。回用癸丁收。

119. 自女青石驶去无乜沙向子午，驶四更收。

120. 自无乜沙驶往目镜用巽辰，三更收，回用癸丁驶。

121. 自目镜驶往深圈用庚申，驶二更收。

122. 自光星仔驶往大光星向卯酉，一更收。

123. 自大光星驶往石（公）厘向巳巽。二更收，回用子午。

124. 自钉积驶往墨瓜线向丑未，六更收。

125. 自秤钩沙驶往六门用癸丁，五更收。（原本加小字：北门在零仁石下不远）

126. 自荷那门驶往坡箕用壬丙，四更收，回用癸丁。

127. 自六门驶往坡箕用壬丙巳亥，四更收。

128. 自六门驶往石盘向辰戌，二更收，回乾巽。

129. 自六门驶往海口沙向甲庚寅申，三更收。

130. 自荷那门驶往铜钟向癸丁，四更收。

131. 自铜钟驶往海口线沙向辰戌二线乾巽过头，二更。

132. 自海口沙驶往锅盖峙向寅申，四更收。
133. 自海口沙驶往铜铳仔用向巳亥，五更收。
134. 自铜铳仔驶往大铜铳向庚酉，一更收。
135. 自大铜铳下弄鼻仔向辰戌驶。二更收。
136. 自弄鼻仔下大（弄）鼻向卯酉，一更收。
137. 自鸟仔峙驶去西头乙辛沙向辛二线酉，二更。
138. 自石盘驶往上戊向乾亥，平四更收。
139. 自上戊驶往铜铳仔向午，四更收。
140. 自上戊驶往大铜铳向丁午，四更半收。
141. 自铜铳仔回大秤钩向寅甲，九更半收。
142. 自劳牛劳驶往大秤钩向巽辰，三更收，回壬子。
143. 自南密沙仔下劳牛劳向甲庚，二更收。
144. 自铜钟驶往大光星用子午，二更收，回丑未。
145. 自荷乐门驶往深圈向巽，三更收，回壬子。
146. 自第三峙驶往银锅向巽戌，三更收，回壬子。
147. 自三角回银锅向乙辛驶，三更收。
148. 自双门回银锅向戌驶，四更收。
149. 自红草沙排往铁峙向辛酉驶，三更收。
150. 自银锅往高不向辰戌驶，一更收。
151. 自三角往断节向辰戌驶，四更收。
152. 自劳牛劳往六门向丙午驶，六更收。
153. 自劳牛劳往石盘向丁未驶，五更半收。
154. 自劳牛劳下上戊向申驶，四更收。
155. 自荷乐门下六门向戌辛驶，一更收。
156. 自双门往鸟串向午二线丁驶，二更收。
157. 自裤归往铜金峙仔向午驶，更收。

158. 自南密往女星石峙仔向巽驶，二更收。

159. 自南密峙下沙仔向辛戌驶，半更有二个沙仔。

160. 自南密峙到南密沙仔驶卯酉兼一线乙辛，一更收，自南密有二只沙仔，壬丙对，沟内亦过船。

161. 自秤钩峙下大秤钩用午丁驶，一更收。（原本加小字：此条准）

162. 自秤钩峙往南密沙仔用子壬驶，一更半收。

163. 自无乜沙下荷乐门向申驶，三更收。

164. 自黄山马下南密沙仔向丁未驶，一更收。

165. 自红草沙排下贡士沙向戌乾驶，三更收。

166. 自双门往一沙驶巳亥兼一线壬丙，二更收，向西北。

167. 自一沙往火哀驶巳亥兼一线壬丙，四更收，向西北。

168. 自火哀回铁峙驶乙辛辰戌，三更收，向西北。

169. 自光星往石公里向午驶，二更收，回向癸丁。

170. 自铜铳下鸟仔峙驶甲庚兼三线卯酉，四更收。

171. 自丑未下第三峙驶辰戌兼二线乙辛，二更收，对西南。

172. 自第三峙往银锅驶辰戌兼二线乾巽，二更半收，对东南。（原本加小字：此条甲）

173. 自劳牛劳往六门驶壬丙，五更收，对东南。

174. 自双门往鸟串驶子午癸丁，平二更半收，对西南收。

175. 自劳牛劳往石盘驶子午兼一线癸丁，四更收，对南。

176. 自六门中央栏到铜钟驶壬丙兼一线子午，四更半，对南。

177. 自火哀下库归驶乙卯，二更收，对西驶收。

178. 自红草沙排下铁峙用甲庚，二更收，对西南驶。（原本加小字：此条甲）

179. 自红草到五风用辰戌驶，四更收，对东南。

180. 自双门往双担用乾巽驶，四更收，对东南。

181. 自断节往五风用癸丁驶，四更半收，对东北。

182. 自罗孔往五风用午丙，一更半收，对南驶。

183. 自五风往断节用壬丙驶，四更半收，对东南。

184. 自五风头上往半路沙驶乾巽，二更收，对东南。

185. 自五风往鱼鳞驶辰戌，四更收，对东南。

186. 自荷乐门往深圈驶辰戌，四更收，对东南。（原本加小字：此条甲）

187. 自铜金下第三驶甲庚，一更收，对西南。

188. 自西头乙辛往六安驶乾巽相对，二十二更收，对西北驶收。

189. 自火哀下第三驶甲庚、二更半收，对西南驶收。

190. 自若沙到火哀驶巳亥兼二线壬丙，四更收。

191. 自双门头上往若沙驶壬丙巳亥，平二更收，对西北。

192. 自双王去下沙仔到黄山马东，驶乾巽巳亥，二更收，对东南驶收。

193. 自丹节往墨瓜沙用坤未，六更收，对西南。

194. 自五百二往丹节沙用未加丁，三更收，对西南。

195. 自墨瓜沙往浮罗丑未用寅申加二线坤，二十五更。

196. 自墨瓜沙往宏武銮用甲庚，二十五更。

197. 自（墨瓜沙）往浮罗利郁用甲卯，二十五更。

198. 自丹节往浮罗利郁用甲庚加一线寅申，三十二更。

199. 自乌仔峙往地盘用坤兼二线申。

200. 自乙辛往地盘用坤兼申一线，三十四更收。

三、彭正楷抄本《更路簿》部分地名及更路释义

我国古代渔民在为西沙、南沙各岛礁命名的过程中，经过相互

协调与统一，使某一片海域或某一个岛礁的称谓约定俗成，并沿袭至今。岛礁命名一般分为四类：岛屿和沙洲统称为“峙”；环形礁盘称为“圈”；自海面难以看出的暗礁称为“郎”；暗沙称为“线”或“线排”等。

更路簿所记载的南海岛礁俗称都是以海南方言为基础的，起初并没有相应的文字记载。后来，随着我国人民开发西沙、南沙的步伐日益加快，渔民们为航海和生产方便，便把西、南沙岛礁部分重要的俗名用文字记录在不同的更路簿中。

海南渔民给西沙、南沙诸岛礁的命名主要参照以下四点：一是该岛礁的外形特征，二是该岛礁在历史上发生的特殊事件，三是该岛礁所处的位置，四是开往该岛礁的航向。

根据外形特征命名的岛礁，其称呼可以望名知形。如：石塘（永乐群岛）、黄山马（太平岛）、秤钩（景宏岛）、眼镜（司令礁）、银锅（安达礁）、鱼鳞（仙宾礁）、裤归（库归礁）、双黄（双黄沙洲）、牛轭（牛轭礁）、石盘（毕生礁）、深圈（榆亚暗沙）等。

根据在生产和生活中发生的特殊事件命名的岛礁有：干豆（北礁）、奈罗上峙（北子岛）、铁峙（中业岛）、无乜线（无乜礁）等。

根据岛礁所处位置而命名的有：上峙（宣德群岛）、下峙（永乐群岛）、第三（南钥岛）、黄山马东（敦谦沙洲）等。

根据渔船开往该礁盘的航向命名的岛礁有：大光星（光星礁）、光星仔（光星仔礁）、西头乙辛（日积礁）、东头乙辛（蓬勃暗沙）、丑未（渚碧礁）等。

更路簿所记西沙、南沙诸岛礁的俗名，绝大部分具体表示岛屿、沙洲、礁盘等个体地名，如猫注、半路、尾峙、黄山马、铁峙、鸟仔峙等。少数表示群体总称，如东海、上峙、下峙、石塘、七连峙、北海、奈罗双峙等。

（一）彭正楷抄本《更路簿》中部分海域、岛礁渔民俗称释义

1. 西沙群岛。

东海：我国海南渔民在20世纪60年代以前对西沙群岛的称谓。“东海更路”就是渔船从海南省琼海市潭门港航行到达西沙群岛的航向和航程。东海的官方称谓为“西沙群岛”。西沙群岛位于海南岛的东南方，距海南岛约一百八十海里。每年冬季，我国渔民乘东北季风开往西沙。因为风向与海洋流向的影响，靠自然风力驱动的帆船离开海南时，船头必须向东起航。因此，渔民便把西沙群岛称为“东海”。东海就是指渔船离开海南时向东方开去，然后顺利到达的那片有岛礁的海域。

七连峙：在我国古代，帆船从潭门港的出海口大潭往东开去，在正常风力下，经过三天左右的航行，就可看到多座横排在南海中的小岛和沙洲。因为一共有七座在南海中几乎相连的岛屿和沙洲，渔民们便把那七座峙连同附近海域统称为“七连峙”。“峙”是海南渔民对海岛和沙洲的俗称。七连峙简称“七连”，官方称谓为“七连屿”。七连峙包括红草一、红草二、红草三、长峙、二峙、三峙以及船坎共七座峙。在给七座峙命名之后，又经过相当长的历史时期，在七连峙的南边又相继浮现出两座沙洲。官方对这两座沙洲的称谓分别是“东新沙洲”和“西新沙洲”。

猫注：猫注的官方称谓为永兴岛。古时候的西沙是荒无人烟的群岛，后来开始有少量海南人前往，这些人大多是犯案在身、为躲避官府追捕或仇家追杀而逃到西沙群岛的亡命之徒。永兴岛是西沙群岛中最大的岛屿，也是西沙群岛的中心，所以他们选驻在西沙群岛的永兴岛。古代的永兴岛古木参天、树林茂密。驻居在孤悬海外的永兴岛上，与隐藏在深山老林中颇有些相似。古时候，海南人将

隐藏在深山老林中的土匪称作“山猫”，“山猫”之意就是长期出没在深山老林中的野猫。而长期驻居在孤悬远海的永兴岛上的那些人，也跟“山猫”很相似。因此，古老的琼海渔民便把那些人所驻居的永兴岛称为“猫驻”。由于海南话发音的谐音关系，也写作“猫注”或“巴注”等。

猫兴：在“猫注”的东南边，距“猫注”约十八海里。据说，古时候有一条帆船遇大风漂流到该海岛附近后沉没，有几人侥幸逃生登上该岛。渔民登岸时发现该岛有身份不明者盘踞，便猜测那些人或许跟“猫注”的居留者一样，也是逃债或躲避仇杀而来到孤岛的。渔民们便把出现如山猫一样身份不明者的岛屿叫作“猫兴”。此岛的官方称谓为“东岛”。

双帆：官方称谓为“高尖石”。在距东岛西南约八海里的地方，有突出海面的一座火山岩岛，该岛呈塔状，高出海面约 5 米，远望犹如船的两叶帆篷，故渔民称之为“双帆”。

圆峙：在古代，该岛上生长的树木形成的外形远看上去近似圆形，于是，渔民们便称其为“圆峙”。圆峙的官方称谓为“甘泉岛”。

尾峙：官方称谓为“金银岛”。该峙是西沙南端的最后一座峙。因为海南渔船的作业航行线路是顺风从北往南开，海南渔民习惯把东北方的风头叫作头，而西南方则是风尾被叫作尾。所以，渔民便把西沙最南端的一座峙称为“尾峙”。

老粗：官方称谓为“珊瑚岛”。珊瑚岛是永乐群岛中最大的岛。在古代，永乐群岛中的绝大多数岛屿上所生长的树木都是矮小的热带树种，唯该岛天然生长着高大的木麻黄树。因此，珊瑚岛和周围其他岛屿相比，显得又粗又大，渔民便把该岛称为“老粗”。

白峙仔：官方称谓为“盘石屿”。该峙上没有植物，整个岛屿光秃秃一片，并且沙土白净，岛屿面积较小。所以，渔民们便称其为

"白峙仔"。

半路：也称"半路峙"，官方称谓为"中建岛"。在西沙的捕捞季节，海南岛的渔船自北向南行驶。即将行驶到该峙之时，附近海域的海水流向正好与行船逆向，而且水流湍急。海水的流向和湍急程度是肉眼无法判断的。因而，即使帆船航行速度很慢，驾船者如果不进行特别测试也很难知晓。古代在没有航海辅助设备的情况下，船长全凭经验推测，按照正常的风力推算渔船的航行速度和行程，在正常的情况下，渔船从石塘开往中建岛一天就可以到达。可是，帆船行驶一日，却依然未见到中建岛。此时心急如焚的船长命令掉转船头立即返航。怎料，不到几个小时便看到了起航点。这一现象表明，渔船离起航点并不远。经验丰富的船长由此得知，其实渔船并没有偏离航向，只是开到半途便掉头返航了。这时，船长才知道是逆向流水在作怪。接着渔船再次起航，在经历了漫长的航行后，渔船终于到达中建岛。当年驾驶的是帆船，新任的船长开船往中建岛，大多数都碰到过这种情况。这种事发生得多了，渔民们便把该岛称为"半路"。如此命名的主要目的是提醒自己和后人，记住开往该岛是很容易只开到半路就会误以为是偏离航向了，因而掉头返航。

石峙：官方称谓为"石屿"。该峙碎石较多，所以渔民们把它称为"石峙"。

银峙：官方称谓为"银屿"。该峙在古代曾搁浅过一艘运输船，渔民们打捞沉船时捡到不少银锭。因此，渔民们便把该峙称为"银峙"。

银峙仔：官方称谓为"银屿仔"。该峙位于银峙的南边约600米处，且面积比银峙小。因为它接近银峙，所以渔民们把它称为"银峙仔"。

2. 南沙群岛。

北海：官方称谓为"南沙群岛"。对于海南岛来说，南沙所处方位和西沙同向，也是位于海南岛的东南方。所以，海南渔船开往西沙和南沙的航向是相同的。南沙对于古代的海南渔民来说，是一个非常遥远的地方。在古代的海南岛，较好的交通工具是牛车和帆船，若从海南岛前往两广的话，需要经历很长的一段路程，所以，在海南渔民的意识中，北方的大陆是遥不可及的。古代的海南渔民把大陆称为“北山”，琼海渔民便把南沙群岛称为“北海”。北海所指之意，就是十分遥远的海域。

铁峙：官方称谓为“中业岛”。渔船开往南沙到达双子峙后，继续南下到达中业群礁。这是海南渔船到达南沙的第二站。中业群礁中有一座峙面积较大，是南沙的第二大峙。最早到南沙从事捕捞作业的渔民，每个航次都如同闯鬼门关一般，有不少渔民因到南沙从事捕捞而丧失生命。由于南沙距离海南本岛非常遥远，要把亲人遗体运回家乡是不可能的，只好及早入土为安。万般无奈之下，他们只能选择附近较大的岛屿将渔民的遗体埋葬。因为该峙较大，所以在其上埋葬的遇难渔民较多。渔民埋葬遇难伙伴遗体时，都是号哭一片。因此，再有渔民到南沙作业，每当渔船路过该峙时，他们都会想起埋葬在孤岛上的亲人，不少渔民还会失声痛哭。所以，渔民们便把该峙称为“哭峙”。后来，渔民觉得“哭峙”有些悲哀和伤感，也不太吉利。因为“哭”与“铁”在海南方言中谐音，渔民便把“哭峙”改称为“铁峙”。

丑未：在开发南沙群岛初期，一位船长在辽阔的南沙海域中寻找礁盘。那是在冬季，渔船从铁峙线仔以丑未针向行驶，行程约二十海里便到达一座礁盘。该礁盘海产品十分丰富，只需几天渔船便满载而归。后来船长为了记住该座礁盘，便把它称为“丑未”。彭正楷抄本《更路簿》记载：“自铁峙沙使去丑未沙，向丑未驶半更收。”可见，渔船开往“丑未”的航行针向便是“丑未”。丑未的官方称谓为“渚碧礁”。

黄山马：也称“黄山马峙”，官方称谓为“太平岛”。渔民在航行过程中看到陆地山脉轮廓就像马儿在奔跑。海南渔民习惯把陆地的山脉轮廓称为“山马”，“山马”实际上就是“山脉”在海南方言发音中的变调。长期在浩瀚海洋中生活的渔民，每当看到一片陆地或绿洲都会兴奋不已。太平岛是南沙群岛中最大的岛屿，当渔民看到在一望无际的南沙汪洋中，突然出现一片较大的陆地时，便会兴奋地高喊：“山马！”而此时的太平岛在金黄色的阳光炙烤下，也如同贴金一般。远远看过去，那“山马”是黄色的。所以，琼海渔民便称其为“黄山马”。

秤钩：又称“秤钩峙”，官方称谓为“景宏岛”。该峙尾端弯成钩状，犹如秤钩一样。所以，渔民们便把该峙称为“秤钩”。

罗孔、罗孔仔：罗孔的官方称谓为“马欢岛”。马欢岛的四周有巨大且近似圆形的礁盘环抱。整个环形礁盘犹如一面巨大的铜锣，而在中间的那个绿色小岛就是马欢岛，因此渔民们称其为“罗（锣）孔”。在“罗孔”的北边近旁，有一座海岛，该岛面积比“罗孔”还小，渔民们便把该岛称为“罗孔仔”。罗孔仔的官方称谓为“费信岛”。

上戊：官方称谓为“永暑礁”。“上戊”两字的海南方言指蚯蚓和小动物挖洞时，把地下沙土拱出地表而堆成的土垤形状。在汉字中，无法找到与海南方言语音和意思一致的文字，故用“上戊”两字表示。上戊是一个礁盘群。台风到来时，在该礁盘群的海域可明显看到白浪一堆一堆的，犹如蚯蚓拱出地表的很多堆土垤。所以，渔民们便把该礁盘群称为“上戊”，也有渔民写成“上武”或“尚戊”。

双门：官方称谓为“美济礁”。因为该礁盘南边和西南边各有一条潟湖跟外海沟通的水道，海南渔民习惯将水道出海口称为“门”，该礁盘有两个门，所以渔民们便称其为“双门”。

东门、西门、南门：东门、西门和南门的官方称谓分别是“东门礁”“西门礁”和“南门礁”。这三座礁盘都位于九章群礁海域，且三者距离较近。但这三座礁盘中的水道口的方位不相同，水道口在东边的，渔民们把它称为“东门”，水道口在西边的，渔民们把它称为“西门”，水道口在南边的，渔民们把它称为“南门”。

南乙：官方称谓为“鸿庥岛”。古代，海南渔民在南沙群岛进行捕捞作业，有一段时间他们误以为鸿庥岛就是南沙最南端的岛屿了，所以，便把该岛称为“南乙”。由于海南方言发音语调多有变化，也有渔民写成“南忆”“南密”等。

南乙线仔：官方称谓为“南薰礁”。它位于南乙的西边，是一座暗沙，面积比南乙小，故渔民称其为“南乙线仔”。

断节：又叫“断节线”，官方称谓为“仁爱礁”。整个礁盘带断断续续露出海面，远看像断开成一节一节似的。所以，渔民们便称其为“断节”。

眼镜：官方称谓为“司令礁”。该礁盘是一座环礁，其内有一潟湖。潟湖中间发育出一座高出海面的沙洲，把潟湖一分为二，其形状犹如一副眼镜。渔民们便称其为“眼镜”，也有渔民写成“目镜”。

石公厘：官方称谓为“弹丸礁”。该礁盘中大型礁石众多，海南渔民习惯把大型礁石称为“石公”。该礁东侧至东南侧的大量礁石露出海面 2 米左右，犹如排列的篱笆。所以，渔民们把该礁盘称为“石公篱”。石公厘应为石公篱之谬。

鸟仔峙：官方称谓为“南威岛”。“峙”在海南渔民的俚语中，指的就是岛屿和沙洲。由于该峙有很多海鸟栖息，仅海鸥就数以万计。在渔民的认知中，那些鸟都是小鸟，用海南方言称呼就是鸟仔。

所以，渔民们便称该峙为“鸟仔峙”。

银锅：官方称谓为“安达礁”。古代渔民曾从该处打捞出大量银锭。该礁盘的潟湖犹如一口锅，所以渔民们便称其为“银锅”。

深圈：官方称谓为“榆亚暗沙”。在南沙所有的礁盘中，该处的海水最深。渔船进入南沙其他礁盘的潟湖时，都必须从深水道开进，进入深圈却不必找深水道，从礁盘上的任何地方都可以直接开船进潟湖。所以，渔民们便称该圈为“深圈”，也有渔民写成“深匡”。

鬼喊线：官方称谓为“鬼喊礁”。平日里浪击暗礁，涛声咆哮。古时候，海南渔船泊在该礁旁，半夜里有渔民隐隐约约听见近似鬼哭狼嚎般的声音。因此，渔民们便称该礁为“鬼喊线”。

墨瓜线：官方称谓为“南屏礁”。据传说，古代有很多巨大的黑色海参盘踞在该礁盘间。海南渔民习惯把海参称为“瓜”，如墨一样颜色的海参便称为“墨瓜”。为了便于记住该礁盘，渔民们就将该礁盘称为“墨瓜线”。

赤瓜线：官方称谓为“赤瓜礁”。古时候，该礁盛产赤色的海参。海南渔民把赤色的海参称为“赤瓜”。因此，渔民们便将该礁称为“赤瓜线”。

海公：官方称谓为“半月礁”。海南渔民习惯把鲸鱼称为“海公”。因为该礁盘状似鲸鱼，所以，渔民称其为“海公”。

锅盖峙：官方称谓为“安波沙洲”。该峙周边的礁盘形状犹如一个锅盖，所以渔民们称该峙为“锅盖峙”。

线排：在南沙最南端，有一座海底沙滩，渔民称其为“线排”或“沙排”。线排的官方称谓为“曾母暗沙”。

宏武銮、浮罗利郁、浮罗丑未、地盘：本簿已记述自南沙至东南亚新加坡航道。其所记之宏武銮、浮罗利郁、浮罗丑未等地应在今印度尼西亚纳土纳群岛范围之内，地盘应为今潮满岛。因清代我国海南渔民完成南海捕捞后，多是前往新加坡将货物出售再回国，因此这些岛屿均为驶往新加坡的中转站。

（二）彭正楷抄本《更路簿》部分航路释义

1. 原文："自三圈下半路用甲庚寅申，六更，向西南驶收。"释义：从浪花礁驶往中建岛，航行针向使用甲庚寅申针位，向西南方航行六更到达，收帆泊船。"更"是渔船航行距离单位，一更约为十海里。"甲庚寅申"表示的是罗盘上的方位。古代渔民将罗盘圆周用四维、八干、十二支分成二十四等份，每一字表示一个方位，共表示二十四个方位。罗盘上相对的两字连成一线，组成十二组，每一组表示两个相反的方向。

2. 原文："自半路往干豆用癸丁，五更半，向东北驶收。"释义：从中建岛驶往北礁，航行针向使用癸丁针位，向东北航行五更半到达，收帆泊船。

3. 原文："自三脚门上驶往银峙用子午壬丙平，向北驶，二边相见。"释义：从琛航岛驶往银屿，航行针向使用子午壬丙针位，向北行驶，可以到达群礁的中部。

4. 原文："自四江往猫兴用甲庚，四更半收。"释义：自晋卿岛驶往东岛，航行针向使用甲庚针位，航程四更半到达，收帆泊船。

5. 原文："自二圈往大圈用寅申，一更收。"释义：自玉琢礁驶往华光礁，航行针向使用寅申针位，航程一更到达，收帆泊船。

6. 原文："自三圈往罗孔用乾巽驶二十八更收。"释义：自浪花礁驶往马欢岛，航行针向使用乾巽针位，航程二十八更到达，收帆泊船。

7. 原文："自三角到双门驶乾巽，二更收，回驶壬丙。"释义：自三角礁驶往美济礁，航行针向使用乾巽针位，航程二更到达，回航使用壬丙针位。

8. 原文："自鸟串回银饼驶壬丙兼二线巳亥，五更收。"释义：自仙娥礁驶往安达礁，航行针向使用壬丙针位加二线巳亥，航程五更到达，收帆泊船。

9. 原文："自铜章到海口线驶辰戌兼一线乾巽，三更收。"释义：自南海礁驶往柏礁，航行针向使用辰戌针位加一线乾巽，航程三更到达，收帆泊船。

10. 原文："自石盘到大铜铳驶甲庚兼四线卯酉，四更收。"释义：自毕生礁驶往东礁，航行针向使用甲庚针位加四线卯酉，航程四更到达，收帆泊船。

11. 原文："自黄山马到劳牛劳驶寅申，三更收。"释义：自太平岛驶往大现礁，航行针向使用寅申针位，航程三更到达，收帆泊船。

12. 原文："自三圈往北海向巳亥壬丙二十八更收奈罗。"释义：自浪花礁驶往南海，航行针向使用巳亥壬丙针位，航行二十八更到达北子岛。

13. 原文："自女青石驶去无乜沙向子午，驶四更收。"释义：自染青东礁驶往无乜礁，航行针向使用子午针位，航程四更到达，收帆泊船。

14. 原文："自铜钟驶往大光星用子午，二更收，回丑未。"释义：自南海礁驶往光星礁，航行针向使用子午针位，航程二更到达，收帆泊船，回航使用丑未针位。

15. 原文："自乙辛往地盘用坤兼申一线，三十四更收。"释义：自我国日积礁驶往马来西亚潮满岛，航行针向使用坤针位加一线申针位，航程三十四更到达，收帆泊船。

由于受时代的局限，当时的造船技术、航海技术等所有与生产活动有关的辅助手段均十分落后，所以我们不该也不能苛求我们的先人取得多么巨大的成就。然而，即便如此，中国人民在当时就已经创造出更路簿这样的航海针经书，无论在南海的开发上，还是在南海航线的开辟上，都具有极其重大的意义。由以上可证，在历史上，中国人民是南海诸岛最早也是最具持续性的开发者。

（王晓鹏，中国社会科学院中国边疆研究所海疆研究室助理研究员，南京大学中国南海研究协同创新中心兼职研究员）

参考文献：

［1］曾昭璇，梁景芬，丘世均. 中国珊瑚礁地貌研究［M］. 广州：广东人民出版社，1997:30.

第三节　更路簿是我国南海维权的重要历史依据和法理依据

海南岛在南海中，南海滋养着海南。南海是中国人民的祖宗海。海南渔民探索南海，在长期的渔业生产过程中，总结出指导海捞实践活动的南海诸岛航海指南，也就是渔民们手中的实用工具书——更路簿。

更路簿在渔民手中流传了600年，一直没有进入学者们的视野。直到20世纪70年代学术界才开始征集和研究更路簿。经过多年的探索，近年来学术界对更路簿有了基本的看法，并相应地认识到它的重要性。

一、更路簿存世简况

南海诸岛蕴藏着丰富的海洋资源、油气及可燃冰资源，又有十分重要的战略地位，在20世纪60年代末期，逐渐引起了国际的重视。我国国防、航海、测绘、科研和国土资源等部门，做了大量的工作，特别是广东省地名领导小组在广东省人民政府领导下，于1980—1982年对南海诸岛及其附近海域的各类地名进行了全面系统的普查和标准化工作。后来，广东省地名领导小组又在中国地名委员会的领导下，广征博采了海洋、科研部门和高等学校对这个研究成果的修改意见。1983年4月24日中国地名委员会受权公布我国南海诸岛部分标准地名。

对南海诸岛地名的审定，有四个原则，即名从主人原则、保持地名稳定性原则、消除外来影响原则和科学性原则。海南渔民是南海的主人，他们使用了600年的更路簿里面有136个土地名。于是，更路簿浮出了学术界的水面。

1987年3月，我国相关部门公布了当时收集到的9种更路簿、一部《综述》和一幅渔民绘制的南海示意图。目录如下：

苏德柳抄本《更路簿》

许洪福抄本《更路簿》

郁玉清抄藏本《定罗经针位》

陈永芹抄本《西、南沙更路簿》

林鸿锦抄本《更路簿》

王国昌抄本《顺风得利》

麦兴铣存本《注明东、北海更路簿》

李根深藏本《东海、北海更路簿》

蒙全洲口述《去西、南沙水路簿》

苏德柳、卢洪兰、李魁茂、彭正楷等《水路簿》综述（何纪生整理）

1935年老渔民符宏光绘制的《西、南沙群岛地理位置图》（示意图）

学术研究包括《综述》中的3种更路簿，合计12种更路簿和一幅示意图，20多年来，获得了可喜的研究成果。

2011年1月，笔者自被聘为中央电视台中文国际频道《南海天书》剧组的学术专家开始，此后的三年时间，在海南省的东南部部分市县，特别是琼海和文昌两市进行田野调查，又获得了12种更路簿和一幅《西、南沙群岛渔业更路图》。目录如下：

苏承芬祖辈传承抄本《更路簿》

苏承芬据航海经验修正本《更路簿》

苏承芬独创到中沙群岛的《中沙水路簿》（附《东沙水路簿》）

王诗桃抄本《更路簿》

郑庆能藏本《广东下琼州更路志录》

郑庆能藏本《琼岛港口出入须知》

郑庆能藏本《琼州行船更路志录》

彭正楷抄本《更路簿》

冯泽明藏本《更路经》

黄家礼祖传本《驶船更流簿》

卢家炳藏本《更路簿》

陈泽明抄本《更路簿》

郭振乾手绘《西、南沙群岛渔业更路图》

这 13 种资料中，彭正楷抄本是新发现的全本，与上文《综述》中略有不同。这 13 种资料，因为是新发现的，还没有正式公开，没有获得学术界的公认，它的意义和价值也没有得到发掘。但据笔者的初步认识，新发现的苏承芬独创的《中沙水路簿》，证明海南渔民很久以前就经常到中沙群岛捕捞。特别是后来的黄岩岛事件，证明黄岩岛及其附近海域向来是中国领土。

现在我们能见到的这 20 来种更路簿和更路图，只是历史上存在过的更路簿中的凤毛麟角。笔者在琼海市潭门镇上教村调查时，老渔民卢业发说：每一位到南海去的船长都有一本更路簿。这样看来，历史上存在过的成文的和不成文的更路簿，不知道有多少！因为老船长死去，往往就把他的遗物连同更路簿一道处理掉了。即使保留下来的更路簿，也随着我国渔民在西、南沙群岛生产活动的深度和广度不断拓展，在代代相传中不断得到补充、修改。新的本子形成了，旧的本子就废弃了。

1. 更路簿是在动态中存在和流传的。

现在存世的更路簿，多数在琼海市潭门镇，少数分别存于文昌市东郊镇、铺前镇和清澜镇。为什么只存在于这少数的几个镇？因为这些镇都有特殊的地理环境和人文因素。第一，各镇的土地条件不适合耕田，而所面对的海域又极适宜“耕海”；第二，当地都有海神信仰作为渔民出海的精神支撑；第三，当地渔民因历代“耕海”而铸就了航海性格；第四，历史上，大海培养和造就了一批识字的船长，他们多年在南海航行，积累了丰富的经验而且在海难中幸存，凭着百折不挠的事业心和历史使命感，他们将自己的航海经验加以总结，并不断在实践中修正、完善，形成了更路簿并幸运地流传下来。

对于更路簿产生和存在的年代，学术界有不同的看法。笔者认为，自从有到南海捕捞的渔民，更路簿便开始酝酿。在风帆时代，渔船进入一望无际的南海，就像唐代诗人张说（667—731 年）诗中所说的：“乘桴入南海，海旷不可临。茫茫失方面，混混如凝阴。云山相出没，天地互浮沉。万里无涯际，云何测广深？”[①] 在这苍茫的大海中，船长必须对目的地有明确的把握，对潮汐涨退，海中的水道、礁石、停靠地水的深浅等，都要做到心中有数。这是一个复杂的系统。把这个系统集中到一起，即把浩瀚南海的复杂海况装进一本小小的册子里，就形成了更路簿。

到南海去从事海捞活动的渔民，唐宋时代姑且不说，据笔者调

① 见《全唐诗》卷八十六。

查，渔民说潭门第一个到南沙捕捞的渔民叫符再德，是在元代至元二十三年（1286年）去的。符再德没有后代，也没有留下有文字的更路簿。据笔者的详细考证[①]，更路簿产生于明代初年，即郑和七下西洋之前，存在于明、清及民国时期的风帆时代。海南渔民的更路簿的形成，得益于中国明朝政府政策行为的支持。当海图及卫星导航设备普及以后，机动船代替了风帆船，更路簿就退出了历史舞台。

2. 更路簿孕育于南海。

南海诸岛及其附近海域，有史以来就是中国的领土。秦始皇时期南海隶属南海郡；汉代水师有巡视南海海域的任务；南朝舟师巡视南海；唐代南海划归振州管辖；北宋置水师巡海；元朝准确测量南海纬度；明代朱元璋建立政权以后，十分注重南海的海权，特别是对当时"扬帆浮游"南海的海南渔民更加爱护。

朱明王朝成立的第二年，即洪武二年（1369年）八月，以兵部侍郎孙安授广东卫指挥佥事……开设海南分司。洪武五年（1372年），改分司为卫。[②]

对海南卫所的任务，朱元璋特别重视。他在《明太祖御制文集·劳海南卫指挥敕》中指出，他担心海南卫所的官员依恃南海的"沧海之险"而放弃警惕，肆意乐逸，故特派人到海南劝谕。他说："沧海之旷也，人将以为险，朕谓非险也。"为什么呢？"海

---

① 周伟民，唐玲玲：《南海天书——海南渔民"更路簿"文化诠释》，昆仑出版社，2015年8月版。

② 〔清〕萧应植修，陈景埙纂：《乾隆琼州府志》（上册），海南出版社，2006年3月版，第397页。

之旷，吾与共之。设有扬帆浮游，奚知善恶者耶？”[①]连同海南的渔民，大家一样在南海中扬帆浮游，怎么知道善恶？怎样保护海南渔民？

于是，明朝政府在洪武初年明文规定，海南卫所的卫指挥，要“专掌巡海”，“督所管军船常于所部海面巡视，有警辄行申报”[②]。例如，“孙安，处州人，广东卫指挥佥事。洪武二年（1369 年）八月，领官军千余，分司海南，开设卫所”[③]。到洪武二十七年（1394 年），又“命安陆侯吴杰专沿海训练卫所官军……专辖内外十一所……督管军船，于所部海面巡视，有警申报剿除。到隆庆元年（1567 年），始设白沙水寨兵船六十只，官兵一千八百二十二名……有警合海北白鸽寨会兵巡剿”[④]。明代这种官军巡南海以保护海域安全，包括保护海南渔民到南海捕捞的举措，促发了更路簿的诞生。《万历琼州府志》进一步总结指出：政府这一行政行为，“自洪武以来，遵守二百余年矣！”[⑤]

清承明制，同样设巡海专门机构，管理海域安全。《读史方舆纪要》记载，海南岛三亚“藤桥镇，州东二百二十里，有巡司。又州西八十里乐罗村有抱岁巡司。又通远巡司，志云：在州北黄流村

①②〔明〕唐胄：《正德琼台志》，海南出版社，2006 年 3 月版，第 465 页。

③〔明〕戴熺、欧阳灿总裁，〔明〕蔡光前等纂修：《万历琼州府志》，海南出版社，2006 年 3 月版，第 598 页。

④〔明〕戴熺、欧阳灿总裁，〔明〕蔡光前等纂修：《万历琼州府志》，海南出版社，2006 年 3 月版，第 390 页。

⑤〔明〕戴熺、欧阳灿总裁，〔明〕蔡光前等纂修：《万历琼州府志》，海南出版社，2006 年 3 月版，第 391 页。

郎凤岭下”①。

这些史实，足以证明从更路簿开始形成的明初直到清代盛行时期，一直有政府政策、行为的明确支持。

二、更路簿是我国南海维权的依据

近些年来，南海地区的局势基本上是稳定的。但由于某些当事国挑起事端，局部地区动荡。中国作为南海周边大国，为稳定南海局势做出了巨大努力和积极贡献。然而，树欲静而风不止。南海局势仍然时起时伏，我国在南海的主权不断受到侵犯。

历史上存在过的更路簿，是我国维护南海主权的重要历史依据和法理依据。

《联合国海洋法公约》（以下简称《公约》）生效已 30 多年，在促进南海沿岸国海上交流与合作，维护南海和平与稳定方面发挥了重要作用。但受有关争议当事国意识形态差异、经济发展水平不同、文化差别及认识分歧等因素的制约，相关国家对《公约》在南海的运用和实践尚有待进一步取得共识。而且《公约》的不少规定存在模糊之处，从而为各国在实践中解释和运用规则预留了空间。

正因如此，中国及国际上部分南海史地研究工作者和海洋法专家，在南海维权方面，达成了一些共识。把这些共识归纳起来，形成五个原则，即最早发现、最早命名、最早开发经营、最早连续不断地行政管辖和主权得到许多国家的广泛承认。这五个原则，联系到中国历代历史文献的记载，更路簿足以证明，南海诸岛及其附近海域是中国神圣不可侵犯的领土。

① 〔清〕顾祖禹：《读史方舆纪要》，中华书局，2005 年 3 月版，第十册，第 4784 页。

1. 中国人最早发现

早在汉代，渔民在南海捕捞或者航海家在航海中，已经发现了南海诸岛。明代正德年间编成的《正德琼台志》保留了东汉时杨孚所著《异物志》一书的记载：“涨海崎头，水浅而多磁石。”[①]三国时的吴国万震著有《南州异物志》。宋代李昉等编纂的《太平御览》保留了汉代从马来半岛的陆地到中国的航程中，万震对南海诸岛的地形地貌所做的描述：“东北行，极大崎头，出涨海，中浅而多磁石。”[②] 这里所讲的“崎头”，指南海的礁屿。而所说的“磁石”，是因为进入“石塘”而致船只搁浅，像被磁石吸引住不能逃脱一样。这跟海南渔民在更路簿中指称永乐群岛为“石塘”是相同的。南海诸岛的诸多地名，跟渔民的更路簿之间有相当程度的传承性。

以上引的两段话的关键词是“涨海”。所谓的涨海，即南海。在汉代，来往越南办事，都要经过南海。比如，当时越南的“贡献”都要通过海南而运到大陆。《后汉书·郑弘传》记载，汉代的“交趾七郡，贡献转运，皆从东冶。泛海而至，风波艰阻，沉溺相系”[③]。其所经过的这个“风波艰阻”的大海，即“涨海”。而且东汉时对南方官员规定有巡海任务，即“行部”“涨海”[④]。但有的刺史不渡涨海，“周敞涉海”[⑤]。

---

①〔明〕唐胄：《正德琼台志》，海南出版社，2006年版，第197页。

②〔宋〕李昉等：《太平御览》，中华书局，1960年2月版，第3501页。

③〔南朝宋〕范晔：《后汉书》，上海古籍出版社，1986年12月版，第145页。

④ 参阅范晔：《后汉书·百官志》。

⑤“谢承《后汉书》曰:汝南陈茂，尝为交趾别驾。旧刺史行部不渡涨海。刺史周敞涉涨海遇风，船欲覆没。茂拔剑诃骂水神，风即止息。”据《太平御览》卷六十《地部二十五·海》，中华书局，1960年2月版，第287页。

为什么称南海为“涨海”？张岳崧所纂的《道光琼州府志》记载：“南溟者，天池也。地极燠，故曰炎海；水恒溢，故曰涨海、沸海。”[①]同样，王国宪总纂的《民国儋县志》也做出解释：“《天池物志》云：天地四方皆海水相连，茫然一巨浸焉。茹而不吐，满而不溢，故涨之名归之。《文昌志》亦云：水恒溢，故曰涨海。”[②]

据上述记载，中国人在汉代已经发现了南海诸岛。

2. 中国人最早命名

中国古代的航海事业很发达。《汉书·地理志》记载，汉代的舟师已经远航到南印度和锡兰等地，这其中必须取道南海。这样，航海家们就认识了南海诸岛。三国时，康泰的《扶南传》中记述了南海的地质地理状况：“涨海中，倒珊瑚洲，洲底有盘石，珊瑚生其上也。”[③]晋代裴渊的《广州记》记载：“石洲在海中，名为黄山。山北一日潮，山南日再潮。”[④]又说：“珊瑚洲，在县南五百里。昔有人于海中捕鱼得珊瑚。”[⑤]这些材料说明，中国人在1500多年以前就已经到南海谋生，在南海捕鱼时采得珊瑚。这些对南海的认识，是在生产实践的基础上形成的，并对其方位把握得很准确：“在（东莞）县南五百里。”

这些记载还说明，中国人在“昔”时，到底是1500多年以前的多久，这里虽没有指明，但很久以前就已经明确用“珊瑚洲”和

---

① 〔清〕明谊修，张岳崧纂：《道光琼州府志》，海南出版社，2006年3月版，第一册第81页。

② 王国宪总纂：《民国儋县志》（上册），海南出版社，2004年2月版，第56页。

③ 〔宋〕李昉等：《太平御览》，中华书局，1960年2月版，第327页。

④ 〔宋〕李昉等：《太平御览》，中华书局，1960年2月版，第324页。

⑤ 〔宋〕乐史：《太平寰宇记》，中华书局，第3019页。

“石洲”这两个名字来泛称南海。

到后来，随着人们对南海的认识加深，对南海诸岛的命名，由上述的泛称，逐步转变为对群体的指称。北宋《武经总要》记载：“广州南海郡……王师出戍……西南行七日至九乳螺洲。”[①]这是历史上第一次出现群岛名称，而且，经航海实证是西沙群岛的首次命名。

《宋会要辑稿》“占城国”条载：“国人诣广州，或风飘船至石堂，则累岁不达矣。”同书“真里富国”条载：“十日过洋，傍东南有石塘，名曰万里。”这两处所记，“石堂”即“石塘”。根据方位，“石塘”在占城东南，指今南沙群岛。

南宋周去非《岭外代答》载，南海有“长沙、石塘数万里”，第一次将两个群岛分开，指出了以沙岛为主的“长沙”（西沙）和以环礁为主的“石塘”（南沙）。

综上所述，中国自汉代，经过三国、魏晋到宋代，对南海诸岛的命名，逐渐由泛称而演变成对群岛名称的定指，地名也因而相对稳定。西沙群岛多是用“千里长沙”，南沙群岛则一直用“万里石塘”。

还必须指出，最早泛称南沙群岛为“黄山”，后来在海南渔民的更路簿中则用“黄山马”来指称南沙群岛中的太平岛。“长沙”“石塘”则是在更路簿中多次出现的称谓。后来国家吸收南海诸岛最早产生的名字并考虑到“名从主人”的原则而沿用了许多渔民更路簿中的地名。这有利于地名的稳定和维护国家领土主权。

3. 中国人最早开发、经营

中国人对南海诸岛的开发、经营，是在对南海诸岛的认识不断加深的基础上开始的。而开发、经营的方式，主要是开通航路，在

① 曾公亮，丁度：《武经总要·前集》卷二十，载《钦定四库全书·子部》，第574页。

南海诸岛上进行生产、生活活动。

上文说到汉代的航海是以南海为门户开展的，而在相当长的时间里，不同国家的船只都在这条航线上行驶。中国船员通过在南海航行，总结出了对南海的诸多特征的认识，并以此指导自己进一步在南海进行生产实践。

这里要特别指出的是，近代——考古工作的成绩——在南海诸岛上挖掘出土的大量地下文物是我国人民最早开发、经营南海诸岛的最好的历史证据。

首先，在永乐群岛西部的甘泉岛出土了大批唐宋时期的瓷器以及铁刀、铁锅等生活用具，还有吃剩的鸟骨和海螺壳等，这无疑在今人面前展示出了一幅唐宋时期中国人民在艰苦环境下开发这些岛屿的画面，证明从唐代开始我国人民就已经在南海诸岛生产和生活。此外，在晋卿岛、永兴岛等 11 个岛屿以及在沙洲和礁盘挖掘出的大量古代遗物，也是我国人民开发、经营南海的铁证。

除了考古的证据外，在宣德群岛的永兴岛、石岛、赵述岛、南岛以及北岛等地发现了 14 座明清时代的小庙，在南沙群岛也发现“兄弟公庙”多所，还有天王庙等遗迹，这都证明我国人民早就在岛上长期居住。

明代的沉船遗迹，也是我国人民对南海诸岛进行开发、经营的证据。

明代初年以后，渔民们为了不陷入海区的危险地带，顺利到达捕捞海产品的岛礁，航向南海的更路，在王诗桃抄本《更路簿》中的记载多达 279 条，其他抄本更路簿记载的南海更路也有 200 多条。这是渔民开发、经营南海时留下的历史痕迹。

4. 中国政府对南海诸岛的长期有效管辖

中国人民在发现、命名、开发、经营南海诸岛的同时，中国历代政府也在不断地对南海诸岛进行管辖并行使主权。东汉时，中国地方官员按规定每年定期出巡所管辖地区（“行部”）。同时，南方的地方官员还要定期出巡南海诸岛，当时所谓的“行部”“涨海”即出巡南海诸岛。上文引三国吴谢承《后汉书》记载：“汝南陈茂，尝为交趾别驾。旧刺史行部不渡涨海。刺史周敞涉涨海遇风。”旧刺史不巡南海诸岛，周敞却依旧例出巡南海诸岛。一直到晋朝，仍然有官员“行部入海”[①]的记载。自汉晋以来，中国政府一直对南海诸岛行使主权。

到唐代，工部尚书郑权，在唐穆宗长庆三年（823年）出任岭南节度使。韩愈著有《送郑尚书序》一文，点明岭南节度使管辖的范围包括南海诸岛。上文说到的甘泉岛上出土的大量唐代遗物可证。

北宋曾公亮、丁度主编的《武经总要》，明确地记述当时“置巡海水师营垒”[②]，守卫祖国的南海海疆。此后的记述翔实，不再列举。

必须指出，海南渔民为管辖南海诸岛付出了相当大的代价，有不少人死在了岛上。许多渔民长期居住在南海的岛礁上，文昌县的符宏光在南沙群岛的南威岛上连住了8年；而据《文昌县志》记载，该县东郊镇上坡村渔民陈鸿柏驻岛生活长达18年。

海南渔民之所以能长期在南海诸岛上耕作、捕捞并长期居住，甚至死后葬在岛礁上，是因为背后有政府对南海诸岛的管辖和对渔民的保护！

---

① 郝玉麟：《雍正广东通志》，1731年刻本，第3页。

② 曾公亮，丁度：《武经总要·前集》卷二十，载《钦定四库全书·子部》，第574页。

5. 主权得到许多国家的广泛承认

南海诸岛主权问题的焦点集中在南沙群岛的主权上。中国拥有南沙群岛主权这一历史事实，是长期以来世界上很多国家的政府及官员、国际社会、国际组织、国际条约以及公开出版的文献图集所广泛承认的。

（1）许多国家和政府官员广泛承认。

1958 年 9 月 4 日，中国政府发表关于领海的声明，明确指出中华人民共和国的领土包括南沙群岛等岛屿。同月，越南、苏联、德意志民主共和国、保加利亚、匈牙利、捷克、蒙古人民共和国以及罗马尼亚等国的政府或官员都先后发表声明或评论表示完全支持。菲律宾、马来西亚等周边国家在 20 世纪 70 年代以前完全承认南沙群岛属于中国领土。

1971 年，英国驻新加坡高级官员承认南沙群岛是中国领土。

1974 年 1 月，印度尼西亚外长马利克和美国参议员曼斯菲尔德等明确表示南沙群岛属于中国领土。

1974 年 1 月 23 日，朝鲜民主主义人民共和国外交部发言人发表声明，表明南沙群岛是中国领土。

（2）国际会议和有关国际条约直接或间接承认。

二战以后，《开罗宣言》《波茨坦公告》《旧金山和约》和《日华条约》等一系列国际条约明确指出南沙群岛属于中国。

除了上述这些重要的国际条约以外，1955 年 10 月 27 日在菲律宾首都马尼拉召开第一届国际民航组织太平洋地区飞行会议，出席会议的有 16 个国家和地区，包括澳大利亚、加拿大、智利、多米尼加、日本、老挝、南朝鲜、越南、菲律宾、泰国、英国、美国、新西兰、法国等国。会议认为南海诸岛中的东沙、西沙、南沙群岛位于太平洋要冲，这些地区的气象报告对国际民航的影响很大。所以，与会代表通过第24号决议，要求中国台湾当局在南沙群岛加强气象观测（每日4次），没有任何一个国家的代表对此提出异议或持保留意见。

1987年2月，来自世界100多个国家和地区的代表，出席了在法国巴黎举行的联合国教科文组织总部第14届海洋委员会年会。与会代表一致通过《全球海平面联测计划》，在全球水平面建立统一编号的海洋观测站，并由各国负责建设本国境内的海洋观测站，所得观测数据由各国共享。《全球海平面联测计划》明确要求中国建立5个海洋观测站，其中在大陆沿海建3个，在西沙群岛和南沙群岛各建1个。建于南沙群岛的海洋观测站编号为74。海洋委员会西太平洋分会，又在菲律宾首都马尼拉举行了第5次会议，再次就在我国南沙群岛建立74号海洋观测站进行协商。我国负责建设74号观测站的决定得到与会国代表的一致通过，越南代表在表决时也投了赞成票。

（3）许多国家的文献图集也有大量记载。

日本、美国、法国、苏联等许多国家现代出版的权威性百科全书和其他重要书刊，也都承认中国拥有南沙群岛主权。

1959年苏联出版的由奥夫迪延科主编的《中国经济地理概论》一书指出南海诸岛属于中国。

日本1966年出版的《新中国年鉴》，明确指明南海诸岛主权属于中国；1972年出版的《世界年鉴》非常明确地表明中国领土包括南沙群岛；1973年出版的《现代大百科辞典》也同样认为南海诸岛属于中国领土。

1963年美国出版的由乌尔麦克主编的《各国百科全书》明确指出中国领土包括南海诸岛。

在地图出版物中，日本1952年出版的《标准世界地图集》以及

1973年平凡社出版的《中国地图集》，英国1968年出版的《今日电讯历史集》，法国1968年国家地理研究院出版的《世界普通地图》和1969年在巴黎出版的《拉鲁斯现代地图集》（法文版），西班牙1970年出版的《阿吉拉尔大地图集》和1975年出版的《综合世界经济地理地图集》，以及德意志联邦共和国1954年出版的《世界大地图集》等的有关图幅，对南沙群岛都标有归属中国的注记，表示南沙群岛属于中国领土。

罗马尼亚1957年由国家出版局出版的《世界地图集》和1964年由教育出版社出版的《亚洲自然地理地图》，以及1974年出版的《地图集》中，南沙群岛都被标注归属中国。

苏联1950年由苏联海军部出版的《地图集》，1945—1967年出版的《世界地图集》，1974年由国防部海军舰队出版的《海洋图集·太平洋图卷》，以及1975—1976年出版的《袖珍世界地图集》，等等，无一不标注南沙群岛属于中国。

从20世纪50年代到70年代，东欧许多国家出版的地图也同样明确标注南沙群岛的主权属于中国。如保加利亚1959—1960年出版的《亚洲中部、东部和南部地图》；捷克斯洛伐克1958年、1959年和1965年出版的《袖珍世界地图集》；匈牙利1959年出版的《亚洲》（挂图）、1961年出版的《世界政治经济地图集》、1965年出版的《袖珍世界地图集》，以及1974年出版的《插图本世界政治经济地图集》；德意志民主共和国1957年出版的《世界地图集》、1968年出版的《哈克世界概要地图集》；波兰1957年出版的《亚洲政区地图》（挂图）、1960年出版的《东南亚》（挂图），以及1968年出版的《培加蒙世界地图集》；等等。

在法国，1969年出版的《拉鲁斯现代地图集》中的南海部分，标明南沙群岛归属中国。

在美国，1983年由哈蒙德地图出版社出版的《世界地图集·东南亚部分》，南沙群岛括注中文拼音。

1993年美国兰德麦克纳利公司出版的《插图世界地图集·东南亚》中，南沙群岛括注归属中国。

1972年日本平凡社出版的《平凡社世界地图》中，南沙群岛括注归属中国。

1978年日本平凡社出版的《中国全图》中，南海诸岛地图所标绘的断续线，与我国标示方法完全相同。

1968年东德哈克出版社出版的《哈克世界大地图》中，南沙群岛划归中国。

英国1957年出版的《牛津澳大利亚地图集》《菲利普地图集》，1958年出版的《大英百科全书地图集》，以及1968年出版的《每日电讯世界地图集》都标明南海诸岛属于中国。

在西班牙1970年出版的《阿吉拉尔大地图》、1973年出版的《综合世界经济地理地图集》和1976年出版的《阿吉拉尔世界图片地图集》中，南沙群岛都归属中国。

(4) 国际各大知名地图网站记载。

2010年微软地图上的南海，标绘有我国的九段线。

2011年谷歌地图上的南海，标绘有我国的九段线。

三、风帆时代海南渔民船长群体的海洋性格，纠正了黑格尔的错误观点

黑格尔的名著《历史哲学》一书，在世界范围内，对文化界的影响极其广泛而又深刻。关于中国与海洋的关系，书中有两段话集中表现出他的偏见：

就拿中国人来说吧，他们的确有十分发达而壮丽的政治建筑，但是他们自己却以海为限界。因为大海是陆地的尽头，所以他们在大海面前止步，不愿意勇敢地向前迈出关键的一步。因此，他们和海没有什么特殊的感情，不发生积极的关系①。

中国……占有土地进行耕种，同时也就意味着闭关自守，从而也就无法分享到海洋带给人们的文明……虽然也会发展航海事业，但是，他们的航海却没有影响他们的文明②。

上面摘引的黑格尔的两段话，十分明显地显示出黑格尔有两个错误。

首先，他立论的出发点，是认定中国人只有“黄色文明”没有“蓝色文明”，即只有农耕文化而没有海洋文化。

这里，我们且不说广东以北的诸多兄弟省市有着漫长的海岸线，从新石器时代开始，那里沿海的人民即以海为生，靠海吃海，培育了沿海的有中国特色的海洋文化，而不是只有农耕文化。这里存而不论。

海南岛在南海里，沿海的老百姓，面朝大海，多是以“耕海”为生。而像琼海的潭门，文昌的东郊、铺前和清澜等镇的渔民，他们都造船出远海，到南海去，从来也不“以海为限界”，也并不认定“大海是陆地的尽头”。

这些渔民，与黑格尔的判断正相反，他们和海有“特殊的感情”，也有“积极的关系”。不是吗？他们一年中有半年在南海中，不到半年的时间在家里。大海是他们养家糊口的生活来源；大海也波涛汹涌，吞没了他们的亲人。所以他们对大海的感情十分深刻：又爱又恨。而到了老年，不能出海了，他们对大海又加上了怀念。

---

① 黑格尔著，潘高峰译：《历史哲学》，九州出版社，2011年9月版，第214页。
② 同上，第211页。

他们还在与大海的“积极关系”中练就了一身的特殊技艺：他们在茫茫无际的大海中，使用木制的土罗盘定方向，站在船头仰望星象判断天气，用炉灰测海流，用“托”丈量海水的深度，用更路簿引导航线，又能凭经验躲开暗礁和暗滩。所有这些，都是海洋文化的内核，并不是农耕文化。

其次，黑格尔囿于识见，错误地认为中国人的“航海却没有影响他们的文明”。

明代以后，中国与海外的文化交流日渐频繁。在海南岛，更路簿与罗盘让海南渔民走入南海。从此，中国人的航海让中国与世界相沟通，中学西传、西学东渐日益发展。海南岛的地理位置特殊，扼守南海的前沿位置，既是中外商船往来东西方必须经停的中继港、避风港，又是内地、东南亚国家及本岛特产的重要中转集散地，海南岛不仅为往来船舶提供补给，而且凭借自身与周边国家海上往来频繁的优势，成为内地与南海诸国货物贸易中转的重要节点。尤其是陆上丝绸之路中断以后，海南更是连接中国和中亚、东北亚、西亚、欧洲、非洲地区的海上贸易和文化交往的大动脉。明代以后，中国人的思想观念发生了深刻的变化，引进海外新的作物品种，大大提高了土地利用率，老百姓的生活得到改善。

中国的航海，给中国的文化带来了根本性的变革。更路簿培育了中国风帆时代的一代代老船长及参与航海的渔民。他们有一身特殊的技艺，而尤其可贵的是他们身上体现了一种海洋文化，一种海洋文明精神。这是一种新的文化，是跟过去扶犁耕田的农民所具有的农耕文化根本不同的海洋精神。

这种海洋文化的核心内容十分突出，具体表现为：外向和开放；具有一种冒险精神和开拓进取的勇气；崇尚商业和向海外移民；平民大众深具个性。这些突出的特点，体现在风帆时代船长群体和出海渔民群体中，是一个群体集体实践的结果，是一种完整的海洋文化的彰显。

四、结语

海南岛绿意浓浓，举目尽见大海。

大海养育了海南岛，造就了更路簿。联系到此前的中国历史，更路簿有力地证明了中国人最早发现、最早命名、最早开发经营、连续不断地管辖着南海诸岛及其附近海域，南海诸岛主权得到许多国家的广泛承认。

更路簿实践的历史，纠正了黑格尔的错误。

对南海维权，中国服理不服霸；中国走共建、共享、共赢的安全之路。

（海南大学 周伟民 唐玲玲）

第四节 以先占原则为基础的南海更路簿法理诠释

依照现代国际法，对领土领海的命名权是一国行使主权的重要方式。南海更路簿是中国海南文昌、琼海等地渔民自明代流传下来的关于南海诸岛礁及在相关水域进行捕鱼、航海等海洋开发活动的系列民间传世文献。该文献记录了中国南海地区“峙”“线”“郎”“塘”等各类地名126处，这些地名与《联合国海洋法公约》所认定的岛、礁、沙、洲等岛礁种类相对应，其记录的126处地名也经过法定程序上升为国际认可的南海岛礁标准地名。因此，南海更路簿是我国对南海九段线内岛礁及相关水域享有历史性主权权利的一大力证。

先占原则是国际法上确认主权归属的基本原则。“先占”是指国家占有无主地并取得对它的领土主权[1]。对无主地命名并通过法律程序上升为国际社会认可的标准地名是实践先占原则的重要手段，旷日持久的马尔维纳斯群岛（福克兰群岛）的命名之争等地名争议实质上就是国家领土主权之争。由此可见，行使命名权作为国家主权的重要表现形式，已经成为一种国际社会普遍认可的国际惯例。

目前搜集到的十多种传世南海更路簿记录的南海岛礁的四类地

---

① 邵津：《国际法》，高等教育出版社、北京大学出版社，2005年版，第105页。

名，与《联合国海洋法公约》认可的岛礁命名种类一一对应。一些南海周边国家由于利益驱使强占我国南沙、西沙群岛部分岛礁，并不顾中国及国际社会反对，擅自更改部分岛礁、海域名称（越南将我国西沙群岛改称为“黄沙群岛”，将南沙群岛改称为“长沙群岛”，菲律宾将我国南沙群岛部分岛礁改称为“卡拉延群岛”），严重侵害了我国在南海享有的历史性主权权利。厘清南海更路簿所记录的我国南海渔民自明代以来对南海岛礁的命名行为，强化我国对九段线内岛礁的命名权，对我国在南海地区维护主权具有重要意义。完善我国行政区划制度，规范我国岛礁及相关海域的命名程序规则，进一步提升我国对南海诸岛礁进行行政管辖的能力，是解决南海主权争端所迫切需要的应对措施。

一、南海更路簿是记录我国渔民自明代以来开发南海渔业航运资源活动的重要民间传世文献

以往学界研究我国在南海享有主权的历史证据时，大多基于官方文献，忽视了民间文献，而南海更路簿的出现则弥补了这一缺陷。南海更路簿又称“更路簿”，即记录航海里程和线路的抄本，记载了海南民间以文字或口头相传的南海航行路线知识。它详细记录了西沙、南沙、中沙群岛的岛礁名称，准确位置，渔民出海航行针位（航向）、更数（距离）和各目的岛礁的特征，是我国海南省渔民在南海航海实践的经验总结，也是指导渔民生产实践的秘籍。发现更路簿的城镇都在有珊瑚礁滩形成的海边，周围土壤不宜农耕，居民不能从土地中得到供给，于是把目光转移到了海上。尤其是海南文昌的清澜港和琼海的潭门港，在沿着海边延绵的浅海半海里处形成了几千米长的珊瑚礁，海域内风平浪静，鱼虾肥美，这

种自然条件促使海南人民以渔捞为生[①]。后人们从浅海渔捞逐渐走向西沙、南沙作业，为了辨别各个岛礁的不同，渔民对西沙、南沙各岛礁进行了命名。为了方便在西沙、南沙海域航行，渔民对自己多年的航海经验进行了总结和记录，并不断在实践中加以修正、完善，最终形成了文字成果——南海更路簿。

南海更路簿在明末清初就已出现，盛行于清代末期和民国前期，此后世代流传至今。它记录了渔民对西沙群岛习用的传统地名共38处，对南沙群岛习用的传统地名共88处[②]，它是海南岛渔民祖辈在西沙、南沙群岛等地进行航行实践的经验的总结。在现存的更路簿和航海图中，“更”是重要的航海术语，为海上里程单位，每更约合水程六十里[③]，“路”指船在大海上航行的路线，“簿”是记录的小册子。

南海更路簿是渔民祖传的册子，存在多种版本。1974年广东省博物馆在今海南省北部渔港征集的苏德柳抄本《更路簿》是最早被发现的南海更路簿版本[④]。其后整理出版的更路簿抄本著作有两本：一是《我国南海诸岛史料汇编》，其汇集了苏德柳抄本《更路簿》、

① 周伟民，唐玲玲：《南海维权，渔业为先——论“南海更路簿”》，载闫广林主编《海南历史文化》，南方出版社，2011年版，第53页。

② 韩振华：《我国南海诸岛史料汇编》，东方出版社，1988年版，第2页。

③ 周志明：《中国古代“行船更数”考》，载《古代文明》，2009年第2期，第93页。

④《人民日报》1976年8月31日第4版：1974年春，我国考古人员在海南琼海县潭门公社草塘大队进行文物调查时，收集到老渔民苏德柳保存了50多年的航海针经《水路簿》抄本。这本《水路簿》准确标明了从海南岛到西沙群岛、南沙群岛所经过的地方，以及这些地方相互间的航行罗盘方位和时间、距离，并生动形象地标示了各个岛屿、沙洲、暗礁、水道的大小、地形、方位等特征。第二次调查时，考古人员又收集到一批内容相同的《水路簿》和航海罗盘针。《人民日报》上述报道用“水路簿”而不用“更路簿”指称苏德柳抄本，是受广东省博物馆所编《西沙文物》一书的影响，而根据韩振华所著《我国南海诸岛史料汇编》的记载可知，使用“更路簿”这一名称更为准确。

许洪福抄本《更路簿》、郁玉清抄藏本《定罗经针位》、陈永芹抄本《西、南沙更路簿》四个抄本[①]；二是《南海诸岛地名资料汇编》，其整理汇集了林鸿锦抄本《更路簿》，王国昌抄本《顺风得利》，麦兴铣存本《注明东、北海更路簿》，李根深藏本《东海、北海更路簿》，蒙全洲口述、麦穗整理本《去西、南沙水路簿》以及何纪生根据苏德柳等渔民口述整理的《更路簿》六个抄本[②]。

从 1974 年首次发现更路簿以来，综合媒体报道及笔者探访可知，海南省博物馆、琼海市博物馆以及一些收藏家陆陆续续又发现 20 余种版本。海南省博物馆在其开馆三周年“大海的方向·华光礁一号沉船特展”上将被誉为“南海天书”的《顺风东西沙岛更路簿》公开展览[③]。海南大学周伟民教授经过多年努力，在海南省琼海市潭门镇收集整理了 20 多种手抄本，即将出版。

综上所述，现存南海更路簿的抄本多，抄本之间关系混乱，每个渔民都会根据自己的经验对其进行增删，渔民之间的横向传授与代际的纵向传承关系错综复杂，版本学考证比较的缺失导致各抄本之间的关系成为学术空白[④]，但这并不影响这些抄本的真实性及学术价值。南海更路簿是南海渔民自明代至清末民初三百多年间在南海，尤其是在西沙、南沙长期捕捞作业形成的集体作品，各抄本之

---

① 韩振华：《我国南海诸岛史料汇编》，东方出版社，1988 年版，第 366—399 页。

② 广东省地名委员会：《南海诸岛地名资料汇编》（内部发行），广东省地图出版社，1987 年版。

③ 2011 年 11 月人民网对此进行了专题报道，此报道链接已失效，但被网易网转载，仍可在网易网查询到此报道：http://news.163.com/11/1112/11/7ILIJQL200014JB6. html。

④ 各版本南海更路簿均被博物馆或私人收藏，又都是手抄本，给抄本间的版本学考证比较带来很大困难；韩振华在《我国南海诸岛史料汇编》中以苏德柳抄本《更路簿》中关于灯的描述为考证对象，对向达校注的《两种海道针经》一书中的《指南正法》部分进行了版本学分析，大致确定了苏德柳抄本《更路簿》成书时间的上限。此外，未见其他关于抄本的版本学考证成果。

间既有共性，又有个性，所有的抄本构成一个整体，常见的主要版本有如下几种。

1. 苏德柳抄本《更路簿》。该本是苏德柳于1921年从文昌县渔民那抄来的，由8篇组成。苏德柳抄本《更路簿》记载往西沙航线29条，地名17处；往南沙航线106条，地名65处；其余都是地方性航线，范围扩大到东南亚。因此，苏德柳抄本《更路簿》不只是南沙针经，更是东南亚针经。

2. 彭正楷抄本《更路簿》。该本记载往西沙航线17条，往南沙航线200条。

3. 卢洪兰抄本《更路簿》。该版本由2篇组成，其中个别航线的记载较其他版本为少，岛屿间多有回针，记载南沙地名65个，东头线、南头线基本形成，各个岛礁回航和出航的航线都较其他版本为多。

4. 蒙全洲口述、麦穗整理本《去西、南沙水路簿》。该版本记载的中线南下最为详细，东线较为粗略，下洋各航线未记，南沙航线74条，地名56个，所载各主航道的针路都是依据明代以来渔民生产作业的经验记录。

5. 李魁茂抄本《更路簿》。该版本记载海南岛、越南航线较多，包含南海岛礁地名20多个。

二、南海更路簿记录了我国渔民对南海地区126处岛礁及相关水域的命名行为

行使命名权是主权国家行使主权的一个重要表现，而我国早在古代就已对南海诸岛礁有了命名行为，这在传世文本南海更路簿中有大量的记载。我国渔民在开发经营南海岛礁的过程中，对各岛礁用海南方言取了独特的地名，具有浓厚的乡土气息，被称为南海诸

岛琼人俗名。南海更路簿中记载的南海诸岛琼人俗名，在明代就已形成。其命名具体，记载西沙群岛琼人俗名38处，南沙群岛琼人俗名88处，共计126处[①]，除了少数几个是表示岛屿群体的地名外，其余大都表示具体的岛、洲、礁、沙、滩等。由于琼人俗名对具体岛、洲、礁、沙、滩之间的相对位置是通过针位（航向）和更数（距离）确定下来的，对南海诸岛的位置记录准确，所命之名形象生动，大都能望名知义，因而被沿用至今。1983年，中国政府在广泛调研的基础上审定公布《我国南海诸岛部分标准地名》，表中在"标准名称"和"汉语拼音"后特列一栏"当地渔民习用名称"，并将其所涉126个渔民习用地名中的48个直接或调整后用作标准名称，开在岛礁标准命名中正式引入渔民文化的先河。

我国人民自秦汉发现了南海诸岛以来，对南海诸岛的命名经历了模糊命名、泛指命名、分类命名和具体命名四个阶段。陈伦炯的《海国闻见录》中的《四海总图》绘有"气""沙头""长沙""七洲洋"和"石塘"。据方位及记载来看，"气"即"南澳气"，指东沙群岛。"沙头"即沙岛之头，南海诸岛中，沙岛在东沙群岛开始出现，故"沙头"亦指东沙群岛。据该书记载及图上把"七洲洋"绘在最西，可知"七洲洋"指西沙群岛。"长沙"绘在"沙头"和"七洲洋"之间，指中沙群岛。"石塘"绘在南面，指南沙群岛。这是明确把南海诸岛划分为四大群岛的开始[②]，也开启了我国渔民对南海诸岛礁及其附近海域的开发之旅。

为了明确辨别岛礁、海域、航道，便于生产、生活，渔民对岛

① 刘南威：《西沙群岛和南沙群岛主权属于中国的土地名依据》，载《华南师范大学学报》（自然科学版），2011年第4期，第126页。

② 刘南威：《南海诸岛地名初探》，载《岭南文史》，1985年第2期，第94页。

屿进行了全面且系统的命名，形成了完整的岛屿名称系统。据南海更路簿记载，对岛礁的命名一般分为四类：高潮也不被淹没的岛屿和沙洲称为“峙”；高潮淹没、低潮现出的暗礁、暗沙，称为“线”；高潮淹没低潮也不露出，淹没于水面下较浅的暗沙，称为“线排”；低潮不露出水面，淹没于海面下较深的暗滩，称为“郎”；环形礁盘称为“圈”；被“圈”包围似水塘的潟湖称为“塘”。就岛礁的具体命名过程所涉及的渔民文化而言，主要包含渔民对岛礁地貌的认识、航海知识经验的表述以及罗盘文化的应用等，对岛礁的外貌特征，岛礁所处的位置，开往该岛礁的航向，岛礁特色生物海产、水文气候、大小颜色的描述，某些数字是主要参照因素。此外，历史上的特殊事件、传说等也是重要的命名因素。其中，根据岛礁的形状和主要地貌特征命名，是琼人俗名中最多的一种。

现存12种版本的南海更路簿记载的西沙群岛和南沙群岛的土地名中，对岛屿、沙洲、暗礁、暗沙、暗滩的命名规律基本一致，但具体岛礁命名略有不同。如对西沙群岛中永乐群岛的命名，有“石塘（石棠）”“下峙”之分；对北礁的命名，除陈永芹版本称之为“刚豆”外，其余版本皆称之为“干豆”；对金银岛的命名，除林鸿锦版本称之为“尾岛”外，其余版本皆称之为“尾峙”；对中建岛的命名有“半路”和“半路峙”之分；对永兴岛的命名，除林鸿锦版本称之为“把岛”外，其余版本皆称之为“猫注”；对东岛的命名，除了麦兴铣和李根深版本称之为“猫兴峙”外，其余版本称之为“猫兴”。对南沙群岛的命名中，把南沙群岛统称为“北海”；对双子群礁的命名有“双峙”和“奈罗”之分；对贡士礁的命名有“贡士线”和“贡士沙”之分；北子岛称为“奈罗上峙”；南子岛称为“奈罗下岛”或“奈罗下峙”；永登暗沙称为“奈罗角”；中业岛统一称为“铁峙”；对铁线礁的命名有“铁沙”和“铁线”之分；对太平岛的命名有“黄山马”“黄山马岛”和“黄山马峙”之分；九章群礁称为“九章”；景宏岛称为“秤钩”或“秤钩峙”；牛轭礁称为“牛轭”“牛厄”“牛轭沙”或“牛轭线”；染青沙洲称为“女青石”“染青峙”“女青石峙仔”或“汝青石峙仔”；赤瓜礁称为“大秤钩”或“大秤钩沙”；华礁称为“秤钩沙”或“秤钩线”；永暑礁统一命名为“上戊”；火艾礁统一称为“火哀”；对西月岛的命名有“红草”和“红草峙”之分；对无乜礁的命名有“不乜线”“无乜线”“否乜线”“无乜沙”之分；对南华礁的命名有“荷落门”“恶落门”“恶浪门”“荷力门”之分；对六门礁的命名有“六门”和“六门沙（线）”之分；毕生礁统一命名为“石盘”；对榆亚暗沙的命名有“深圈”和“深匡”之分；南威岛称为“鸟仔峙”；对日积礁的命名有“乙辛”“乙辛沙”“西首乙辛”“西头乙辛”之分；对弹丸礁的命名有“石公厘”“石公厘沙”之分；皇路礁称为“五百二（沙）”；对南通礁的命名有“丹节”“单节”“钉积线”“丹节沙”之分；对南屏礁的命名有“墨瓜沙”和“墨瓜线”之分；等等①。

南海更路簿中记载的地名即琼人俗名具有民族性和科学性，是研究南海诸岛史地的宝贵历史资源。它们反映了中国的传统文化，形象生动；具有群众基础，流传甚广，利用率高；具有民族性，有利于维护国际尊严，减少外来影响。

三、南海更路簿所记录的相关地名为我国政府及国际社会所认可，成为标准地名

命名权是一个主权国家行使主权的重要体现，国家宣示主权的

① 刘南威：《西沙群岛和南沙群岛主权属于中国的土地名依据》，载《华南师范大学学报》（自然科学版），2011 年第 4 期，第 127 页。

重要途径之一就是对被宣示对象进行命名并公示。南海更路簿中记载了大量的渔民习用地名即琼人俗名，是我国渔民集体智慧的结晶，这些地名被我国历代政府采用，逐步汇编入地方志和官方疆域图中，成为南海诸岛礁的标准地名。

早在1621年茅元仪编写的《武备志》转录郑和下西洋针路图时，就出现了“石星石塘”“万生（可能是“万里”之误）石塘”和“石塘”等俗名。1676年由两广总督金光祖纂修的《广东通志·山川·万州》，1679年万州知州李炎等原著，1725年由经筵讲官、户部尚书蒋廷锡等校修，1828年万州知事胡端书续修的《万州志·川》，1819年万州知州汪长龄主修，1841年明谊修、张岳崧编纂的《琼州府志·万州海防》等，均把“千里长沙”“万里石塘”作为明确的山川单位列入广东省琼州府辖的万州版图内。由此可见，渔民的土地名为政府编写地方志提供了基础的素材，是政府地方志的重要组成部分。

与编写地方志吸收渔民地名相同，政府的权威性地图上也有渔民地名的痕迹。如1724年刻制行用的《清直省分图》之《天下总舆图》，1755年以前印行的《皇清各直省分图》之《天下总舆图》，1810年印行的《大清万年一统地理全图》，1895年印行的《古今地舆全图》等，均将渔民地名“长沙海”“石塘海”绘入清朝版图之内。除此之外，民间绘制的地图也参考了渔民地名。陈伦炯绘制的《四海总图》明确标绘了“气”“沙头”“长沙”“石塘”“七洲洋”等渔民地名。1800年印行的《清绘府州县厅总图》是山东历下晓峰氏摹绘1767年黄证孙《大清万年一统天下全图》的重订本，该图是目前所见将“南澳气”“千里长沙”“万里石塘”和“七洲洋”等渔民地名，即南海东沙、西沙、中沙和南沙群岛列入我国版图并设置府州管辖的最早的地图。1843年郑光祖所著的《一斑录》卷一

《中国外夷总图》中，在绘有“落际”“东沙”“石塘”和“长沙门”等渔民地名的同时，也绘制了西沙，这是“西沙”这一名称在中国地图上第一次出现。由此可见，在绘制海疆域图的过程中，渔民的土地名为绘制者提供了有用的指引，是不可忽视的重要材料。

自清末以来，我国政府对南海诸岛地名进行了多次审定。第一次是1909年5月广东水师李准对西沙群岛进行勘探测绘，查明并命名了15座岛屿，公告中外。第二次是1935年国民党政府水陆地图审查委员会根据当时外国海图，审定公布南海诸岛地名136个，分属东沙岛、西沙群岛、南沙群岛和团沙群岛。第三次是1947年国民党内政部审定并正式公布《南海诸岛新旧名称对照表》，公布南海诸岛地名172个，得到了国际的承认并产生了巨大影响。现行的南海诸岛地名，是1983年4月24日中国地名委员会受权发布的我国南海诸岛部分标准地名，1983年4月25日《人民日报》第四版刊载，这是新中国成立后首次正式审定公布南海诸岛地名，此次公布的地名共有287个，其中琼人俗名共有129个，除了月牙岛一名之外，其余128个全是海南岛渔民对南海诸岛各岛礁的命名，是琼人俗名。1989年海南省政府启动了南海诸岛289个地名的编纂工作，至今尚未完成。根据刘南威教授的考证，这些官方的命名活动，无一不是以海南渔民的南海更路簿为蓝本的[①]。

中国古代对南海岛礁的命名也被国外地图、书籍所认可。目前西方统称西沙群岛为“Paracel”（帕拉塞尔），源于葡萄牙语，字义为“暗礁”或“石礁”，是从我国南海诸岛古地名“石塘”（闽南语“塘”即礁）、“石栏”意译过去的。16世纪葡萄牙出版的地图，在今南海诸岛位置上都有一个“港”，名为“Paxo”，这是从南海诸岛

① 刘南威：《中国南海诸岛地名论稿》，科学出版社，1996年版。

土地名“吧峙”（永兴岛）音译过去的。英国海军部出版的《中国海指南》中提到西沙群岛的19个英文地名，南沙群岛的24个英文地名。这43个英文地名中，有七八个是从渔民地名音译过去的，如“Sin Cowe”和“Nam Yit”即源于我国渔民所称的“秤钩峙”和“南乙峙”[①]。日本人小仓卯之助所著的《暴风之岛》一书中，共载有双峙、铁峙、红草峙、罗孔、鸟仔峙、同章峙、第三峙、黄山马峙、南乙峙、第峙等十余个南海诸岛土地名[②]。在西方通用的南海诸岛地名中，至少有9个是从南海诸岛土地名音译过去的：将“黄山马”音译为“Itu Aba”，将“南乙、南密”音译为“Namyit Island”，将“秤钩”音译为“Sin Cowe Island”，将“铁峙”音译为“Thitu Island”，将“丑未”音译为“Subi Reef”，将“铜金”音译为“Lankiam Cay”，将“铜铳”音译为“London Reef”，将“白峙仔”音译为“Passu Keah”，将“三脚”音译为“Duncan Island”[③]。

四、南海更路簿是我国在南海岛礁实践先占原则、享有主权的明证

国际法上的“先占”包含发现、有效控制与他国默认等几大要素。所谓“发现”不仅意味着将“发现”的事实公之于众，更显著的特征是对所发现的地域进行命名。清代以来我国政府先后5次公布了南海诸岛礁的地名，并为国际社会所默认，其中最重要的基础就是南海更路簿。所谓“有效控制”，不仅指政府的军事与行政控制，更

① The Lords Commissioners of the Admiralty, The China Sea Directory, Vol. 1, The Hydrographic Office, Admiralty, 1867.

② 刘南威：《中国南海诸岛地名论稿》，科学出版社，1996年版，第66页。

③ 广东省地名委员会：《南海诸岛地名资料汇编》，广东省地图出版社，1987年版，第235—242页。

主要的是国内人民对资源的持续开发利用。奥康奈尔（O'Connell）认为“私人行为本身不足以构成先占，但没有私人行为就不可能有先占”[①]。关于我国政府对南海海域及诸岛礁的军事与行政控制已有诸多学术成果[②]，南海更路簿记录的我国渔民对南海诸岛的开发，构成了我国对南海九段线内岛礁及水域的有效控制的基础，而国家对南海渔民及其渔业行为的行政管辖则从另一个角度补充了先占原则中有效控制的内涵。

南海诸岛礁长期无人居住，远离大陆，早期开发经营南海资源需要先进的生产技术。南海更路簿这一文献名称的本身就能直观地反映我国历代渔民运用科技手段征服自然、开发南海岛礁与相关海域资源的历史事实。文献中所记录的指南针的应用、海况气候因素的科学记录、远航渔船等先进工具的使用、海洋知识的积累等，无不说明我国古代人民早就掌握了大量先进的生产技术，最早具备开发南海、经营南海资源的能力，而同一时期的南海周边国家根本就不具备这一能力[③]。南海更路簿不仅记录了我国古代人民发现南海岛礁及相关水域的行为，还包含着更为丰富的信息。如岛礁命名、海况测绘、渔业生产与航运、岛屿生活与开发等经济行为，深刻反映了我国早就实现了对南海岛礁及相关水域的占有。这种占有行为是具有历史连续性的，是不中断的，也是在各个历史时期得到国际社

---

① 刘南威：《中国南海诸岛地名论稿》，科学出版社，1996 年版，第 66 页。

② 高之国，贾兵兵：《论南海九段线的历史、地位和作用》，海洋出版社，2014 年版，第 24—41 页；贾宇：《南海问题的国际法理》，载《中国法学》，2012 年第 6 期，第 31—35 页。

③ 如我国渔民依照潮涨潮落的规律区分“峙”“线”或“线排”的命名，体现了他们对海洋规律的深刻认识，这都是越南等南海周边国家的南海“主权”历史文献记载中所没有的。参见［越］阮雅等著，戴可来译：《黄沙和长沙特考》，商务印书馆，1978 年版。

会直接或间接承认的。因此，南海更路簿中系统反映的渔民的生产、生活信息，都是我国在南海享有主权的本质和直接的体现。

其次，对南海海域及诸岛礁的管辖建立在“私人”的生产经营活动基础之上，若无“私人”的生产经营活动也就不存在所谓的国家管辖。各种南海更路簿的抄本清楚地记录了渔民的三条作业线路，即渔船队从海南文昌的清澜港、琼海的潭门港出发，到达太平岛后便分东头线、西头线和南头线。这三片作业区中心是五大环礁区，还将半路（中建岛）、猫注（永兴岛）、黄山马（太平岛）、五风（五方礁）、恶落门（南华礁）、六门（六门礁）、光星仔（光星仔礁）七个岛礁作为生产枢纽，将我国传统捕鱼区的范围更加细化、明确化。其反映的渔民之间、渔业团体之间形成的社会性经济关系，是历时性以及共时性的国内经济活动关系，是海南渔民充分利用经验与科技工具自主开发南海的经济资源关系，并且是连续不间断的。因此，南海更路簿反映的国内渔民之间形成的自主排外、连续不断的社会性经济关系，受国内行政规制，是我国长期对南海诸岛礁行使行政管辖权的直接表现。

最后，国际法上的“先占”原则所包含的有效控制不仅是指国家对先占土地地名的有效管理，更主要的是指相关国家对该土地上的人及其行为的管理。我国对南海岛礁及相关水域的有效控制在南海更路簿上有着全面的反映：对南海岛礁及相关水域的民间命名被历代政府编修的地方志及绘制的官方地图所吸收；开发经营南海资源的渔民是我国人民，受朝廷委派的地方官管理；照章纳税服役；我国历代政府设置巡海机构，负责海上救助以及海事活动的管理。

五、结语

作为民间资料的南海更路簿极具学术价值，可从法学、社会学、人类学、地理学、海洋学、渔业学、版本学等多角度进行研究。法学对南海更路簿的研究才刚刚起步，仅在主权层面展开初步的讨论。作为民间证据的南海更路簿是国际上讨论南海争端时不可回避的历史证据，对其在南海主权争端中的地位应予以肯定。《联合国海洋法公约》关于领土、领海等所作的规定晚于也有悖于我国对南海九段线内应有权利的声明，更未照顾到南海渔民在南海海域长期开发经营的历史事实，因而处理南海争端不能简单套用《联合国海洋法公约》。

（陈秋云，海南大学法学院教授，主要研究法律史学；黄斌，海南大学法学院法学理论研究生，主要研究法理学；李骥，海南省农村信用社法务经理，主要研究法理学）

第五节　论海南渔民的更路簿

更路簿是海南渔民在南海捕鱼和进行其他生产活动的航海指南，是海南渔民长期在南海远洋航行，凭口头传承和文字记载而保存的航海经验总结及知识积累。更路簿至迟在明代已经形成，已发现十多个版本，记载了出发港、航线、更数、岛礁沙州名称等内容，与官方及航海家的水路簿具有同等重要的研究价值。

海南岛孤悬南海之中，历史上常被称为“蛮荒之地”，但它历史悠久，文化积淀丰富，地方特色突出，在许多方面为中华民族文明的发展和繁荣做出了宝贵贡献。海南渔民的更路簿便是其中之一，它凝聚着海南渔民的智慧。更路簿为研究我国古代航海史和科学技术史，证明西沙和南沙群岛等自古就是中华民族的神圣领土等，提供了有力的实物和文献证据，2008 年 6 月入选第二批国家级非物质文化遗产保护名录。

一、海南更路簿的状况

海南保存至今的更路簿至少有 15 本，皆是清代至民国时期的手抄本，都是海南文昌、琼海渔民到西沙和南沙群岛海域捕鱼时使用的航海指南。如潭门镇草塘村苏德柳老船长于 1921 年抄写的航海《水路簿》，是用棉纸抄写，册子长 22 厘米，宽 14 厘米，对折双面，共 47 页，8000 余字。海南大学周伟民先生收集了十多部更路簿，其中绝大多数为琼海市潭门镇渔民的手抄本，个别为文昌市铺前镇、东郊镇渔民的手抄本。现根据周伟民先生公布的材料，整理列表如下（见表1）。

表1 更路簿基本情况表

序号	名称	持有人	来源	记载航线条数
1	苏承芬祖辈传承抄本《更路簿》	苏承芬	祖传	西沙29，南沙115，计144
2	苏承芬据航海经验重订的《更路簿》	苏承芬	重订	中沙65，西沙192，计257
3	王诗桃抄本《更路簿》	王诗桃	手抄	西沙61，南沙183，琼州行船更路35，计279
4	郑庆能藏本《更路簿》	郑庆能	藏本	广东下琼州更路志录18，琼岛港口出入须知30，琼州行船更路志录50，计98
5	《顺风得利》	王国昌	抄本	西沙42，南沙209，计251
6	林鸿锦抄本《更路簿》	林鸿锦	抄本	西沙59，南沙162，计221
7	《注明东、北海更路簿》	麦兴铣	存本	计135
8	《东海、北海更路簿》	李根深	藏本	计151（含南沙更路112）
9	苏德柳抄本《更路簿》	苏德柳	抄本	西沙29，南沙106，广东、海南岛、中南半岛、南洋更路54，计189
10	许洪福抄本《更路簿》	许洪福	抄本	南沙153，东沙头67，计220
11	《定罗经针位》	郁玉清	抄藏本	西沙35，南沙65，计100
12	《西、南沙更路簿》	陈永芹	抄本	西沙16，南沙83，计99

续表

序号	名称	持有人	来源	记载航线条数
13	《去西、南沙水路簿》		蒙全洲口述，麦穗整理	西沙13，南沙74，计87
14	卢洪兰抄本《更路簿》	卢洪兰	抄本	西沙66，南沙120，计186
15	彭正楷抄本《更路簿》	彭正楷	抄本	西沙17，南沙200，计217

海南古代的更路簿应远不止这15本。据渔民介绍，过去渔民每家每户都有一本更路簿，驶向南海时，每艘船上也至少有一本，不过由于都是纸质本，常年在海上携带航行不易长久保存。随着19世纪30年代导航设施和航海图的普及，更路簿已弃之不用，所以能够保留至今的毕竟为极少数。2011年11月，海南省博物馆展出的《顺风东西沙岛更路簿》“长21厘米，宽14.5厘米，厚2.8厘米，又名《定罗经针位》《西南沙更路簿》等，是海南渔民祖祖辈辈传抄的小册子，可以说是一本有文字的航海图”[1]。这本更路簿不在周伟民先生所列的15部之内。

更路簿中的“更”为距离单位，“路”指航向，“簿”为手册，反映了海南渔民的记载以航线和目的地为主要内容，体现了简单、易记和实用的原则。

二、更路簿的内容与特色

更路簿是海南渔民的航海针经，主要用于指导航海时的针位和更数，涉及的内容非常广泛，既与其他地方的渔民和航海者使用的海道针经有类似之处，又具有海南渔民自身的特色。

向达在《两种海道针经》中说：“古代航海家往返于汪洋无际、

波涛汹涌的大海中，对各地路程远近、方向、海上的风云气候、海流、潮汐涨退、各地方的沙线水道、礁石隐现、停泊处水的深浅以及海底情况，都要熟悉。航海的人要知道路程远近和方向，是不消说的了；还得知道风云气候，不仅台风、飓风，就是平常的风暴、风向不对，也会使海船大大为难……海船抛舡，怕碰上铁板沙、沉礁，也是知道停泊处所是泥底、石底还是石剑，怕走椗或弄断椗索，所以一定要知道水道、沙线、沉礁、泥底、石底、水深、水浅等等，诸如此类，这是一本复杂而又细致的账，掌握不了，就无从在大海中航行。”[2] 这既是航海者编写更路簿的动因，也是航海人矢志不渝、艰辛探索，甚至付出生命的代价所写下的内容。

（一）始发港

据目前所知的更路簿记载，主要有文昌市铺前镇渔民从铺前港出发、文昌市东郊镇渔民从清澜港出发、琼海市潭门镇渔民从潭门港出发，往返南海诸岛的航行路线，也有从广州港出发到海南岛的东部海域，或从海南岛到东沙岛海域、从广州港起航经海南岛东部下南洋、从海南岛到广州的航线。

铺前港、清澜港、潭门港等港口，都是古代从海南驶向南洋的著名始发港，这些地方的渔民至今还保留着前往南海远洋捕鱼的传统。如琼海市潭门镇的更路簿记载：“自大潭过东海，用乾巽使（驶）到十二更。”“大潭”指琼海潭门港，“东海”即西沙海域；另有“北海”，指南沙海域。苏承芬祖辈传承抄本《更路簿》中也有“自大潭过东海，用乾巽驶到十二更时，驶半转回乾巽巳亥，约有十五更”的记载。

那么，海南渔民为何将西沙海域称为“东海”，而将南沙海域称为“北海”呢？笔者推测，这应是他们在这些海域经常捕鱼时按照当时所在的位置而赋予的名称。久而久之，便将这些习惯称谓作为大家共用的名称。

（二）航行海域

更路簿记载的主要是从海南岛港口起航，到南海西沙和南沙群岛海域捕鱼的线路，但重点是往返西沙、中沙和南沙群岛海域，对这些海域记载最多。这说明当时他们进行捕鱼活动的地点主要在这些海域，且以西沙和南沙群岛海域为主。如苏德柳抄本《更路簿》由 8 篇组成，第一篇为《立东海更路》，记载了船只从大潭（潭门港）开往南海西沙群岛的航行针位和更数，并记录了西沙群岛的地名 17 处；第二篇为《立北海各线更路相对》，描述了渔船从西沙群岛的三圹（浪花礁）、白峙仔（盘石屿）往北海（南沙群岛）的双峙（双子群礁）以及在南沙群岛各地之间往来的航行罗更针位和更数，并记录了南沙群岛的地名 65 处”[3]，记载“南沙群岛 73 个地名及其方位，地名是用海南方言拼的”[4]；“西沙更路篇的内容有 100 多条，记载从海南岛到西沙群岛以及西沙群岛各岛礁之间的往返更路。渔船从文昌铜鼓咀，琼海潭门港，万宁大洲岛，陵水乌头，三亚牙龙头、铁炉港出发，先航至七连（渔民对宣德群岛中的赵述岛、北岛、中岛、南岛、北沙洲、中沙洲、南沙洲等七地的称呼）”[5]。苏承芬祖辈传承抄本《更路簿》的第七篇，记载有从新加坡到印度尼西亚巴厘的更路，这说明海南渔民在清代时已经航行至南海南部海域。该篇对每一片海域都记录有岛礁的名称、准确位置、地貌以及海浪、潮汐、风向、风暴等水文气象信息。

（三）航行路线

在线路方面，表 1 中的 15 本更路簿记载的线路数量，最少为 87 条，最多达 279 条，覆盖东沙、中沙、西沙和南沙海域。其中，记载西沙海域的最少有 13 条，最多为 66 条；而记载南沙海域的最少有 65 条，一般达 100 多条，最多达 209 条。彭正楷抄本《更路簿》记载了西沙捕鱼线路 17 条，南沙捕鱼线路 200 多条，从南沙返回海南岛的航线 29 条以及 7 个海上交通枢纽和渔业生产中心，记载的生产作业范围甚至远达东南亚的纳土纳群岛与潮满岛。

据统计，西沙群岛的线路是从二圈（玉琢礁）、三圈（浪花礁）、白峙仔（盘石屿）出发，先至南沙群岛的双峙（双子群礁），或者锣孔（马欢岛），需要分为中、东、西三条航行路线完成。其中，中线由双峙（双子群礁）南下，经铁峙（中业岛）、第三峙（南钥岛）、黄山马峙（太平岛）、南乙峙（鸿庥岛）、秤钩峙（景宏岛）五大礁匡，再经无乜线（无乜礁）、目镜（司令礁）、深圈（榆亚暗沙）、簸箕（簸箕礁）、铜钟（南海礁）、光星仔（光星仔礁），到达石公厘（弹丸礁）、五百二（皇路礁）、单节线（南通礁）和墨瓜线（南屏礁）等地。东线和西线又各分为上、下两路，均记载有出发点、途经的岛礁及终点。

（四）更路簿记载的里程

更路簿的一项重要内容是记录从一地到另一地的里程，这对渔民掌握航线和转向是至关重要的。如苏德柳手抄本记载“自真士去大横，用乾巽，六更”，短短十一个字，就记载了起点“真士”，目的地“大横”，针位“乾巽”，里程“六更”的航海信息。

我国古代传统的计程方法是：将一天一夜分为十更，一更等于两小时二十四分，一更为六十里。这种计程方法至迟在明代时就已使用，如明代黄省曾的《西洋朝贡典录·占城国第一》中载“海行之法，六十里为一更，以托避礁浅，以针位取海道”。生活在明末清初的顾炎武在《天下郡国利病书》中说：“更者，每一昼夜分为十更，以焚香支数为度，以木片投海中，人从船面行，验风之迅缓，定更数之多寡，可知航至某山洋界。”但是，对于一里相当于今天的多少里程却有众多不同的说法，主要有：

1. 古代计程的“更”不是一个单纯的计时单位，只能是个大概数字。

清代《台湾府舆图纂要·疆域》中记载：“台邑志云，海洋行舟，以筒漏实细沙悬之，沙从筒眼渗出，复承以筒；上筒沙尽、下筒沙满为一更，每更舟行四十余里。计鹿耳门至澎湖四更。樵书二编以日夜为十更，定焚香几支为度。船在大洋，风潮有顺逆，船制有利钝，法以木片投于船首海中，人从船首疾至船尾，木片与人齐至为准；先后则皆未合。夫大海洪涛之中，难以里计；六十、四十以数，亦约言而非确据矣。”清代人编写的《海国闻见录》中也记载：“每更约水程六十里，风大而顺则倍累之，潮顶风逆则减退之。”孙光圻先生认为：“作为海上计程的‘更’者，却不是一个单纯的计时单位，而是指一更时间内，船舶在标准的航速下所通过的里程。”[6]明代《西洋朝贡典录》记载六十里为一更，但“这一单位距离，只能是个大概数字，而且由于古代航程与今天航程差异甚大，故难以用今天经过科学测定的量程去套勘古代航海实践中的推算量程”[6]。

2. 四十海里、十海里、六十海里诸说。

有人认为“‘更’指路程，以后船不见前船桅杆谓之一更，风帆船约行 5 小时，航程大约十海里”[7]。也有人说，郑和下西洋时，“一更只有四十海里，大约合今 15 千米”[8]。航海学家张静芬先生引李元春《台湾志略》卷一记载：“每一日夜共十更，每更舟可行四十余里，而风潮有顺逆，驾驶有迟速，以一人取木片，赴船首投海中，即从船首疾行至船尾，木片与人齐至为准，或云人先木片至则为不上更，或木片先人而至则为过更，计所差之尺寸，酌更数之多寡，便知所行远近。”[9]这里的关键词是一更为四十余里。周伟民先生认为“至于更数，两者都是指在起点和终点之间航行的时间和距离。一天十更，一更六十海里”[10]。

古今的里数是不一样的。如明代的一尺只有 32.6 厘米[11]，一里只相当于现在的 489 米，而现在的一海里等于 1.85 千米，即三点七里。清代的一尺也只相当于今天的 32 厘米[11]，一里也就相当于今天的480米。那么，从“一更为六十里”到“一更为六十海里”的差距是可以想见的。笔者认为，周伟民先生的“一更为六十海里”的说法可能是笔下之误，一更不可能为六十海里，而只能相当于六十里。

笔者认为，古人计程的“更”不能是约数，更不能每更没有里程数，否则，计算更数就变得毫无意义。至于一更是多少里，要看在什么情况（如白天、夜晚，船的大小，顺风、逆风，海浪等一系列因素）下行驶，所谓的“约数”应是在六十里与四十里之间的约数，而不是毫无根据和随便的约数。

（五）航行的方向、航线上的方位和角度

航行方向、航线上的方位和角度是更路簿记载的核心内容。更路簿详细记载船只到达某一地点时使用什么针位、罗盘的指针角度、遇到什么情况时如何调整航向。如苏承芬祖辈传承抄本《更路簿》中记载：“自乙辛回安南山，用巳亥，廿余更，对西北。”这里的“乙辛”是指航行角度，“更”指路程，“对西北”指针位。苏德柳抄本《更路簿》第四章记载，舟在铜鼓岭开“用单丁加乙线未，五更取大洲，大洲外过用丁未平取赤好”，意思是“先用单针丁南偏西，然后过大洲用缝针丁未，西南偏西方向”[10]。《更路簿·驶船更路定例》又载：“如船外罗东过，看水醒三日，且看西面，船身不可贪东。前此船近西，不可贪西。海水澄清，并有朽木漂流，浅成挑，如见飞鸟方正路。”

（六）南海诸岛的名称

更路簿中记载（有的有草图）：“南海诸岛，尤其是西、南沙各个岛、礁、沙、滩、洲的名称约有120个……其中渔民对西沙群岛和南沙群岛习用的传统地名分别有33个和73个。”[12]据专家研究，“仅宋、元、明、清四代，记述南海诸岛石塘、长沙之类的文献、图集多达百种，叫法二十余种。其中，宋代有七种图集，五种叫法；元代有四种图集，三种叫法；明代有二十二种图集，八种叫法；清代有七十余种图集，二十一种叫法。不仅如此，还给南海诸岛、礁、沙、滩、洲起了许多形象生动的名字”[13]。这里面应该包括海南渔民更路簿的内容。更为可贵的是，南海的许多岛、礁、沙、滩、洲都是海南渔民按照自己的传统风俗习惯而命名的，这充分彰显了海南文化的地方特色。

1. 称岛和沙洲为“峙”。

譬如，西沙群岛的甘泉岛称为“圆山峙”或“圆峙”，珊瑚岛称为“老祖峙”或“老粗峙”，中建岛为“半路峙”[14]，金银岛为“尾峙”，黄岩岛称为“黄石峙”，太平岛为“黄山马峙”，南威岛称为“鸟仔峙”，等等。而闽南话称岛或沙洲为“崎”，意为山角、海岬，如“南澳气”用闽南话就称为“南澳崎”。“南澳崎”的意思是南澳岛最东南的崎头，后来讹为“南澳气”[8]。可见，海南话因与广东、福建渔民的方言不同，对南海诸岛的命名也不同。

2. 称暗沙为“沙排”或“线排”。

文昌渔民认为，小沙洲远看一条线，近看一片沙，于是把暗沙称为“沙排”或“线排”，如曾母暗沙就称为沙排。现在，陵水县新村镇新村港的疍民仍然把用木条搭建的养鱼池称为“鱼排”。

3. 将暗礁称为“线”“门”“孔”“石”“仔”等。

譬如，美济礁称为“双门”，五方礁称为“五孔”，毕生礁称为“石盘”。这些都是渔民根据暗礁的形状、大小而命名的。渔民称弹丸礁为“石公厘”，形容其小。“门”是根据这种暗礁的形状像门而得名。有水道可以进入潟湖，有数个小礁分布于其边缘的暗礁称为“孔”。退潮时露出水面的暗礁称为“石”，意指其坚如磐石。海南将不成熟的、年幼的称为“仔”，如猪仔、烂仔等。

4. 将环礁称为“圈”“匡”或“筐”，指形如筐子。

如称西沙群岛的华光礁为“大圈”，称玉琢礁为“二圈”，称浪花礁为“三匡”，称南沙群岛的榆亚暗沙为“深匡”。这些都来自海南渔民丰富的日常生活体验和细致观察，既形象又生动有趣。

5. 用天干地支命名。

如丑未、乙辛等，可能与罗盘的指针方位有关。在琼海潭门镇草塘村渔民苏德柳保存的更路簿中，第二篇记载渔民俗称地名65处。其中有一段如是描述：“自黄山马去丑未，用壬丙巳亥，三更收，对西北。自黄山马去牛厄，用乾巽，三更，对东南。”还有一段是：“自黄山马去劳牛劳，用寅申，三更，对西南。自黄山马去南乙峙，用壬丙，一更，对东南。”

6. 用具体位置命名。

如东头乙辛，即今南沙群岛中的蓬勃暗沙。

7. 用海南方言命名。

如无乜（音灭）线，即无乜礁。

8. 用颜色和特产命名。

如赤瓜线，指今南沙群岛中的赤瓜礁；墨瓜线，今南沙群岛中的南屏礁；干豆，即今西沙群岛中的北礁。

9. 用岛礁形状命名。

用岛礁形状命名的岛礁最多。如鸟串，即今南沙群岛的仙娥礁；双担，即今南沙群岛的信义礁；锅盖峙，即今南沙群岛的安波沙洲；秤钩，即今南沙群岛的景宏岛；眼镜，即今司令礁。另外，还有红草峙、罗孔、鲎藤、鱼鳞、裤归、铜锅、簸箕、铜钟、锣孔（又称大锣孔）和石龙等。

10. 用水道数目命名。

如四江门，即今西沙群岛的晋卿岛；六门，即今南沙群岛的六门礁。

11. 用数字命名。

如四八岛，即今西沙群岛中的永乐群岛；五百二，即今皇路礁。

更路簿中还有渔民的渔场、海流、流向、出航适宜的时间等的记载。如琼海市潭门镇资格最老的船长王诗桃保存的更路簿中记载："浮水洲渔场，自白马角架宾申更驶十二更，船驶二十四小时可至，水深二十八手……琼州行船，初十二三子丑时流东，辰时流西。"

三、更路簿起源时间的探讨

如前所述，古代海南渔民每家都有一本更路簿。因为世代口头相传和纸本抄写等原因，流传至今的绝大部分都是清代晚期至民国时期的，而且皆没有固定和统一的文本和格式。一代一代的渔民都在不断总结经验，对文本进行修改、补充和完善，使针位、更数更加准确，内容也更加全面和丰富。

（一）海南渔民更路簿的产生

更路簿最早起源于何时，史书没有明确记载，迄今为止有多种说法：（1）"海南渔民首创的南海更路簿形成于郑和下西洋之前的明初，盛行于明中叶、清代及民国初期"[10]；（2）"开始形成于明代中期，完成于清代"[5]；（3）"现存的更路簿约成书于清代康熙末年"[3]；（4）南海研究专家李国强先生的说法与此类似，他说更路簿的"成书年代大约在康熙末年（即18世纪初期），有些可能在明代形成"[12]；（5）"海南渔民的更路簿可能孕育于明代，因为当时海南岛渔民在西沙、南沙群岛一带捕捞生产。16世纪葡萄牙人出版的地图把西沙群岛的永兴岛称为'Paxo'，这正是从海南岛渔民的更路簿称永兴岛为'吧峙'音译过去的，但至迟在18世纪初（清初）就已出现，到19世纪中叶，趋于成熟，定型成书，此后世代流传至今"[13]。还有一些传说和推测可说明更路簿的最早年代：一是海南渔民的更路簿是明代三宝公郑和下西洋时（1405—1433年）传下来的；二是有专家推测，郑和当年极有可能请长期在南海捕捞的老渔民当海上向导。这可以说明，更路簿至少在明初已经形成[①]。

上述几种观点都可能成立，究其原因，主要是更路簿的产生年代缺少文献记载和佐证材料，研究者都是依据现存文本推测的。笔者认为，如果追本溯源，它的产生年代可能会更早，甚至在宋元时期已有。这是完全有可能的，主要理由有：一是早期的更路簿未必像清代的那样完善；二是渔民出航时带到船上，容易丢失，也不便于长期保存；三是渔民靠记忆和口头世代相传，所以难以见到早期原始的或纸质的更路簿。而且，它的形成必须具备下述几个条件。

1. 海南渔民经常在西沙和南沙群岛海域捕鱼生产。

更路簿主要记载的是从海南岛前往西沙和南沙群岛的远航海域。如果在近海或浅海海域航行，可依靠昼观太阳、夜观北斗或观察岸上的灯塔、山脉等，就不需要用更路簿计更。笔者近几年采访了陵水、三亚、儋州、昌江等地的渔民，问他们为何不到西沙和南沙群岛捕鱼。他们都说，自己的船小，只能在三十海里的范围内捕鱼，一旦台风来了就能够很快靠岸。所以，在陵水、三亚、儋州、昌江等地的渔民中很少有人有更路簿。如果是偶尔往西沙和南沙群岛海域一两次，也不需要使用更路簿。渔民只有在远航且经常往返于西沙和南沙群岛海域时，才有记住航线的必要，迫切需要用文字记录下来。

2. 造船和航海技术必须达到一定的水平。

渔船必须有克服大风大浪、在深海中较长时间航行的能力，才能远途往返南海诸岛而不需要靠岸补给。

3. 口头传承已不能适应社会需要。

使用文字和图纸记录才能满足长期往返和世代传承的需要。更路簿过渡到成熟时期，即用纸或布帛书写，这可能证明此时到西

① 据文昌铺前港老渔民蒙全洲的说法整理。

沙和南沙群岛海域捕鱼的队伍不断扩大，或人数更多，大家才相互传抄。

4. 在指南针发明以后。

渔民的更路簿是和指南针配合使用的，一个用来测量角度和指引方向，一个用来计算更数，在深海航行时二者缺一不可。利用指南针进行海上导航的最早文字记载出现于北宋宣和元年（1119 年）朱彧所著的《萍州可谈》："舟师识地理，夜则观星，昼则观日，阴晦观指南针。"朱彧之父朱服在元符二年（1099 年）至崇宁元年（1102 年）在广州任知府，朱彧根据其父见闻撰成此书，很可能表明指南针最早在南海渔民中率先使用。南宋时的赵汝适在《诸蕃志》[①]中的记载更加详细："舟船往来，唯以指南针为则，昼夜守视唯谨，毫厘之差，生死系矣。"据专家考证，至迟到南宋时，指南浮针已演进成为水浮式磁罗盘，即针盘，"随着针盘的广泛应用与经验积累，元代海员已掌握从一地航行到另一地的转向针位点技术，这些针位点的集合，叫作针路，也即针位航路"[6]。明确记载元代南海航行的渔民使用了针位技术的是元代人周达观。他在《真腊风土记》中的描述，即"自温州开洋，行丁未针……到占城"，"又自真蒲行坤申针，过昆仑洋入港"，都是按照针路指引航路。由此可知，既然至迟在元代时来自福建、广东的渔民在南海航海时都使用了针位技术，那么，在海南岛周边海域的渔民也应该使用和掌握了这种技术。

（二）海南多数渔民的来源

众所周知，海南是移民岛，海南渔民的祖先绝大多数在南宋时

---

① 赵汝适的《诸蕃志》是在嘉定至宝庆年间（1208—1227 年）他任福建路市舶提举时，于 1225 年根据任内采访所得撰成。上卷主要记载东海航海国家，下卷记载物产，末尾附《海南地理志》。

期从福建莆田迁来①，“大多数海南人的祖先是从福建沿海岸线南下，经汕头、阳江、电白和雷州半岛而到达海南的”[15]。他们中的绝大多数原本就是渔民，他们驾舟捕鱼来到琼州后，一些在海南岛东部海域、港湾、港口捕鱼，落籍海南，一些沿琼州海峡向西，在北部湾捕鱼，后来落籍海南岛西部沿岸，还有的居住在海南最大的河流南渡江两岸。此江因“宋室南渡”，故名南渡江。海南岛东岸从今海口港（宋代称“神应港”）到文昌铺前港、清澜港，琼海潭门港等，大都形成于宋代，繁荣于明朝，如潭门港有石碑记载形成于南宋。现在，不但这些港口的渔民都说他们是来自福建莆田，皆以来自莆田的姓氏为正宗，而且在海南岛西部的渔民也以来自福建莆田为正宗。所以，当时的航海技术很有可能是这些渔民落籍海南岛时带来的或形成的。

琼海潭门港也有近千年的历史，居住在港口附近的渔民祖上也都是福建移民，至今还保留有许多闽南风俗，如女孩子的名字加“娘”以示尊称。潭门镇福田村有一座圣娘庙，内祭祀妈祖，对联曰：“福运亨通圣恩保佑，田畴丰稔娘惠扶持。”庙内现存一通石碑，碑文记载该庙创建于南宋德祐二年（1276年）。按照琼海市潭门镇一位老船长许书琳的“代代相传的说法”，“第一个到南海捕捞的海南人是符再德，那是元代至元二十三年（1286年），但他没有后代，是当地渔民一代一代这么往下传说的”[10]。

刊刻于明嘉靖十六年（1537年）的《渡海方程》中已有水路簿（又称更路簿）的记载，因此，专家考证后认为“《渡海方程》是中

---

① 据笔者长期在海南农村的调查，85%以上的人都说祖先来自莆田，海南的族谱也绝大多数记载了宋、元、明、清从莆田迁来的始祖，称为“迁琼始祖”或“过（渡）琼始祖”。

国第一本刻印的水路簿，而且是根据郑和下西洋之前的一些水路簿编纂成的”[10]。《两种海道针经》包括《顺风相送》和《指南正法》①。卒于明崇祯十三年（1640 年）的张燮在《东西洋考》中称“舶人旧有航海《针经》”。于是，专家考证后推测，《西洋朝贡典录》中所载的“针位”②，取材于《针位》一书，很可能就是郑和下西洋时舟师所用的，或其后整理出来的“针簿”。这说明海南渔民的更路簿与水路簿有一脉相承的关系。据记载，福建莆田某家有一本清初的水路簿，版式规格为横 26.5cm，竖 20.5cm。扉页定有“水路簿”，封面为浅墨色粗麻布丝的装饰，书名新写为《清朝航海志》，手抄总页数为 178 页，字数约为 45000 字。从其手抄本中看出，有 4 种不同的手抄笔迹。抄本中有水路系、水路方向及水路地点等，其中有大量妈祖标志性地点与地名，共 50 多处。1956 年在上海发现一册民间用的古海图抄本，成于清初，但水路簿是早于这个图本的。从记载的内容来看，该水路簿主要是东南沿海渔民驶往东海、台湾一带的记录。另外，友人告知，泉州海交史博物馆王某也有几本针路簿③。看来在清代，并非仅海南渔民才有更路簿，我国东南沿海的渔民可能都有更路簿，只是名称不同而已。

① 向达校注本，收入中华书局“中外交通史籍丛刊”，2000 年 4 月出版。
向达（1900—1966 年），土家族，湖南溆浦人，字觉明，笔名方回、佛陀耶舍。1919 年考入南京高等师范学校，1924 年后任商务印书馆编译，1935 年秋到英国牛津大学博德利图书馆工作时发现《两种海道针经》抄本，遂抄写，并于 1938 年带回国内。该书封面有“顺风相送”四字，副页上有牛津大学校长劳德大主教于 1639 年所赠的拉丁文题记。著者姓名不详。向达在 1961 年出版《两种海道针经》，其中包括《顺风相送》。经过几十年来的研究，绝大多数专家认为，该书与郑和七次下西洋有关，于 15 世纪初（即明朝初年）完成编写。

② 针位又称“针路”，总名针经，类似于现代的航海指南。《针位》一书已失传。

③ 2015 年 6 月 26 日至 28 日，南海海洋文化研讨会后，海洋出版社刘义杰先生提供了此线索。

由此可见，当福建渔民远航南海并落籍海南岛时，自然就会把福建的风俗习惯、造船和航海技术带来海南。必须指出，既然他们已经落籍海南，其更路簿就成了海南渔民的更路簿，而不再是福建渔民的更路簿。笔者这样论述，并不是贬低海南渔民对更路簿的创造和对南海航海的重要贡献，而是为了追根溯源，探讨它的来历和渊源。

（三）宋元时期的南海航海技术

宋元时期是我国造船与航海的辉煌时期，航海技术取得了重大突破，特别是指南针发明之后在南海航行中得到应用和推广。当时在南海航行主要依靠指南针指引航路，所以被称为“针路”，记载针路的专用书便称作“针经”“针谱”或“针簿”[①]。从海南渔民更路簿的丰富内容和基本格式角度分析，更路簿不像是早期的文本，而是比较成熟的文本，此前应该有更为原始的草创本。从人类航海知识的积累和航海技术的发明角度分析，更路簿里记载的许多内容需要长期的、集体的积累过程和丰富的实践经验，渔民对南海的水深、风浪、海流、路线等情况有比较成熟的了解和掌握，烂熟于心，并一代一代地传录下来。这绝不是单凭个人的探索就能达到的成就，这一过程应该经过了上百年的发展历史。

至于更路簿是先有文字性的记载，还是先有渔民将某些关键的位置标绘出来，再逐渐地形成航海图[②]，也是一个值得探讨的问题。笔者认为，二者应该是同步的。因为渔民在航海的过程中，既需要把某一个位置或有记忆特征的点线用文字记录下来，以便更好

① 参见《南海航海史·宋元时期的航海》，待出版。

② 航海图可分为两大类：一是宏观的海洋地图，它所绘制的只是航行目标的大体方位，如广州到印尼之间的海洋图，这类图对渔民所起的导航作用不大，因此，渔民并不需要这类的航海图。二是微观的海洋地图，渔民的航海图属于第二类，它不需要绘制海洋面貌，而主要绘制航线和航行过程中看见的景物，如与海上航道相关的岛礁、水流、碍航物等地文和水文环境，以供船舶航行时使用。

地记住它们，也需要通过简单的勾勒来使一些特征更加清晰直观，于是直接在图旁标注文字，形成文字和图皆备的图册。如我国能见到的时代最早的航海图，是明代的《海道经》中的一幅元代的《海道指南图》。航海图对于航海者来说也是至关重要的，从更路簿保存至今的航海图和文字记录来看，其时间前后的差别不大。

南海的西沙和南沙群岛海域是世界上航海风险极大的海域，稍有不慎就会船翻人亡。专家推测，在南海诸岛附近的历代沉船至少有千艘以上，古代人每一次进入这片海域都是与死神的一次较量。所以，海南渔民每一次远航西沙和南沙群岛海域，都会留下刻骨铭心的记忆，并传给后人，哪怕是最简单的口传或文字记录也应该有之。这可能就是早期的或原始的更路簿。

四、海南渔民对南海航海的重要贡献

1. 海南渔民的传统习俗命名法对我国南海及南海诸岛命名有重要贡献。

外国人来到这些岛屿时，这些岛屿就被他们用拼音或按字意写成英文，如“秤钩峙”译为“Sit Cowe”，“南乙峙”译为“Nam Yit”。海南渔民对南海诸岛的命名，为《联合国海洋法公约》规定的最早发现、最早在此生活、最早命名、最早开发经营和管理提供了强有力的证据。

民国时期，国民政府曾多次审议和公布南海诸岛的标准名称。1933 年 6 月，国民政府公布了《关于我国南海诸岛各岛屿中英地名对照表》。这是中国政府对南海诸岛的第一次“标准化”命名，将南海诸岛明确区分为 4 个部分：东沙岛、西沙群岛、南沙群岛（今中沙群岛）和团沙群岛（亦称珊瑚群岛，今南沙群岛）[16]。1934 年 12 月，国民政府再次公布了《关于我国南海诸岛各岛屿中英地名对照表》，列出了132个岛礁、滩洲的名称，多数名称沿用海南渔民的命名。1947年1月16日，国民政府决定“西、南沙群岛，仍属广东省政府管辖，俟海南特别行政区奉准成立后，即归该区统辖。目前则暂由海军管理”。同年5月，国民政府行政院正式命令海军暂时代管西沙、南沙群岛行政工作，海军总司令部据此分别设立“西沙群岛管理处”和“南沙群岛管理处”。1947年4月12日，国民政府为了纪念我国收复南海诸岛，“遂以执行任务的‘太平’‘中业’‘永兴’和‘中建’这四艘军舰的舰名，来命名西沙、南沙群岛中4个较大的岛屿。即将南沙第一大岛原名‘长岛’的命名为太平岛；原称‘三角岛’，又名‘铁山峙’的，改称为中业岛。在西沙群岛中，原名‘林岛’，又名‘武德岛’，其面积有1.85平方千米的大岛，命名为永兴岛；原名‘螺岛’，又名‘半山峙’的，改名为中建岛。更名于1947年3月经国民政府批准。太平岛现仍由台湾军队戍守”[17]。可见，海南渔民在更路簿里对西沙、南沙群岛的命名，是当时国民政府对南海诸岛命名的重要依据。

又如锣孔岛，海南渔民称之为“大锣孔”“锣孔”，位于南沙群岛北部，费信岛以南约五海里处，1935年国民政府将其更名为“南山岛”。马欢曾3次随郑和下西洋，担任郑和的翻译和外交官，回国后著有《瀛涯胜览》一书，是我国明初著名的航海家。为了纪念他的历史功绩，1947年和1983年我国政府公布将锣孔岛改称为马欢岛。

锣孔仔岛位于南沙群岛北部，马欢岛以北约五海里处。1935年国民政府公布其名称为“扁岛”。1947年和1983年，为纪念明代跟随郑和下西洋的费信，该岛更名为费信岛。景宏岛是九章群礁中面积最大的岛屿，为纪念随同郑和下西洋的副使王景宏而得名。

2. 海南渔民创造了南海海洋文化。

海南渔民以海为田，祖祖辈辈不辞劳苦在西沙和南沙群岛海域从事捕捞活动，在岛礁、沙滩上从事盖房、建庙、植树等生产建设活动，给南海海洋文化增添了光彩。他们在长期对大自然的探索中，养成了一种“外向性、开放性、冒险性、崇商性、多元性”[18]的品质和精神，把南海（尤其是西沙和南沙群岛海域）称为自己的“祖宗海”[19]，为守护、经营开发和建设南海做出了重要贡献。这是海南渔民对中华民族和南海文明做出的宝贵贡献。南海中有的岛礁是为纪念海南渔民的这一历史功绩而命名的，如潭门礁（北纬5°04′，东经112°43′）位于琼台礁东北约三海里，是为纪念海南琼海潭门港渔民多次到南沙捕鱼作业而命名的，1983年我国政府公布其为标准名称。

3. 海南渔民更路簿的价值和意义。

我国古代文献记载的航海技术多为航海家、官员、文史家、科学家等研究整理而成，如明代郑和下西洋时的马欢是翻译员，费信是朝廷的官员。又如，吴朴所著的《渡海方程》被称为我国第一部刻印水路簿，比欧洲第一本水路簿《意大利口岸簿》早47年[20]。吴朴曾在嘉靖年间从征安南，凭借他对东西洋的熟悉和丰富的航海经验，“尝备考海道”，终成《渡海方程》一书。明代的《针位》一书也很可能是郑和下西洋时舟师所用的。但是，海南渔民的更路簿则是民间集体创作的。尽管他们中的许多人可能根本不识字，也没有受过专业的训练，但更路簿是其祖祖辈辈对南海航海知识和实践的积累，有的人甚至为此付出了生命。所以，与官方的针路簿相比，更路簿可能存在着用语不规范、格式不统一、内容不完善等缺陷，但它的准确性、可靠性却是毋庸置疑的，对于证明我国在南海的主权，对于我国古代航海技术史研究均具有重要意义。

参考文献：

[1] 张钺. 南海古航海图《更路簿》重见天日[N]. 中国文化报，2011-11-22(2).

[2] 向达. 两种海道针经[M]. 北京：中华书局，2000.

[3] 黎国器. 万泉河传[M]. 广州：中山大学出版社，2012：233.

[4] 张一平. 南海海上丝绸之路的地位和影响[M]. 广州：暨南大学出版社，2012:50.

[5] 赵全鹏. 我国历代渔民在南海诸岛上的活动[J]. 新东方，2011(3)：20—24.

[6] 孙光圻. 中国古代航海史[M]. 北京：海洋出版社，2005.

[7] 张军社，祖新，俞翔等. 《更路簿》：中国人用生命换来的南海航海经[EB /OL]. [2012-07-19]. http://news.ifeng.com/mil/history/detail_2012_07/19/16144380_0. shtml.

[8] 周运中. 南澳气、万里长沙与万里石塘新考[J]. 海交史研究，2013(1)：35—43.

[9] 张静芬. 中国古代的造船与航海 [M]. 北京：商务印书馆，1997：237.

[10] 周伟民. 更路簿形成、盛行和衰亡的年代及其性质、用途[J]. 海南大学学报(人文社会科学版)，2015(2)：34—41.

[11] 丘光明. 中国历代度量衡考[M]. 北京：科学出版社，1992.

[12] 李国强. 南中国海研究：历史与现状[M]. 哈尔滨：黑龙江教育出版社，2003.

[13] 林金枝. 中国最早发现、经营和管辖南海诸岛的历史 [M]//吕一然. 南海诸岛：地理·历史·主权. 哈尔滨：黑龙江教育出版社，1992.

[14] 韩振华. 我国南海诸岛史料汇编[M]. 北京：东方出版社，1988:2.

[15] 王俞春. 海南移民史志[M]. 北京：中国文联出版社，2003:14.

[16] 房建昌. 近代南海诸岛海图史略[J]. 海南大学学报(人文社会科

学版），2013(4)：21—37.

[17] 梁宝森. 收复南沙群岛亲历记[N]. 羊城晚报，2012-06-30(B10).

[18] 司徒尚纪. 中国南海海洋文化[M]. 广州：中山大学出版社，2009: 7.

[19] 阎根齐. 论海南岛在古代“海上丝绸之路”中的地位和作用[M]//赵康太，王晓. 海上丝绸之路建设与琼粤两省合作发展. 海口：南方出版社，2014：254.

[20] 刘刚，李冬君. 中国的航海时代——从郑和下西洋到吴朴著《渡海方程》[J]. 人物，2011(9)：74—77.

（阎根齐，海南大学社会科学研究中心研究员，主要从事海南历史文化、南海历史、黎学等研究）

第六节　闽粤针路簿与海南渔民更路簿的比较研究

明清时期，福建、广东和台湾一带的航海者将航海指南称为“针路簿”，海南渔民多称为“更路簿”，名称不同代表着不同的航海区域、航海技术和时间。针路簿是航海者（包括商船、运输船）的航海指南，更路簿则是海南渔民的捕鱼航路指南。早期针路簿从航海图发展而来，更路簿是针路簿的传承。

福建、广东和台湾一带的针路簿与海南渔民的更路簿既有联系，又有区别，是不同时代、不同地域产生的航海指南。

一、针路簿与更路簿的名称与种类

自北宋指南针应用于航海之后，往返南海的帆船便进入了计量航海时期，即“舵工定针路而视所向用字也”[①]。之后便产生了用于航海的工具书，即《海道针经》。明清时期，福建一带的航海者将其称为“针路簿”，海南的渔民则多称为“更路簿”，当然还有广东、台湾等地的航海指南。每一地的航海指南名称不同，表明航海者航行的区域、使用的技术、时间的早晚也各不相同。通过这些形形色色的名称和种类，我们可以得出一些规律性的认识。

① 周玺：《彰化县志》，大通书局有限公司，1995 年版。

（一）早期针路经书的名称

从史料记载来看，元代人徐泰亨的《漕运水程》“很可能是我国古代最早的海道针经”①，船舶出海“全以指南针为信，认定方向，随波上下，曰针路”。明朝郑和下西洋时，也有针路的文本，如随郑和第七次下西洋的巩珍，在其《西洋番国志》的序言中说：“惟观日月升坠，以辨西东，星斗高低，度量远近。皆斫木为盘，书刻干支之字，浮针于水，指向行舟。”“书刻干支之字，浮针于水，指向行舟”，应该是类似针路的文献，但不知是什么书名。明永乐十九年（1421年）始绘的《郑和航海图》称之为《山为微簿》，该文中所谓的“山”，实是指海上的岛屿，故亦称为《微型岛屿簿》②。“尹绶是《顺风相送》等明代海道针经的最早的作者之一，其他的或许都来源于永乐元年尹绶编绘的《海道针经》。”③《顺风相送》的序中记载：“永乐元年（1403年），奉差前往西洋等国开诏，累次较正针路，牵星图样，海屿水势山形图画一本山为微簿。”《顺风相送》首页（即序）中提及《罗经针簿》。明末清初顾炎武在《天下郡国利病书》中称“相传有《航海针经》”。

（二）福建民间的针路经书

福建民间的航海指南，有的称“针经”或“针簿”，有的开始时并没有书名，后来经研究者整理或注译，便有了文雅而妥帖的名称。1935年，向达先生在英国牛津大学博德利图书馆发现了两本有关航海指南的书，这两本书后经向达先生校注，分别以《顺风相送》和《指南正法》命名，并以《两种海道针经》为书名出版。《顺风相

① 刘义杰：《海道针经述论》，引自王崇敏：《南海海洋文化研究》，海洋出版社，2015年版，第33页。

②③ 张荣，刘义杰：《〈顺风相送〉校勘及编成年代小考》，载《国家航海》，2012年第2期。

送》大约成书于明万历年间，是迄今为止传世的最早的海道针经。《指南正法》成书于清初，有人认为成书于清康熙二十四年（1685年）之后[①]。浙江晋江地区（近年有媒体报道说，在温州地区出现过水路簿之类的航海工具书）沿海也有“海底簿”[②]的称谓。

（三）台湾的针路经书

台湾的航海指南有的称“水镜”，有的称“洋更”，如清代雍正末年李元春纂修的《台湾志略》记载：“通洋海舶，掌更漏及驶船针路者为火长，一正一副，各有传抄海道秘本，名曰《水镜》。”《澎湖志略》也说：“舟子各洋皆有秘本，云系明王三保所遗，名曰《洋更》。”[③]

（四）海南渔民的更路簿

海南渔民的更路簿迄今已发现24本之多，主要集中在琼海市潭门镇的渔民手中。笔者近几年调查发现，不仅琼海市的长坡镇，文昌市的铺前镇、东郊镇、清澜镇等地有更路簿，就连海南岛西岸的儋州市海头镇、昌江县海尾镇也有更路簿，据说琼海市博鳌镇、陵水县、三亚市的沿海渔民也有，名称种类繁多。就其种类而言，主要有如下几种。

1. 祖传、家藏本与手抄本。海南渔民的更路簿种类主要有更路簿（主要记载更路）、水路簿（主要记载水路）、流水簿（主要记载水流）、更流簿（既有更路，又有水流）等。这几种更路簿虽然名称不同，但记载的内容大同小异，皆是记载从哪里出洋、到哪里的水路航线，但流水簿与更路簿记载的侧重点不同，也有的称为“更路经”，如冯泽明藏本。

---

① 陈佳荣：《〈指南正法〉完成年代新证》，载《国家航海》，2014年第2期。

②③ 庄为玑：《古刺桐港》，厦门大学出版社，1989年版，第25页。

周伟民、唐玲玲在整理、编辑、出版这些针路经书时，加上了持有人的名字，并注明是手抄本（简称抄本）、家藏本（简称藏本）或祖传本。如彭正楷抄本《更路簿》、冯泽明藏本《更路簿》，至于苏承芬祖辈传承抄本《更路簿》，则可以简写成祖传《更路簿》。笔者理解，所谓“祖传本”应是指这本更路簿已经流传了许多代，一般至少从祖父开始就有了，这种本子传世时间较长，至今至少有100年的历史。“家藏本”一般理解为家里所藏，可能已不知是世传还是抄自别处，一般时代也较早。“手抄本”应该有的抄自家里祖传，有的抄自别人家的，有的也经过自己或后代的补充、修改和完善，多数时间较晚。

笔者所见的几本时代比较早的更路簿都有这种现象：封面一般只有“更路簿”三个字，正文竖行，小楷毛笔字，按条目编写，没有页码标号，草质纸。正文书写完后还留有几页空白纸，有的还划上几道横线，后世的人可以在横线内继续书写内容，有的一直写至现代，但可以辨认出前面和后面的笔迹、字体是不一样的。如琼海市潭门镇草塘村委会上教村黄家礼祖传本《驶船更流簿》和琼海市长坡镇陈泽明藏本《更路簿》等就有这种现象。也有在上面直接更改的现象。说明这些更路簿都经过一代一代的补充、传抄、修改和完善，流传至今。一般这样的更路簿初次书写的时间较早，记载的更路较多，内容比较丰富。

2. 以驶往岛礁和海域命名的更路簿，如麦兴铣存在《注明东、北海更路簿》，蒙全洲口述、麦穗整理本《去西、南沙水路簿》，陈永芹抄本《西、南沙更路簿》，李根深藏本《东海、北海更路簿》，书名里所谓的东海，指西沙群岛及其附近海域，北海指南沙群岛及其附近海域。

3. 以罗盘针位命名的更路簿，如郁玉清抄藏本称为《定罗经针位》。

4. 以文雅名字命名的更路簿，如王国昌抄本《顺风得利》等。海南渔民的更路簿有的在第一页或封面上并没有名字，有可能自己使用，不需要命名，或许这就是所谓的“秘本”。所以《顺风得利》可能不是原名，后人在整理时加上了这样文雅的名称。有的在“更路簿”前面加上了“南海”二字，应该是现代人所加，如《南海更路经》《南海水路经》《南海定时经针位》。

5. 以“更路志录”“须知”等名字命名的更路簿，如郑庆能藏本《广东下琼州更路志录》《琼岛港口出入须知》《琼州行船更路志录》等三本更路簿皆属此类。其他还有以自己名字命名的手抄本更路簿。至于航海者使用的航海图，不应归入更路簿之内。

6. 口述更路簿，俗称“更路传”。古代许多船长和水手并不识字，他们全凭顽强的记忆力，在脑海中记录下远航西沙和南沙群岛及其附近海域的每一条航路，一代一代地传下来，如蒙全洲口述、麦穗整理本《去西、南沙水路簿》。蒙全洲为今文昌市铺前镇人，1884年生，15岁起跟父亲到西沙、南沙捕鱼。他后来任火表（管罗盘）。祖父蒙宾文在清嘉庆年间（1796—1820年）到西沙、南沙捕鱼。父亲蒙辉联在咸丰年间（1851—1861年）到南海捕鱼。六位叔伯都以到南海捕鱼为生，他们全家都是渔民[①]。他的这部《去西、南沙水路簿》就是由他本人口述，麦穗整理的。2015年9月，笔者在琼海市潭门镇对渔民协会会长丁之乐进行访谈时，丁之乐讲述了其爷爷不识字，也没有更路簿，就是全靠记忆在1939年驾驶一艘小帆船从大潭港（今潭门港）出发到新加坡，1950年回来时带回4艘大帆船。琼海市潭门镇上教村渔民卢业发回忆说：“当年渔船上只要有罗盘就行，更路簿都在船长脑子里！”文昌市龙楼镇红海村人符

---

① 周伟民，唐玲玲：《南海天书——海南渔民“更路簿”文化诠释》，昆仑出版社，2015年版。

用杏也说，“虽没有更路簿，但他对一些主要线路的更数都能熟记。”[①]

（五）地方文献等涉及的更路记载

明万历四十五年（1617 年），福建漳州人张燮编写的《东西洋考·凡例》中记载：“舶人旧有航海《针经》，皆俚俗未易辨说，余为稍译而文之。”[②]可见，他也参考了民间的航海资料。“明嘉靖时人黄省曾编撰《西洋朝贡典录》，在西洋各国中均有‘针位’，但黄省曾不谙海道针经，故其所转录针位，均以己意加以修饰，失去了海道针经的本意，其所参考之《针位》，亦值得怀疑。”[③]清康熙二十二年（1683 年）程顺则获得福建航海家赠送的“航海针法一本”，便据此编辑成书，他说：“旧本原曰《针簿》，嫌其俗也，今改为《指南广义》。”在其所录的针路中，有来源于明洪武年间移居琉球的闽籍航海家流传下来的《针本》，有的来源于历朝册封使记录的《针簿》。

通过上面的举例可以看出，福建、台湾一带的航海指南册子，尽管有各种名称，但记载内容的核心是针路，这种本子多称为“针簿”或“针路簿”“针路经”，因此可以统称为针路簿。海南渔民的更路簿突出记载的是更路。这两种航海指南方面的书既有联系和传承关系，又有区别，体现了各自的地方文化。

二、针路簿的来源和产生时代

笔者认为，在针路簿产生以前，航海者主要使用的是航海图，

① 周伟民，唐玲玲：《南海天书——海南渔民“更路簿”文化诠释》，昆仑出版社，2015 年版，第 104 页。

② 张燮：《东西洋考》，中华书局，2000 年版，第 20 页。

③ 刘义杰：《海道针经述论》，引自王崇敏：《南海海洋文化研究》，海洋出版社，2015 年版，第 36 页。

针路簿应源于航海图。这里有两个文献资料，皆出自北宋时期，其一是宣和四年（1122年）时任奉议郎的徐兢等人受宋徽宗派遣，从明州港（今浙江宁波港）出发到高丽，回来后写的《宣和奉使高丽图经》记载的是航行于东海的航线。另一条是通过南海驶往东南亚诸国的航线，也用航海图。如赵汝适在任福建路市舶提举时，于南宋宝庆元年（1225年）撰《诸蕃志》，他在序中说："汝适被命此来，暇日阅《诸蕃图》，有所谓石床、长沙之险，交洋、竺屿之限。"市舶提举的职责是管理港口贸易，经常与外国商人打交道。上文说明他在写该书时，曾阅读过《诸蕃图》。可见，至少从南宋时，我国航海者已绘制有南海航海图，因此《诸蕃图》被专家认定为我国最早的南海航海图。

《渡海方程》已属于针路经的书，明代海宁人董谷在《碧里杂存》中说道："其书上卷述海中诸国道里之数，南自太仓刘家河，开洋至某山若干里，皆以山为标准。海中山甚多，皆有名，并图其形，山下可泊舟或不可泊皆详备……直至云南之外忽鲁谟斯国而止，凡四万余里。且云至某国，回视牵牛星，离地则二寸矣。"可见，《渡海方程》主要参考了当时海中诸国的图形编制而成，也是我国迄今所知时代最早的针路经书。

《顺风相送》的成书时间迄今有12种说法之多，基本上涵盖了从明初到明末的整个明代。因该书是由劳德大主教于1639年赠送给英牛津大学博德利图书馆的，故其完成年代肯定在此之前。近几年专家基本上都认为，该书"承继了宋元之际尤其是明初以前的航海经验，如元代周达观的《真腊风土记》及明初的《海道经》，并不断修订、增删各种更路图簿而成"。该书对永乐十九年（1421年）始编的《郑和航海图》和吴朴于嘉靖十六年（1537年）所撰的《渡海方程·海道针经》也有所参考，属于时代最早的针路经书之一。

航海图之所以早于文字记录形式出现，主要是因为航海图便于航海者直观地查看地理、方向和位置所在，而文字性的记录（即针路经书）则是以文字的形式记录航海路线。中国的航海图，并不仅仅将海域和岛礁标明在图纸上，而是有大量的文字记载，如出洋航行的始发港、山形水势、风向、停泊港、航行时间、可否通舟等内容。因此，有些航海图其实就是早期的航海指南。明代早期的《郑和航海图》[①]中也有大量的文字记述，其叙述方法也与针路簿近似，如《郑和航海图》从满剌加回航太仓的一段记载："满剌加开船，用辰巽针，五更，船平射箭山。"所不同的是，图是以对景写实式的图片为主，而针路簿则是以文字叙述性的航路指南为主。

经专家考证，吴朴所著的《渡海方程》是我国时代较早的针路簿版本，其内容基本上是以前航海技术的总结性成果[②]。明代的吴朴（1500—1570年）曾随林希元从征安南，受任参军。安南平后，吴朴被关进监狱，在狱中完成《渡海方程》《东南海外诸夷》等书。他在编写《渡海方程》（嘉靖十六年，即1537年出版）时曾自言"吾尝备考海道"，在福建沿海等地考察，与商人、船工为伍，搜集了大量的航海资料，其中也有郑和下西洋的航行资料和民间各种水路记录手册，并加以整理和订正。

史学界公认《渡海方程》为中国编著时代最早的航海指南方面

---

① 专家考证，《郑和航海图》是明宣德五年（1430年）郑和最后一次下西洋传下来的航海图，被收录在明代茅元仪编辑的《武备志》（1628年呈送给崇祯皇帝）中，"在中国地图学史上，就海图而言，这算是最早的了"。见向达校注：《郑和航海图》，中华书局，2000年版，第4页。

② 刘义杰：《海道针经述论》，引自王崇敏：《南海海洋文化研究》，海洋出版社，2015年版，第38页。

的书，同时代人董谷在《碧里杂存》中记载："其书上卷述海中诸国道里之数，南自太仓刘家河，开洋至某山若干里，皆以山为标准。海中山甚多，皆有名，并图其形，山下可泊舟或不可泊皆详备……直至云南之外忽鲁谟斯国而止，凡四万余里。且云至某国，回视牵牛星，离地则二寸矣。"《顺风相送》首页（即序）中也有一段记载："永乐元年（1403 年）奉差前往西洋等国开诏，累次较正针路，牵星图样，海屿水势山形图画一本山为微簿。"这证明船舶在出洋之前，除了要有针路簿之外，还要有牵星图、航海图。这些航海技术海南渔民不是不用，而是已将罗盘、航海图和更路簿这三件宝并行使用，缺一不可。

早期的针路簿大都出自航海者之手，并经研究者和官宦著录，如《西洋番国志》的自序记载："经月累旬，昼夜不止。海中之山屿形状非一，但见于前，或在左右，视为准则，转向而往。要在更数起止，记算无差，必达其所。始则预行福建、广、浙，选取驾船民梢中有经惯下海者称为火长，用作船师。乃以针经图式付与领执，专一料理，事大责重，岂容怠忽。"这说明郑和航海时，确实带有如针路簿一样的手册，但可惜未见该书的名称。

《指南正法》把"更数"排在了"针路"的前面，如在序中说："自天朝直隶至太仓，沿而福建，而广东，并交趾、七洲、夷邦南巫里洋等处更数、针路、山形水势、澳屿深浅、礁石沙泥，撰录于后。"[1]这说明当时在南海航行掌握"更数"比掌握"针路"更重要。

① 向达校注：《两种海道针经·指南正法》，中华书局，2000 年版，第 107 页。

三、针路与更路簿的相似点与差异

关于海南渔民更路簿形成时间的说法也有多种，主要有：(1)“海南渔民首创的南海更路簿形成于郑和下西洋之前的明初，盛行于明中叶、清代及民国初”[①]。(2) “开始形成于明代中期，完成于清代”[②]。(3)“现存的更路簿约成书于清代康熙末年”[③]。(4)“更路簿”的“成书年代大约在康熙末年（即18世纪初期），有些可能在明代形成”[④]。(5)“海南渔民的‘更路簿’可能孕育于明代，因为当时海南岛渔民在西沙、南沙群岛一带捕捞生产。而16世纪葡萄牙人出版的地图把西沙群岛的永兴岛称为‘Paxo’，这正是从海南岛渔民更路簿称永兴岛为‘吧峙’音译过去的。但至迟在18世纪初（清初）就已出现，到19世纪中叶，趋于成熟，定型成书，此后世代流传至今。”[⑤]笔者经梳理后也认为，早期的更路簿应形成于明代[⑥]。周伟民先生新近又提出“更路簿形成于明代初年即郑和七下西洋之前，盛行于明代中晚期、清代及民国前期。海图传入，特别是机动船使用卫星导航流行以后，更路簿虽然退出了历史舞台，但也有像苏承芬一样的老船长，开机动船时仍还用更路簿，且有新的创造”[⑦]，但没有说明更路簿的产生时间为何定在明代早期。从现存的24部更路

① 周伟民：《更路簿形成、盛行和衰亡的年代及其性质、用途》，载《海南大学学报》(人文社会科学版)，2015年第2期。

② 赵全鹏：《我国历代渔民在南海诸岛上的活动》，载《新东方》，2011年第3期。

③ 黎国器：《万泉河传》，中山大学出版社，2012年版，第233页。

④ 李国强：《南中国海研究：历史与现状》，黑龙江教育出版社，2003年版，第119页。

⑤ 林金枝：《中国最早发现、经营和管辖南海诸岛的历史》，引自吕一然：《南海诸岛：地理·历史·主权》，黑龙江教育出版社，1992年版，第90页。

⑥ 阎根齐：《海南渔民“更路簿”综述》，引自王崇敏：《南海海洋文化研究》，海洋出版社，2015年版。

⑦ 周伟民，唐玲玲：《南海天书——海南渔民“更路簿”文化诠释》，昆仑出版社，2015年版，第225页。

簿文本来看，已基本确定最早的时间是清代嘉庆年间[①]，距明代早期尚有几百年的时间，显然这不是早期的更路簿。那么，它与明代福建的针路簿是一种什么样的关系呢？下面可以通过这几个版本进行比较。

《顺风相送·福建往交趾针路》记载："五虎门（今福州）开船，用乙辰针，取官塘山。船行有三礁在东边，用丙午针取东沙山西边过，打水六七托，用单乙针三更船取浯屿。"到海南岛东部海域后"坤未针五更平乌猪山，用单坤针十三更平七州山，单申针七更平海南黎母山，即是青南头，用庚申针十五更取海宝山，正路用单亥及乾亥针五更取鸡唱门，即是安南国云屯州海门也"。《顺风相送·各处州府山形水势深浅泥沙地礁石之图》记载："七州洋，一百二十托水，往回三牲酒醴粥祭孤。贪东鸟多，贪西鱼多。"《顺风相送·灵山往爪哇山形水势法图》记载："铜鼓山，正路打水十八托，一路相连，屿港罗虽山有十五托，南边十六托，正路。对开西洋，有老古浅。"[②]《顺风相送·泉州往勃泥即文莱》记载："长枝头（今泉州）开船，单丙一夜一日、丙午针好风五日，看见小吕蓬山。"[③]这里就没有用更数表述，而是直接写多少个日夜。《指南正法》在记载独猪山时又说："打水一百二十托，往回祭献。贪东多鱼，贪西多鸟。内是海南大洲头，大洲头外流水急，芦荻柴成流界。贪东飞鱼，贪西拜风鱼。七更舡开是万里长沙头。"[④]

苏德柳抄本《更路簿》的第一篇《立东海更路》中第一条记载：

---

① 阎根齐：《海南渔民"更路簿"综述》，引自王崇敏：《南海海洋文化研究》，海洋出版社，2015年版，第95页。

② 向达校注：《两种海道针经·顺风相送》，中华书局，2000年版，第42页。

③ 同上，第92页。

④ 同上，第117页。

"自大潭过东海，用乾巽使（驶）到十贰更，使（驶）半转回乾巽巳亥，约有十五更。"[①] 意思是从大潭港（今琼海市潭门镇）出发到东海（今西沙群岛），航行针向使用单针（乾巽），到十二更时，转用缝针，即乾巽和巳亥的中间线，大约需要十五更。第二篇《立北海各线更路相对》记载："自黄山马去丑未，用壬丙巳亥，三更收，对西北。自黄山马去牛厄，用乾巽，三更，对东南。"[②]

从《顺风相送》和苏德柳抄本《更路簿》的比较中可以看出，其共同特点主要如下。

1. 无论是针路簿，还是更路簿，记载的内容都是出发港、航向、航程、水深、到达地。在航海仪器方面都使用了罗盘，罗盘上的刻字有二十四个，每字一格，每格合圆周角15°。二十四个字由天干中的八个字（甲、乙、丙、丁、庚、辛、壬、癸）和地支中的十二个字（子、丑、寅、卯、辰、巳、午、未、申、酉、戌、亥），配以八卦名中的四卦（乾、坤、巽、艮）组成，但"为避免天干中的戊、己与地支中的戌、巳相混淆，不列戊、己，以八卦名相补……航向名称有单向的，叫单针（也有叫丹针或正针的）；也有双向的，以相邻两向并称，叫缝针。单针，指字之正中，如'单丑'即为30°；缝针，指边线，如'卯乙'指卯与乙之间的边线，为97.5°"[③]。但也有专家认为，更路簿中之所以不将戊、己列入，是因为戊、己在天干中表示中央，而罗盘的中央为天池，被指南针所占，故弃而不用。

---

① 周伟民，唐玲玲：《南海天书——海南渔民"更路簿"文化诠释》，昆仑出版社，2015年版，第255页。

② 同上，第266页。

③ 厦门市图书馆：《厦门海疆文献辑注·海国闻见录》，厦门大学出版社，2013年版，第111页。

从《顺风相送》《指南正法》等早期的针路簿可以发现，明代及清初的航海主要强调使用的是针路，即根据罗盘指针的方向而走的航行路线，所以在《顺风相送》中从福建开往某地的线路多称为“某某针路”（如“福建往交趾针路”），回程的路线称为“回针”。可能因福建船舶航行较远的原因，福建的针路簿主要用的是“针位”，而海南渔民更路簿多使用四个字的缝针，如“子午壬丙”，指航行针用子午与壬丙的中间线，多用“对位”，两个方向相对，一来一回。这表明针位的使用方法也是不同的。

2. 都以“更”为计量单位。“更”既表示时间，又表示里程。在表示时间方面一般皆认为一昼夜分为十更，一更等于两小时二十四分，又等于六十里或十海里。但清初的文献中，“更”代表水程，如成书于雍正八年（1730 年）的陈伦炯所著的《海国闻见录·南澳气记》记载“隔南澳水程七更，古为落漈。北浮沉皆沙垠，约长二百里，计水程三更余”[①]，每更约合六十里余。《海国闻见录·南洋记》又记载，厦门至广南“计水程七十二更……每更约水程六十里”[②]。以上两段引文都没有每“更”有多长时间的概念。

3. 船到某地所用语言的表达方式不同，如《顺风相送》等常用“平”字，为“并靠”的意思，“取”为“经过”的意思，“见”为“望见”的意思，而海南渔民更路簿多用“收”字，即“到达”的意思。这可能是不同的地方用语。《顺风相送》中“诸如‘老古’‘崑崒’（崑身）等闽南方言文字，非闽南人无法解读”[③]。海南更

① 厦门市图书馆：《厦门海疆文献辑注·海国闻见录》，厦门大学出版社，2013 年版，第 24 页。
② 同上，第 14 页。
③ 张荣，刘义杰：《〈顺风相送〉校勘及编成年代小考》，载《国家航海》，2012 年第 2 期。

路簿“书中反映了渔民在南海诸岛的作业路线以及他们给南海诸岛，尤其是西、南沙各个岛、礁、滩、洲所取的地名。这些地名大约有120个，记载的更路（即航线）有200余条”[①]。这是他们常年用实践和生命探索的线路，每一个岛礁和线路无不深刻地打上了海南方言及习俗的烙印，许多岛礁的名称被我国政府公布为标准地名。这是海南渔民对南海命名的重要贡献。

4.《顺风相送》记载的是从福建各港出洋驶往各地的线路，船舶较大，船体结构复杂，船工分工明细，“是一本以浯屿港为起航港的专用针路簿，掌握和使用它的，应该是福建漳州一带的讲闽南话的火长”[②]。对于“火长”的身份，一说为船长[③]。掌握航海罗盘，为船舶进行导航的人叫火长。火长所领执的“针经”，就是所谓的“海道针经”。航海罗盘发明之后，火长始能循既定海道航行而不迷失方向，掌握航海罗盘。换句话说，福建一带针路簿的持有和发明者应是“火长”。南宋吴自牧说：“舶商之船。自入海门，便是海洋，茫无畔岸，其势诚险。盖神龙怪蜃之所宅，风雨晦冥时，惟凭针盘而行，乃火长掌之，毫厘不敢差误，盖一舟人命所系也。”

海南渔民用的都是渔船，船体较小，船上一般只有七八人，船长既是掌舵人，又是罗盘、更路簿的掌握者。一艘船上至少有一本更路簿和两个罗盘（其中一个备用）。所以，海南渔民更路簿的持有人是船长。

5.《顺风相送》记载经过的海域和地方较多，记载的内容有气象观察、天气预报、危险警告、指南针导航记录、水文观测、天文导航记录、地文观测记录等，内容特别丰富，有的在句末还加上评

① 李国强：《南中国海研究：历史与现状》，黑龙江教育出版社，2003年版，第119页。
② 张荣，刘义杰：《〈顺风相送〉校勘及编成年代小考》，载《国家航海》，2012年第2期。
③ 孙光圻：《中国古代航海史》，海洋出版社，2005年版，第347页。

语“为妙”“是也”“为是”等，经过了文人的语言加工。针路簿主要是供商船、运输船和客船等使用。而海南更路簿记载的较为简单，主要记录从海南岛周边港口出洋，到西沙和南沙群岛及各岛礁之间的线路，是一条海南渔民的捕鱼和渔业生产航线。对于渔民来说，最重要的是各个岛礁之间的位置和距离，是地道的民间航海指南，全文不加任何评语，个别句子的句末只有一个“也”字。

总之，无论是明代福建一带的针路簿，还是海南渔民的更路簿，在它们的产生、形成、编写过程中都有地文、天文和航海知识的长期积累，都是航海者（包括渔民、商人等）集体经验的总结，并非某一人的发明创造，在时代与地域上有传承、传抄、删订或增补，是今天十分珍贵的历史文化遗产。

（阎根齐，海南大学社会科学研究中心研究员，主要从事海南历史文化、南海历史、黎学等研究）

第五章

保护更路簿，守护祖宗海

第一节　中国拥有南海诸岛主权的历史事实无可争辩

早在2000多年前的秦汉时期，中国人民就已经开始在南海航行和进行生产活动，不仅首先发现南海诸岛，还对南海有了初步认识。东汉杨孚《异物志》中记载："涨海崎头，水浅而多磁石。""崎头"即我国古人对南海礁屿和浅滩的称呼，而"涨海"即我国古代对南海最早的称谓。

隋唐时期曾以七洲洋、珊瑚洲、焦石山、象石等指称南海海域或岛礁，尽管名称不尽相同，但这也表明随着我国人民在南海活动的增加，对南海的认知逐步加深并趋向具体化。

至宋代，南海诸岛和南海海域已经成为我国人民日常生产生活的家园，不仅以"石塘""长沙"等对南海不同岛礁和不同海域清晰地加以区别和命名，而且将南海诸岛纳入了版图。目前所见把南海岛礁命名为"石塘"的最早史籍，是宋代文献《宋会要》。而成书于13世纪初的《琼管志》一书则首次将南海岛礁分别称为"千里长沙""万里石塘"。自此至明清两代，"石塘""长沙"作为我国南海诸岛的通用名而被广泛使用，并见诸各类历史文献和舆图。

我国政府对南海诸岛的管辖从唐宋开始渐趋展开。赵汝适《诸蕃志》中记载，在唐代南海诸岛隶属于海南四州军。宋代沿袭唐代设置，南海诸岛仍属于广南西路琼管吉阳军的管辖范围，这标志着中国政府将南海诸岛纳入版图，设置行政建制已初现端倪。

设立"水师"，将南海纳入海防，则是中国政府对南海实施管辖的又一个重要方式。成书于1040年的我国第一部官修兵书《武经总要》记载，宋太祖在907年建立了巡海水师，巡管南海海面。

明清时期，对南海诸岛的经营开发和管辖有了进一步发展。目前所见的更路簿有数十种抄本。这一珍贵的文献真实记录了我国渔民从海南文昌清澜港、琼海潭门港等地出发，前往西沙、南沙海域的情况，其中记录的生产作业线大约有200条，渔民命名的西沙、南沙岛礁名大约有120个。这充分说明我国人民经营开发的范围基本涵盖了今天南海诸岛中的主要岛礁和海域。西沙和南沙海域是我国人民世世代代生产经营的传统渔场，足以表明中国在南海享有历史性权利。在明清时期，我国政府对南海诸岛实施管辖的机制更加健全：一方面继续将南海诸岛明确地纳入版图，并置于广东省琼州府万州辖下；另一方面持续实施水师巡视，明朝设立巡海备倭官和海南卫，清朝设立崖州协水师营，负责包括南海在内海域的巡视和军事戍卫。

20世纪70年代以来，我国国家文物局及广东、海南的文物部门先后组织了多次考古调查和挖掘，在南沙群岛部分岛礁及其海域发现了中国人民生产、生活的大量遗迹、遗物，包括不同历史时期的陶器、瓷器、铜器、铁器、石器、钱币、象牙、石雕，以及土地庙、墓碑、水井、茅屋、石碑、人工种植的椰树等。这些遗迹、遗物是我国人民在南海诸岛长期生产、生活的历史见证，反映了我国人民航行南海并开发、利用南海海域的历史事实。

近代以来，外国人擅闯南海诸岛时，早已有中国人居住在一些岛礁之上。外国航海者了解到一些渔民使用的地名，将其按照渔民的海南岛方言发音拼写成英文或其他文字并标记于海图，长期沿用下来。比如英国海军部出版的《中国海指南》一书中所载的“Sin Cowe”和“Nam Yit”，即源自我国渔民所称的“秤钩峙”和“南乙屿”。该书还记载：“地萨岛（即今郑和群礁）上的海南渔民，以捕取海参、贝壳为生。各岛都有其足迹，亦有久居岩礁间者。海南每岁有小船驶往岛上，携米粮及其他必需品，与渔民交换参、贝。”该书同时还记载，在安波沙洲发现有中国人的“陋屋之遗迹”，太平岛“常为海南渔民所栖止，捕取海参及贝壳等”。

1909 年，广东水师提督李准奉命前往西沙群岛巡视，不仅在岛上开展了物产调查、测绘等工作，同时对西沙 14 座岛屿予以命名。

1933 年，法国殖民者非法侵占南沙岛礁，制造了“九小岛事件”。此举引起中国政府及社会各界的一致抗议。同年 7 月 26 日，国民政府外交部致电法国政府并提出严重抗议，指出南沙群岛“仅有我（国）渔人居留岛上，在国际确认中国领土”。8 月 4 日，国民政府向法国驻华公使提出对法国所谓主权宣告保留权利的外交照会。

民国时期，中国政府核定、重定了南海诸岛名称。1933 年 6 月，内政部水陆地图审查委员会公布“关于我国南海诸岛各岛屿中英地名对照表”，列出南海诸岛 132 个岛、礁、滩、洲名称。

1935 年，水陆地图审查委员会出版《中国南海各岛屿图》，这是国民政府出版的第一份具有官方性质的南海专项地图，此后中国的各类地图对南海诸岛的标绘更为严谨、详尽。仅 1935 年 4 月至 1948 年，我国出版的各类地图中，至少有 60 种完整标绘了南海诸岛。水陆地图审查委员会对南海诸岛名称、地图的审核与公布，表明中国政府对南海诸岛所实施的有效管辖。

抗战胜利后，根据《开罗宣言》和《波茨坦公告》的精神，我国政府决定接收和恢复西沙、南沙群岛主权。1946 年 9 月 2 日，国民政府发布《关于收复西、南沙群岛的训令》，经内政、外交和国防三部会商后，派出以海军为主的接收人员。1946 年 11 月 29 日，完成西沙群岛的接收，同年 12 月 15 日完成南沙群岛的接收。在接收工作完成之后，立碑鸣炮宣示主权，测量绘图明确疆界，留兵戍守实施巡防，设立机构强化管辖。

1947年2月28日，国民政府发布完成西沙、中沙、南沙群岛接收的公报。之后，国民政府再次审定南海诸岛及其所属各岛礁沙洲名称，于12月1日公布了“南海诸岛新旧地名对照表”，共计167个岛、礁、沙、滩、洲。1948年2月，内政部公布了《中华民国行政区域图》，其附图《南海诸岛位置图》明确标示了南海诸岛名称和南海11条断续线。

新中国成立后，我国对南海诸岛的主权管辖进入了崭新时代。我国政府依据国际法赋予的权利和义务，合法履行主权和管辖权。1951年8月15日，周恩来外长发表《关于美英对日和约草案及旧金山会议的严正声明》，庄严指出西沙、南沙群岛“向为中国领土”，中国对西沙、南沙享有主权。此后，针对外国对我国南海诸岛的侵犯，我国多次发表声明，重申中国在南海诸岛及其附近海域的主权立场。1983年4月24日，中国地名委员会受权公布我国南海诸岛部分标准地名，共计287个。

此外，大量外国资料表明南海诸岛主权属于中国。1933年9月法国出版的《殖民地世界》杂志刊载了1930年法国炮舰“马立休士号”测量南沙群岛岛礁时发现，多处岛上都有中国人以及中国人修建的茅屋、水井、神庙等。

1961年美国出版的《哥伦比亚利平科特世界地名辞典》写道，南沙群岛是“南中国海的中国属地，广东省的一部分”。1963年美国出版的《威尔德麦克各国百科全书》说：“中华人民共和国各岛屿，还包括伸展到北纬4度的南中国海的岛屿和珊瑚礁。”1966年日本出版的《新中国年鉴》说：“中国的沿海线，北从辽东半岛起到南沙群岛约一万一千公里，加上沿海岛屿的海岸线，达二万公里。”

1971年美国出版的《世界各国区划百科全书》说："中华人民共和国包括几个群岛，其中最大的岛屿是海南岛，在南海海岸附近。其他群岛包括南中国海的一些礁石和群岛，最远伸展到北纬4度。这些礁石和群岛包括东沙、西沙、中沙和南沙群岛。"1972年日本出版的《世界年鉴》说："中国……除大陆部分的领土外，还有海南岛、台湾、澎湖列岛及中国南海上的东沙、西沙、中沙、南沙各群岛等。"

上述事实清楚地表明，中国关于南海诸岛及其附近海域主权的立场，得到国际社会的广泛承认。

菲律宾领土范围的确定，来源于1898年的《美西巴黎和平协议》、1900年的《美西关于菲律宾外围岛屿割让的条约》（即《华盛顿条约》）、1930年英国和美国签署的《关于划定英属北婆罗洲与美属菲律宾之间的边界条约》等国际条约，因此菲律宾的国家领土边界线被统称为"国际条约界限"或"菲律宾条约界限"。从这些条约中清晰可见，南海诸岛根本不在菲律宾领土界限之内。而1935年菲律宾宪法、1946年《美菲一般关系条约》、1961年菲律宾《关于领海基线的第3046号法令》等菲律宾国内法或条约，均明文反复确认了"国际条约界限"所规定的菲律宾领土范围，南沙岛礁和黄岩岛不在其中。

1946年7月，菲律宾建国之初便觊觎南沙群岛。1946年9月11日，菲律宾外长季里诺致函盟军统帅麦克阿瑟，提出由菲律宾兼并南沙群岛的无理要求。麦克阿瑟对此未予回应。由于没有得到美国的支持，菲律宾未敢轻举妄动。

1954年6月，马尼拉一家私立海事学校的校长托马斯·克洛玛宣称，在巴拉望群岛以西的南海发现一群"无主以及无人居住的荒岛"，并将该地命名为"自由地"。1956年5月24日，菲律宾外交

◎永兴岛

部法律司邀集政府相关机关代表开会，在听取克洛玛的陈述后，当场确定克洛玛所宣称的“自由地”各岛屿在菲律宾领土之外。然而就是这样一个闹剧，竟然成为菲律宾日后提出主权要求的所谓依据。

1972 年 4 月，菲律宾政府将克洛玛所称的“自由地”定名为“卡拉延群岛”，划归巴拉望省管辖。1978 年 6 月 11 日，菲律宾总统马科斯签署了第 1596 号总统令，重新划定“卡拉延群岛”区域，中国南沙群岛的大部分岛礁，都被纳入该法令公布的“卡拉延”区域的地理坐标内。1987 年 11 月，菲律宾议会重新划定其海域，将南沙群岛中大约 60 个大小岛礁非法划入菲律宾版图内。

南沙群岛在历史上早已是中国固有领土，绝非什么“无主地”。克洛玛在南沙所谓“发现”新岛礁的行为，不仅为当时的菲律宾政府所否定，而且从未得到国际社会承认。因此，菲律宾设立的所谓的“卡拉延群岛”在事实上是荒诞的，在法理上是荒谬的。

菲律宾为了使其侵占中国南沙岛礁的行为合法化，还提出了所谓的“安全原则”“地理邻近原则”。事实上，在国际社会根本不存在根据距离远近或者军事、经济和安全等因素决定领土主权归属的国际法规则。“安全”和“邻近”不仅从来不是国际法认同的领土取得方式，而且完全有悖于国际准则。因此，以“安全原则”“地理邻近原则”主张拥有南沙岛礁领土主权，于理不通，于法不容。

自 20 世纪 70 年代以来，菲律宾长期非法侵占中国南沙岛礁并大搞建设。特别是在 1995 年 3 月菲律宾海军炸毁中国在五方礁、仙娥礁、信义礁、半月礁和仁爱礁等南沙岛礁上设立的测量标志，突袭停靠在半月礁附近的 4 艘中国渔船，扣留船上 62 名渔民。此后数年间，菲律宾多次驱逐、逮捕甚至枪击在黄岩岛海域上正常作业、正常航行的中国渔民。1999 年 5 月 9 日，菲律宾方面以技术故障为借口，其 57 号登陆舰“马德雷山号”突然“搁浅”仁爱礁。此后，菲方置中方严正交涉于不顾，非法坐滩至今已达 17 年。2012 年，菲律宾军警非法登临在黄岩岛附近海域作业的中国渔船，制造了“黄岩岛事件”。菲律宾罔顾事实，不断侵犯中国在南海的主权和相关权利，肆意侵害中国渔民的生命财产安全，在危及地区和平稳定、危及中菲双边关系的路上越走越远。

大量历史事实表明，中国拥有南海诸岛主权是基于中国人民最早发现、最早命名、最早开发利用和经营南海诸岛，以及历代中国政府对南海诸岛连续不断的行政管辖的基础上而确立的。中国拥有南海诸岛及其附近海域主权和相关权利的历史事实是确凿的，历史脉络是清晰的，历史依据是充分的，历史地位是合法的。中国始终是南海诸岛真正唯一的主人。菲律宾对南沙、黄岩岛的所谓主权要求，无史可据，无法可依，丝毫撼动不了中国在南海的主权地位。

（《人民日报》李国强 中国社会科学院中国边疆研究所副所长）

第二节 “南海天书”——更路簿见证西沙和南沙的最早开发

海南省博物馆对展出的《顺风东西沙岛更路簿》所做的介绍是：“更路簿是海南渔民最早开发西沙和南沙的见证。”

《顺风东西沙岛更路簿》长 21 厘米，宽 14.5 厘米，厚 2.8 厘米，对折双面纸。正文写道“自大潭驶往东海用乾巽一线……”“大潭”即琼海潭门港，“东海”即西沙海域，简短的一句话清楚地记录了出发地、目的地、航向以及航程，印证了海南渔民曾靠着一本更路

◎《顺风东西沙岛更路簿》封面

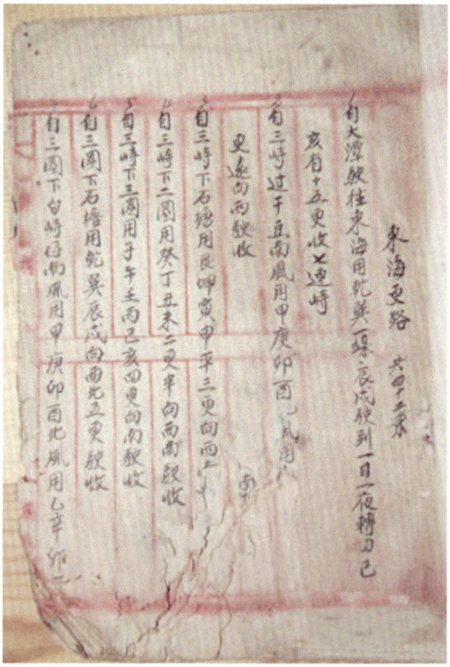

◎《顺风东西沙岛更路簿》正文(图片源自中新网)

◎海南渔民航海罗盘（图片源自中新网）

簿和一个普通罗盘闯荡西沙、南沙海域的历史。

被誉为“南海天书”的更路簿，是一本有文字的航海图册子，没有固定的名字。南海更路经主要包括两类，一类是以手抄本形式传下来的，俗称“南海更路簿”，也就是我们本文中多次提到的更路簿；一类是口头传承下来的，俗称“更路传”。南海更路经已于2008年6月7日被列入第二批国家级非物质文化遗产保护名录。

《琼海县志》记载，“明代永乐年间，欧村港、冯家埠、潭门埠、草塘埠一带的渔民，已往返于西沙、南沙、中沙群岛捕鱼和居住”。《南海诸岛地名资料汇编》一书有对西沙群岛古庙遗址的记载。海南省博物馆工作人员称：“以上的史料都有力地证明，在明代以前，海南渔民已驾驶帆船往返于西沙、南沙、中沙群岛捕鱼和居住了。”

海南省博物馆的工作人员朱磊认为，更路簿存在的价值与意义主要有以下两个方面：更路簿中记载的地名由海南渔民命名并沿用至今，具有浓厚的海南方言特征，例如以“峙”代替岛和屿，以“沙”或“线”指暗礁等，充分证明海南居民开发建设西沙、南沙的悠久历史，是南沙自古就是中国领土的有力证据；更路簿中所记载的航行范围不同于一般的航海针经书，更路簿侧重在西沙和南沙海域，有关国外更路的记载不是很多。书中所记载的航线、岛礁地貌和海况以及海浪、潮汐、风向、风暴等水文和气象信息，对研究我国航海史、南海开发史都具有珍贵的史料价值。

（崔力文 朱磊 中新网）

第三节　民间航海针经——更路簿

很多人没听说过更路簿。所谓“更路簿”，也叫航海针经，是海南渔民祖祖辈辈的传抄本。据专家考证，更路簿大概形成于明末清初，它记载了从海南东部文昌的清澜港和琼海的潭门港航行至东南亚各地，尤其是航行至西沙、南沙群岛，以及西沙、南沙群岛各岛礁之间的航海针位和更数。可以说，在没有精确的航海图标和卫星定位系统的年代，流传于海南渔民手中的更路簿，是帆船时代渔民远洋必备的航海“秘籍”和保护神。在这些看似简陋的手抄本中，记载着的是一代代渔民在长年实践中积累的集体智慧和他们无畏于大海的勇气和果敢。

◎茫茫大海上，更路簿为渔民指引航向（张杰 摄）

“千里长沙，万里石塘，上下渺茫，千里一色。”宋代《琼管志》中对南海海域有这样的描述，这也是称南海诸岛为“千里长沙，万里石塘”的最早出处。南海旧称“涨海”，这片自古就被认为是暗礁密布、凶险难行的海域，浩渺宽阔，神秘无边，是物产丰富的资源宝库，也是我国古代海上丝绸之路的黄金水道。

神秘更路簿

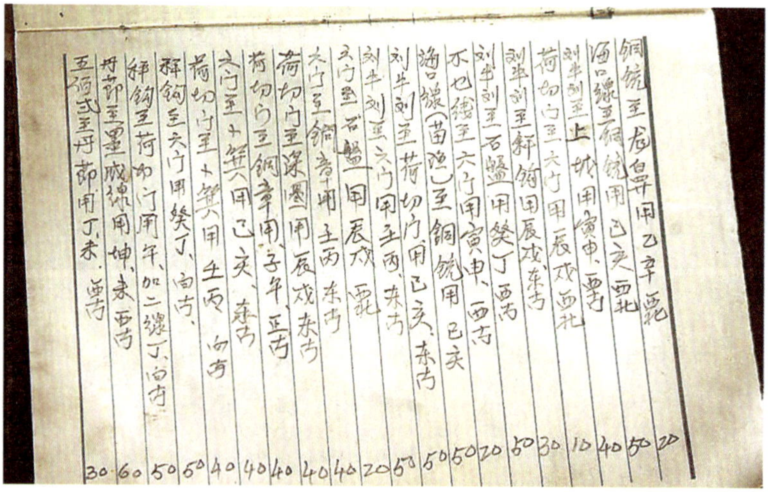

◎曾经流传较广的更路簿如今已难得一见。图为琼海潭门老渔民苏承芬手抄的《更路簿》

自古以来，生长于南海之滨的海南渔民就活动在这片神奇的海域上，他们一代又一代与大海搏击，在风浪中闯荡，自如穿梭于南海诸岛间。“船从海上行，浪从船下过”，洲、岛、礁、滩是他们的坐标，云、风、雨、浪是他们的伙伴，在没有精确航海图标的年代，他们靠什么行驶在茫茫的大海之中？

1977 年，有关专家在文昌和琼海调查时，发现了四本海南渔民在南海航行的更路簿。这些更路簿都是渔民祖祖辈辈的传抄本。书中记载了从海南东部文昌的清澜港和琼海的潭门港航行至东南亚各地，尤其是航行至西沙、南沙群岛，以及西沙、南沙群岛各岛礁之间的航海针位和更数（即航向和航程。过去渔民出海要点香，以香支算更，一般以顺风计，一更约为十海里）。其中记录了渔民对西沙群岛常用的33处传统地名，以及对南沙群岛常用的72处传统地名。

曾有专家参照更路簿指示的航海针位和更数，绘制了一张南中国海航海图，与使用现代手段测绘的航海图惊人地相似。南中国海300余万平方千米，仅凭经验和简陋的罗盘，没有数百年的经验积累，是很难绘制出更路簿中这样精确的航海图的。据专家考证，更路簿大概形成于明末清初。这说明海南渔民世代在南海西沙、南沙群岛航行和从事渔业生产，与西沙、南沙群岛连成了血脉关系，并构筑了南海的历史。

寻找更路簿

来到琼海潭门港，一提起更路簿，渔民们都对它十分熟悉，但随着卫星定位系统的使用，它已经渐渐地从往返于西沙、南沙的渔船上淡出。

更路簿也称航海针经，是帆船时期渔民自编自用的航海“秘本”。在过去的年代里，更路簿是每位船长必备的航海图，但随着老船长一个个地离世，更路簿已难得一见。

潭门渔民协会会长麦邦奋说：“现在的渔船大都使用了卫星定位系统，更路簿用得越来越少，建新房，搬新家，包括海难减少，都使得更路簿的使用逐渐减少，而个别老渔民手中存留的，也陆续地交给相关部门研究收藏。”

◎图为传统木帆船。新中国成立前，渔民去西沙、南沙都是乘二桅或三桅风帆船。二桅船载重二三十吨，三桅船载重三四十吨（图片选自《文昌县志》）

经过不断打听，最终在潭门镇上教村老轮机长苏承芬老人的家中，我们找到了更路簿。

老人今年72岁，从十几岁起就出海打鱼，往返于潭门与南沙之间。这位同风浪打了一辈子交道的“老南沙”，对更路簿有着特殊的感情。

说话间，老人拿出一个一米多长的细铁桶，一个小盒子，还有一个塑料包裹，看上去这些东西已经封存很久：细铁桶已经生锈了，塑料包裹上也有一层灰尘。

打开细铁桶，里面装的是三张不同版本的西沙、南沙地图，打开盖子之后，小盒子里出现了一个罗盘，那个塑料包裹里面便是更路簿。

揭开厚厚的塑料布，再打开两层报纸，里面装着一本泛黄的小本子。翻开小本子，上面有铅笔、圆珠笔记录的痕迹，也有蜡笔画的各种图形标记，“自黄山马去丑未，用壬丙巳亥，三更收。对西北。自黄山马去牛厄，用乾巽，三更。对东南”。这些天书般的文字，看得我们云里雾里。

为什么叫“更路簿”？老人解释说，“更”是航海人习惯使用的长度单位，一更等于十海里；“路”是指船在茫茫大海上航行的路线；“簿”就是指薄薄的本子。“别看本子小，这可是以前去南沙最为宝贵的航海图。”老人说。

渔民手中流传的更路簿全部都是手抄本，苏承芬的这本是20世纪80年代他从一位老船长手中抄下来的。

◎苏承芬珍藏的老罗盘和更路簿

该簿共分八篇，第四、五、八篇无标题，其中以第一篇《立东海更路》、第二篇《立北海各线更路相对》最为重要。

第一篇开头写道："自大潭过东海，用乾巽驶到十二更时，驶半转回乾巽巳亥，约有十五更。"

文中"自大潭过东海"，就是指船从潭门开往西沙，"东海"是潭门人以前对西沙的称谓，文中记录了航向和航程，还记录了西沙群岛的 17 个地名。

第二篇讲渔船从西沙群岛三圹（即浪花礁）、白峙仔（即盘石屿）到南沙群岛北面的双峙（即双子群礁），以及在南沙群岛各地之间往来的航向与更数，记录了南沙群岛的地名 60 处。老人说，现在潭门去南沙的渔民还在走这条航线。

更路簿的由来

苏承芬老人珍藏的更路簿没有留下作者的姓名。像这样的更路簿，在我省琼海、文昌都曾流行。苏承芬这本是从别人那里抄来的，也曾借给别人抄过。专家们在潭门调查时发现的几本更路簿，内容都大同小异。

出生于潭门的作家郑庆杨，多年来对更路簿有着较深入的研究。他说，更路簿详细记录了航行于西沙、南沙众多的暗礁、岛屿、沙洲、浅滩、水道之间与开往东南亚各地的针位与更数，可见成稿人十分熟悉南中国海的地理地貌。

这就需要船长级人物长期的航海实践和经验积累，如果不是船长，普通的船员不可能掌握其航向和更数，但在帆船时代，海难频发，这位船长还必须幸运地生存下来。

潭门的船长都有记录自己航行轨迹的习惯，无论是否识字，航船经过某一陌生地点，船长都会用自己的方法做下记录。而有些记录是随着本人的存在而存在的，尽管潭门渔民的航海经验都被记录了下来，但这只能成为个人航海轨迹的记录。每一位船长的航海轨迹记录就是一本更路簿的初稿，而这本初稿流传下来很不容易。因为一旦海难发生，那些珍贵的航海经验积累和记录都将在突发性的灾难中与生命一起消亡。当某位经验丰富的老船长幸存下来，他还要有驾驭文字的能力和闯海人的使命感。只有这样，更路簿方能面世。

麦邦奋也认为，在行文的抄本出现以前，各地渔民已经积累了大量的素材，后来有人将之收集并整理成一本比较定型的本子，而内容在抄写的过程中也被不断地进行修改和增删。因此，更路簿的作者绝不是一个人，而是众多的海南渔民。

更路簿中的地名

潭门渔民收藏的更路簿记载的南海诸岛地名，全是海南方言称谓，可称为南海诸岛土地名，或南海诸岛琼人俗名。

更路簿中记载的琼人俗名，是祖辈渔民长期在南海诸岛一带从事航海和生产活动，熟悉这里的一岛一礁后，约定俗成给南海诸岛定的名称。

虽然民间版本众多，但更路簿中对南海诸岛的命名是基本一致的。著名地理学者刘南威在《南海诸岛地名初探》中对更路簿中的地名这样介绍：在有关单位收集的苏德柳抄本《更路簿》、许洪福抄本《更路簿》、郁玉清抄藏本《定罗经针位》、陈永芹抄本《西、南沙更路簿》、林鸿锦抄本《更路簿》、王国昌抄本《顺风得利》、麦兴铣存本《注明东、北海更路簿》、李根深藏本《东海、北海更路簿》以及符宏光填绘的《西、南沙群岛地理位置图》等九种民间航海针经书中，共记载西沙群岛琼人俗名22处，南沙群岛琼人俗名76处。除少数几个表示群体的地名外，其余都是表示具体的岛、洲、礁、沙、滩等个体的地名。表示群体的地名，如“东海”（对包括西沙群岛在内海域的俗称）、“北海”（对包括南沙群岛在内海域的俗称）、“石塘”和“下峙”（对永乐群岛的俗称）；表示具体的个体的地名，如“干豆”（西沙群岛之北礁）、“巴注”（永兴岛）、“圆峙”（甘泉岛）、“大筐”（华光礁）、“丑未”（渚碧礁）、“五百二”（皇路礁）、“黄山马”（太平岛）、“铁峙”（中业岛）等。

更路簿中具体岛、洲、礁、沙、滩间的相对位置，是通过针位（航向）和更数（距离）确定下来的，因而位置比较准确。

形象生动是更路簿地名的另一个特点，如称环礁为“筐”，称南威岛为“鸟仔峙”，称司令礁为“目镜”，称安达礁为“银饼”，称仙宾礁为“鱼鳞”等。

更路簿中的地名是渔民在长年的生产中形成的，虽未经官方核定，却能代代相传，沿用至今。目前，海南岛渔民所熟悉和使用的，仍是更路簿中的地名。更路簿中的地名，有些还被译成外文，成为国际通用名称。如“Subi Reef”（渚碧礁），“Subi”是“丑未”的音译，而“Sin Cowe”（景宏岛）和“Nam Yit”（鸿庥岛）就是海南渔民俗称的“秤钩”和“南乙”。

更路簿背后的故事

说起南海上的岛名，苏承芬和彭业光两位“老南沙”顿时来了兴致。把南沙地图摊在地上，苏承芬老人自豪地说：“南沙这片海域，我们渔民是再熟悉不过了，哪里的礁盘适合停船，哪里有暗流，哪里有险滩，甚至哪块礁盘可以睡觉，我们都知道得一清二楚。”

◎苏承芬讲述南沙地图

“现在渔民出海，十几个小时就到西沙，再从西沙到南沙也就30多个小时，两三个月就能回来。我们当时使用的帆船全靠风力，一年才能往返一次。一般每年十二月或一月起航，至第一次西南风起时返回。风向好的时候，从潭门到西沙也得两三天，从西沙到南沙，那时间就更久了。”坐在一旁的老渔民彭业光补充道。

“有一次，我们的船从南沙回西沙，风向不定，又遇到台风，船整整漂了29天才到西沙。”回忆起那次航行，苏承芬很平静，“每一位去南沙的渔民，几乎都会遇到这样的事情，在以前这再正常不过了。”

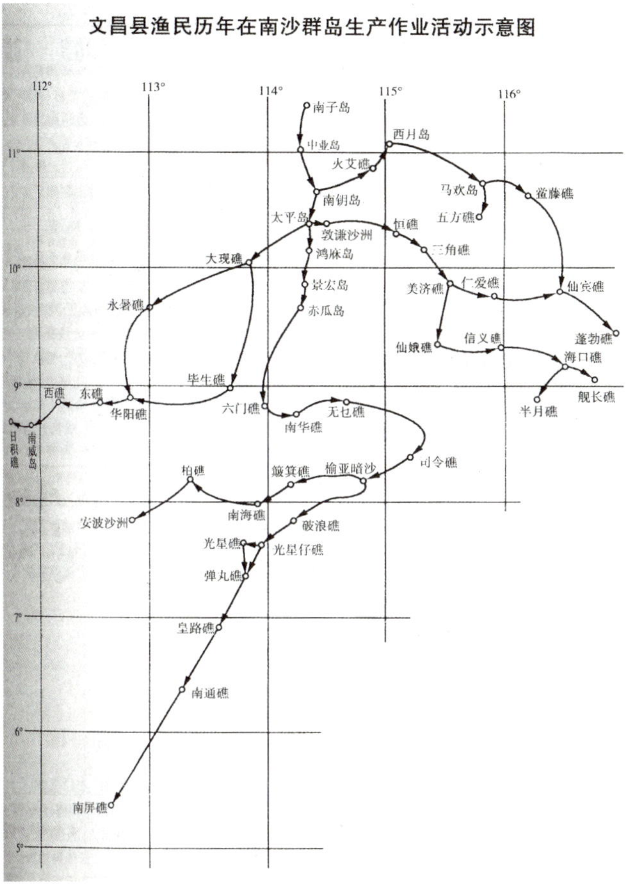

◎据有关记载，随着航线贸易的发展，民国以后，到南沙群岛去捕捞海产的海南渔民日益增多。每当立冬或冬至时节，渔民就趁东北信风扬帆南下，直至第二年清明或端阳节前后，再趁西南信风回航。一般是先至南沙，后转移至西沙、中沙（图片选自《文昌县志》）

出于当时的生产需要，很多渔民便长期住在岛上，用草席、椰叶或破旧船料、树木等搭起窝棚。过去，渔民在岛上捕海参、海龟、公螺和蚝等海产，晒干贮藏，等着渔船来收取。有些渔民，在岛上一住就是几年甚至十几年。据《文昌县志》记载，20世纪三四十年代，文昌东郊上坡村渔民陈鸿柏曾在双子群礁住了整整18年，文昌龙楼保陵大队渔民符鸿辉、符鸿光在南威岛住过十多年。

在驻岛和捕捞的过程中，一些渔民离开家乡，就再也没有回来。在南沙的每个海岛和每块礁石上，都留有海南渔民的生命痕迹。

1939年，就有人在北子岛发现两座清代渔民的墓碑。

◎潭门渔民在南沙捕捞的马蹄螺

“我们当时最喜欢住在南沙的太平岛，因为岛上有淡水，还可以种椰树、香蕉、木瓜、地瓜等。我们自己种了葫芦、花生、冬瓜、南瓜和青菜，那里土很肥，一个地瓜可以长18斤重。”苏承芬对太平岛有着深厚的感情。

出海作业，生死难卜。在西沙、南沙各岛，凡有人住的地方，一般都有渔民修建的庙。而有庙的地方，自然会有故事和传说，“一百零八兄弟公”就是一例。据说，这108个兄弟中，有72个孤魂，36个兄弟。72个孤魂是在西沙、南沙下海作业过程中先后死去的先辈，36个兄弟是同在船上遭风暴遇难的。

几百年来，在西沙、南沙留下生命的，何止这些人。薄薄的一本更路簿，是祖祖辈辈的南海渔民在与大海的搏击中，用勇气和生命写成的“大书”。

（《海南日报》记者 于伟慧 特约记者 王仪）

第四节　南海诸岛千年风云

如同一颗颗熠熠生辉的珍珠，我国280多座岛屿礁滩散落在无垠的南海碧波之中。这些形成于亘古年代的岛屿礁滩，并非杳无人烟。当灿烂的文明之光开始照耀在黄河流域，当中原人士还将南海和南海诸岛视为“天末遐荒”之时，我国南海沿岸的渔民就已经乘风破浪，活跃在南海之上。他们在大海中捕捞，在小岛上栖息，在这里守护着祖祖辈辈用生命换来的蓝色国土。

我国渔民最早穿越南海诸岛

不同于渤海、黄海和东海，南海是一个出产喜暖性海洋生物的热带海洋，这些珍奇海产自古就是朝廷的天南贡品。

战国时期的《逸周书·王会解》曾记载，商朝国王汤叫大臣们制定“四方献令”，伊尹便建议，“正南……请令以珠玑、玳瑁……为献”。这说明早在公元前18世纪，我国南海沿岸居民就已从事南海水产资源的开发。此后，《史记·货殖列传》《尔雅注》《吴录》等史书皆有关于我国南方人民以捕鱼为生的记载。

远在秦汉时代，我国就已经有了大规模的远洋航海通商和渔业生产活动，南海已成为当时重要的海上航路。从此，我国人民频繁航行于南海之上，穿越南海诸岛，最早发现了这些岛屿礁滩并予以命名，不断地谱写着南海和南海诸岛开发的光辉篇章。

226年，三国东吴的孙权派朱应、康泰出访东南亚各国，船队航经南海到达扶南（今柬埔寨）等国。回国后，康泰根据经历写成《扶南传》，对南海诸岛的地理情况做了准确的记载，这是世界上最早科学描述珊瑚岛成因的文献。

据考古发现，在西沙群岛的甘泉岛有一处唐宋遗址，出土了一批唐宋瓷器、铁锅残片以及其他生产、生活用品。这无可辩驳地证明，至少从唐宋时期开始，我国渔民就已经在西沙群岛居住和进行生产活动，就已经是南海诸岛的主人了。

及至明清时代，我国渔民在各岛屿上留下了大量遗迹。在西沙群岛的永兴岛、金银岛、珊瑚岛、东岛、北岛等岛礁相继出土了一大批明代和清代的铜钱、瓷器及其他生活用品。在西沙群岛、南沙群岛的各主要岛屿上都发现我国渔民所建的古庙遗存。在西沙群岛和南沙群岛的一些岛礁上，还挖掘出多块清代和中华民国时期的石碑，多为当时莅岛视察的政府或军队要员所立的纪念碑。

“我国渔民以南海诸岛为根据地，辛勤创业，在岛上建有住宅和神庙。住宅是他们的栖身之所，神庙是他们的精神安慰。”南京师范大学地理系教授鞠继武说。他曾对南海诸岛地名、人文历史有过专

◎西沙永兴岛上一艘渔船拖着一串小船出海作业（苏晓杰 摄）

门的研究。他在文章中写道，有些神庙还保存有佛像，如琛航岛的娘娘庙中供奉着明代龙泉窑烧制的瓷观音像；北岛小庙供有木制的神主像。有些小庙还悬挂对联、横匾，如永兴岛孤魂庙的对联是“兄弟感应灵，孤魂得恩深”；东岛娘娘庙的对联则是“前向双帆孤魂庙，庙后一井兄弟安”，门额题字为“有求必应”。

“南海天书”更路簿是我国沿海渔民世代传抄的航海经书。据考证，现存的手抄本更路簿产生于清康熙末年，可追溯至明代。它详细地记录了南海诸岛的岛礁名称、准确位置和航行针位（航向）、更数（距离），是我国人民开发南海诸岛最直接、最有力的历史见证。

我国历代政府对南海诸岛行使主权

中国政府对南海诸岛行政管辖和行使主权的历史，可以追溯到很久以前。由于南海诸岛远离大陆、面积小、缺乏淡水，彼此又相距甚远，我国历代政府对南海诸岛实施的行政管理不同于其他地方，在不同的历史时期采取的方式不同，隶属关系也随朝代而变化。

公元前 221 年，秦始皇统一六国，分全国为四十二郡，其中岭南边郡包括南海、桂林和象郡。《史记》记载，秦“置南海郡，治所番禺”。南海三郡皆濒临南海北部和西部海域，东沙、西沙群岛就分别位于这两个海域之中。

至汉代，南海诸岛被正式划入中国版图。公元前 111 年，西汉武帝平定南粤之乱，将其领地分置儋耳、珠崖、南海、苍梧、郁林、合浦、交趾、九真、日南等九个郡，其中儋耳、珠崖二郡在海南岛上，并在南海建立了水师，这标志着中央政权对海南岛及南海诸岛直接统治的开始。在 1973 年出土于长沙马王堆汉墓的文物资料中，南海海域第一次出现在我国汉代地形图上，说明汉朝已把南海及其诸岛划入中国版图。

◎南海，夕阳下捕鱼归来的中国渔船（张茂 石磊 摄）

魏晋南北朝时期，各个政权都十分重视东南沿海的开发，南海丝绸之路显得更加兴旺。谢灵运的《武帝诔》中，就有“舟师涨海”（即水军航行巡视南海）和宋武帝率水军在南海诸岛海域作战的记载。

隋唐时代，南海诸岛归属振州。至唐初，海南岛环岛已建置有北部的崖州、西部的儋州、南部的振州（今三亚市）。《旧唐书·地理志》记载，振州疆域“西南至大海千里”。也就是说，振州包括西沙群岛在内，这是关于振州管辖海南岛南部海域的最早记载。唐开元十二年（724 年），僧一行等人主持子午线测量，南至南海及南海诸岛，并曾在南海上观测有关星座进行测量。今天看来，这是中央政府行使主权之举。

北宋对南海及南海诸岛已行使管辖权。据《舆地纪胜》《琼州府志》《崖州志》等记载，宋代西沙、中沙、南沙三大群岛属琼州府辖区，南海称“琼洋”“大州洋”。当时，朝廷设置了巡海水师营垒，首命水师出巡至“九乳螺洲”（今西沙群岛），这是我国海军最早的巡海活动。

元代对外实行的开放政策，带来了南海航线上风帆浪舸的繁荣景象。当时，与广州有贸易往来的国家和地区达140多个，占元代全国外贸所涉及国家和地区的六成以上。同时贸易发展也刺激了经济作物生产，海南岛从此踏上了认真开发的道路。《元史》记载，1279年，元世祖忽必烈派著名天文学家郭守敬到南海测量“南逾朱崖”，“测得南海北极出地一十五度”。虽然今人对“南海”测点到底在何处仍有争议，但不管是哪一具体地点，都能说明元代我国在南海实施行政管辖这一历史事实。

到明代时，海南的地方志中已记载了南海。明初，海南设立统一的地方行政管理机构——琼州府，隶属广东，辖崖州、儋州、万州。南海诸岛明确区分为“南澳气”“七洲洋”“千里长沙”“万里石塘”等四大岛群（即东沙、西沙、中沙、南沙群岛），划归琼州府领属的万州管辖。唐胄《正德琼台志》（1521年）“疆域”条记载琼州府有“千里长沙”“万里石塘”，进一步说明南海诸岛是我国领土的组成部分。此后，我国同海外交往日益频繁，南海时有海盗出没，朝廷便派遣海军进行护航，并加强巡海，西沙群岛即在海防范围之内。

◎西沙北岛上矗立的清代石碑，上刻“视察纪念”（资料图片）

到了清朝中后期，日本及西方列强由个别入侵我国到联合大举入侵，南海诸岛首当其冲。当时的清政府尽管日益衰败，却并未因此放松警惕，而是采取多种措施捍卫领土，开发经营南海及其诸岛。

民国时期，广东省政府宣布把西沙群岛划归海南崖县（今海南省三亚市）管辖。1921 年，广东军政府又重申了这一政令。

捍卫蓝色国土之战可歌可泣

南海诸岛自古是我国领土，这已是不可争辩的事实。由于南海战略地位重要及资源丰富，各国列强纷纷觊觎并染指。18 世纪以来，各国列强未经中国政府批准，擅自派出船舰进入南海进行所谓的“调查”，其中法国和日本更是一再侵犯南沙群岛。

1931 年 12 月 4 日，日本发动“九一八”事变两个多月后，当时的法国政府向中国驻巴黎使馆提出照会，声称“安南帝国”对西沙群岛拥有“先有权”，遭到中国政府的严词驳斥。

1933 年 4 月，法国在越南的水上测量船“观测仪号”、炮舰“警报号”、海洋测量舰“德拉内桑号”组成“远征队”，侵入南沙群岛中的南威岛、安波沙洲、太平岛、南钥岛、中业岛等 9 座岛洲。在中业岛，他们明明见到 4 名海南渔民，却还强行竖国旗、埋占领碑。事后，法国殖民者还将南沙群岛划归巴地省管辖，这就是法国占领南沙九小岛事件。香港《华夏纪实》杂志主编王业隆根据当时地方官向广东省政府呈报的内容，在《海南渔民是南沙群岛的真正主人》一文中记录下这段历史。

法国殖民者对南沙的侵犯，遭到住在南沙各岛礁上的海南渔民的反抗。据文昌、琼海渔民当时回忆，在南威岛，文昌渔民符鸿克

◎1946 年中国政府接收人员在太平岛测量地形（资料图片）

撕毁了法国国旗；在中业岛，文昌渔民王安荣挖出法国人埋藏的物品，郑兰锭撕烂法国国旗；在南子岛，文昌渔民符国和、石玉礁、林青等人扯下法国国旗，并砍断旗杆。法国殖民者恼羞成怒，竟以舰只撞渔船。渔民也不示弱，以土炮还击，竟将洋舰击毁。法国政府向中国提出抗议。当时中国舆论哗然，群情激愤。广东省政府向法国提出严重抗议，法国代表讨不到便宜，只好匆匆离去。

日本侵略者比法国殖民者更加贪婪。“日本人掠夺我国南海诸岛物产，先是以台湾为基地，然后扩及南沙群岛。”鞠继武教授说，第二次世界大战期间，日本军队成为黄海、东海乃至南海的“海上霸主”，并将觊觎的目光锁定在了南海诸岛。

早在 1907 年，日本商人就以武力侵占东沙群岛，被清政府斥退。1918 年，日本退伍军人海军中佐小仓卯之助独自闯到南沙，寻找“无人岛”。他先是登上南子岛，见到 3 名中国渔民在此居住，他不甘心，又去了太平岛、南威岛、中业岛、南钥岛，情况大致一样，这才死了心。

1921—1929年，日本拉萨磷矿公司未经中国政府许可，擅自到太平岛和双子岛偷采鸟粪。1939年，日本军舰“胜力号”侵入南沙，在太平岛立碑，碑文为“大帝日本昭和十一年（1936年）水路部台湾高雄，不许支那渔民登陆”。1939年，日本擅自将南沙群岛编入台湾总督管辖，并改名“新南群岛”。随后，南海诸岛均被日本占领。其中，太平岛成为日军的潜艇基地，日本人在岛上立碑修路，建码头，第二次世界大战期间曾遭盟军飞机轰炸。

第二次世界大战结束后，根据1943年中、英、美三国的《开罗宣言》和1945年7月《波茨坦公告》的精神，1946年中国政府指派高级专员，前往西沙、南沙群岛进行接收。据当时的接收专员郑资约之子郑仿健回忆，1946年10月23日，部分中央内政部接收人员搭乘太平舰从南京出航，次日在黄浦江口与郑资约搭乘的中业舰及中建舰、永兴舰三舰会合。四舰在11月初齐集三亚榆林港，因海面风狂浪大，在港停泊达三四星期之久。11月23日，中建、永兴两舰先行出发驶往西沙群岛。12月9日，中业、太平两舰出港，驶往南沙群岛。12日清晨，南沙舰队驶进太平岛外海，先是派两组武装士兵乘登陆小艇上岛搜索，未发现外国驻军后，中业舰遂驶进太平岛。当时，接收人员在太平岛上举行接收仪式，重竖主权碑，并在岛上驻军和设立渔民服务站。广东省政府属下的水泥石技术人员，在岛上做了两座水泥石碑，其中一座大型石碑立于岛的西端，碑刻“太平岛”三字。

至此，南沙、东沙、中沙、西沙群岛及整个南海水域，全部重回祖国怀抱。

1949 年，中华人民共和国成立后，我国政府继续对西、南、中沙群岛及其附近海域行使主权。

历史永远超越了我们今天的想象和了解，只留下一个回望的背影。但是，铁的事实无可辩驳地证明，中国人民是南海诸岛的真正主人，南海诸岛的主权自古就属于中国。这个事实，过去没有改变，今天不会改变，将来也永远不会改变。

（《海南日报》高虹）

第五节　穿越历史的岛礁命名

透过一个个穿越历史的岛礁命名，
我们仿佛看到一幅幅中国人民经营
和开发南海诸岛的画面，
他们用勇敢和智慧与海浪共舞，
熟悉各岛礁的地理特点，
并于生活中灵活取材作为命名依据。

打开《世界地图》《中国地图》，让我们把目光聚集到南海。在

◎西沙群岛航行条件最好的港口——琛航岛。植被茂密的琛航岛镶嵌在耳郭状的环礁上。“耳郭”西侧有一入口，犹如耳道，那是环礁上的口门，也是绝佳的航道。船只可以顺着口门驶入，进入潟湖，在那里靠岸登陆。清末一艘名为“琛航号”的军舰曾到此寻访，“琛航岛”因此得名（兰建琼 摄）

深深浅浅的蓝色海洋背景上，你会看到许多或散开或扎堆的小蓝点，以及蓝点外红色的小括弧。在比例尺为 1∶2480 万的地图上，这些蓝点和红括弧，分别叫作东沙群岛、西沙群岛、中沙群岛、南沙群岛。

而在辽阔的南海腹心，散布着 280 座以上的岛屿、沙洲、暗礁、暗沙和暗滩。自古以来，我国人民就一直在这里航行和从事生产活动。这里是我国人民最早发现、命名、开发和行使主权的地方。尤其西、南、中沙诸岛的命名，是历代海南渔民以血泪和生命为代价，在熟悉这里的一岛一礁后，根据约定俗成的习惯，用带有浓厚乡土气息的海南方言称谓，通过口授或手抄方式流传下来的。

1983 年，在中国政府第四次对南海诸岛开展命名与审定工作时，中国地名委员会受权公布我国南海诸岛部分标准地名，计有标准地名 287 个，对照渔民习用地名 125 个，其中大部分就是记载于“南海天书”——更路簿中的海南岛渔民习用地名。

隐藏在古地名里的图画

据古籍记载，远在秦汉时代，我国已经有了大规模的远洋航海通商和渔业生产活动，南海已成为当时重要的海上航路。我国人民频繁航行于南海之上，穿越南海诸岛，最早发现了这些岛屿礁滩，并予以命名。

研究南海诸岛地名的华南师范大学教授刘南威，在 1982 年左右撰写的《南海诸岛古地名》一文中写道：“早在汉代，我国航海事业就很发达。舟师远航至今斯里兰卡，南海是必经之地。因此，在航海和生产实践中发现了南海诸岛。三国吴康泰在《扶南传》中述：‘涨海中，倒珊瑚洲，洲底有盘石，珊瑚生其上也。’晋裴渊在《广州记》中述：‘珊瑚洲，在（东莞）县南五百里，昔有人于海中捕鱼，得珊瑚。’‘涨海’即今之南海，‘珊瑚洲’既在东莞县南五百里的南海中，当指今南海诸岛。我国人民在晋以前很久的‘昔时’，就已用‘珊瑚洲’来泛指南海诸岛。这是世界上对南海诸岛最早的科学命名，至今已有1700多年。”

◎古人将南海诸岛形象地命名为“千里长沙，万里石塘”，可见我们的祖先很早就了解南海诸岛的地形地貌。图为西沙群岛海底的珊瑚礁（王嵘 摄）

《琼州府志》在解释“涨海”的含义时说：“南溟者，天池也。地极燠，故曰炎海；水恒溢，故曰涨海、沸海。”清初学者屈大均所著的《广东新语》也有类似解释：“炎海善溢，故曰‘涨海’。”这反映了我国古人对南海潮汐现象的认识。

宋代我国海上交通盛况空前，中国船只已可远航至东非海岸。随着中国古代人民对南海诸岛认识的加深，其后出现了为各朝代广泛采用的“长沙”“石塘”等能反映南海诸岛地理特征的古地名，并出现了专指南海诸岛中某一岛群的专用地名。北宋曾公亮和丁度主编的《武经总要》中载有“王师出戍”至“九乳螺洲”，这里的“九乳螺洲”即西沙群岛，这是首次出现的专指南海诸岛中某一岛群的专用地名。由王象之编纂于南宋中期的地理总志《舆地纪胜》中述：“吉阳……东则千里长沙，万里石塘，上下渺茫，千里一色。”这里的“吉阳”即今海南三亚的古称，“千里长沙，万里石塘”在其东，指南海诸岛，这是称南海诸岛为“千里长沙，万里石塘”的最早记载，距今已有近千年之久。

曾任厦门大学南洋研究所副教授的吴凤斌在他的《南海诸岛中的几个地名考释》中写道，“九乳螺洲”这个命名与西沙群岛中永乐群岛的实地情况类似，其中露出水面并能以岛命名的只有 9 个。由珊瑚礁构成的西沙群岛，在蓝黑色的汹涌波涛中，远望如海上绿洲，近看却是“棱利如剑锋”，正如史书所云：“海舟触沙立碎，入港多无出者。”

去过西沙和南沙的中国国家地理杂志社执行总编单之蔷曾这样感叹：“没去过西沙和南沙的人很难想象‘长沙’和‘石塘’的样子，去过的人却会对这两个词心生赞叹，它们对其指称对象的描绘太准确、太形象了。”

“长沙”指的是一种灰沙岛的地貌。散布于海洋中的灰沙岛，由海洋生物珊瑚虫的骨骼以及其他海洋生物的残骸堆积而成，也叫珊瑚岛，与大陆没有任何关系。“我们的祖先在西沙群岛的海域中航行时，将在碧空下看到的这种连绵不尽的灰沙岛称为‘千里长沙’，不是很形象贴切吗？”而民间俗称的“石塘”，科学术语叫作“环礁”，也是由珊瑚虫构建而成，但形状是环形。单之蔷说，自己从西沙、南沙回来，对“千里长沙，万里石塘”这句话有了全新的理解，“这句话表面看起来像是描写远望所见，其实并非如此。它可以理解成我们的祖先亲临其境，进入‘长沙’和‘石塘’之中，并在其中逗留、生产、生活，有一天离开时回望，或是又一次到来时，忽然发现自己所生活的地方这么美，于是发出‘千里长沙，万里石塘’的感叹。如果仅仅是远望，怎么能知道组成灰沙岛的物质是‘沙’？又怎能知道环礁围绕的是一个‘塘’呢？”

透过这一个个穿越历史的古地名，我们仿佛看到一幅幅中国人民经营和开发南海诸岛的画面。他们用勇敢和智慧与海浪共舞，熟悉了各岛礁的地理特点，并于生活中灵活取材作为命名依据。

南海诸岛的四次命名

据刘南威教授考证，明代的《混一疆理历代国都之图》和《郑和航海图》，是我国现存最早绘有南海诸岛的古地图，虽然两图中的地名不尽相同，表示的内容也有差异，但两图均把南海诸岛分为三大部分，若把它们联系起来，则已包括四大群岛。可见，在明代已有四大群岛的初步划分了。

自清代开始，我国人民在南海诸岛的活动更加频繁，对南海诸岛的了解更为深入。出现了明确把南海诸岛划分为四个岛群的地图，以及像“东沙”这样的在近代仍在使用，且对近代南海诸岛中其他岛群命名有影响的地名。

清代航海家谢清高在其所著的《海录》一书中说：“船由吕宋……经东沙，又日余，见担杆山，又数十里入万山，到广州矣。东沙者，海中浮沙也，在万山东，故呼为东沙。”这是“东沙”地名首次出现，在万山以东的海中浮沙，即为东沙群岛。它是用方位名称来区分南海诸岛中四个群岛和以“沙”字来贯穿四个群岛的开始。

清代陈伦炯所著《海国闻见录》中的《四海总图》绘有“气”“沙头”“长沙”“七洲洋”和“石塘”。该图把“七洲洋”绘在最西，指西沙群岛；“长沙”绘在“沙头”和“七洲洋”之间，指中沙群岛；“石塘”绘在南，指南沙群岛。这是明确把南海诸岛划分为四大群岛的开始。

南海诸岛历史研究者陈史坚撰写的《我国政府对南海诸岛的命名与审定》一文中介绍，20 世纪以来，中国政府对南海诸岛的命名与审定工作共有四次。

第一次是在我国从日本人手中收回东沙岛前夕。1909 年，清两广总督张人骏命广东水师提督李准前往西沙群岛中的甘泉岛附近海域巡视，为西沙群岛的 15 个岛命名。这是一次有意义、有影响的地名审定，现仍沿用的地名有 3 个，即甘泉岛、珊瑚岛和琛航岛。不久之后，广东省政府成立了“筹办西沙群岛事务处”，这是目前所见最早出现“西沙群岛”名称的官方表述。

◎1909 年，广东水师提督李准前往西沙巡视，并为西沙群岛 15 个岛屿命名（资料图片）

第二次是在日本侵占我国东北三省之后，法国侵入我国南海九小岛期间。当时的中国政府于 1933 年 6 月成立“水陆地图审查委员会”，审定了中国南海各岛礁中英岛名，并于 1935 年公布《中国南海各岛屿华英名对照表》。这是中国政府对南海诸岛的第一次“标准化”命名，首次将南海诸岛明确划分为四个部分：东沙岛、西沙群岛、南沙群岛（今中沙群岛）和团沙群岛（亦称珊瑚群岛，今南沙群岛），

◎晋卿岛上，渔民升起五星红旗（李英挺 摄）

列出了南海诸岛130多个岛礁滩洲的地名，沿用至今的有11个。

第三次是抗日战争胜利后，我国收回南海诸岛。当时中国政府内政部于1947年4月致函广东省政府，确定为纪念收复南海诸岛，将西沙群岛武德岛改名为“永兴岛”，将南沙群岛长岛改名为“太平岛”。同年公布的《南海诸岛新旧名称对照表》，包括地名172个，特别审定公布了“南海诸岛”和“东沙群岛”两地名，促使地名系统化。从此，南海诸岛明确由四个群岛组成，俗称“四沙群岛”。

第四次是全国展开地名普查。在南海诸岛地名普查的基础上，1983年4月24日，新华社报道了这样一条新闻：中国地名委员会受权公布我国南海诸岛部分标准地名，共287个。这次比1947年增加地名115个，因为过去遗漏了很多岛礁。除对岛、沙洲、礁、暗沙、滩和石命名外，首次为“水道”（渔民称为“门”）正式命名。此次公布的标准地名，最大特点是把渔民习用地名与政府公布的地名融合在一起。地名表中287个标准地名，附有125个渔民习用地名，加以对照。为了保持地名的稳定性，1947年公布的172个南海诸岛地名中，有164个至今仍作为标准地名沿用。

鲜活形象的琼人俗名

海南大学教授周伟民告诉海南日报记者，1983年公布的南海诸岛地名的审定原则中，首要的一条就是“名从主人”原则。我国人民最早发现且最早命名南海诸岛，只有名从主人，才能在地名命名方面维护我国主权。

在古地名中，对南海诸岛的称谓有近30个，其中除多数泛指整个南海诸岛或泛指南海诸岛中某一个或某两个岛群的联称地名外，也有专指某一具体岛礁的单称地名。而流传于民间用口头形式保存下来的南海诸岛土地名，和用书面形式记载在更路簿中的一样，是古代海南岛人民对南海诸岛的命名。在土地名中，海南岛渔民给南海诸岛的命名达136处之多。

古地名和土地名的记载，除证明中国人民最早给南海诸岛命名外，还表明中国人民给南海诸岛的命名是最全面、最具体和数量最多的。中国古代对南海诸岛的命名，不论是古地名还是土地名，都曾被外国地图、书籍引用。

英国海军部出版的《中国海指南》曾报道："各岛俱有海南岛渔民之足迹，以捕海参、介贝为活，颇多常年居留于此。"书中提到19个西沙群岛英文地名、24个南沙群岛英文地名。在这43个英文地名中，有七八个明显是渔民地名音译过去的。有资料分析，在西方通用的南海诸岛地名中，至少有9个是南海诸岛土地名音译过去的。

刘南威教授把海南岛渔民给南海诸岛的命名叫作南海诸岛琼人俗名。它们通常记载于海南岛渔民收藏的更路簿上，国内最早记载琼人俗名的书籍是民国学者陈天锡于1928年编写的《西沙岛东沙岛成案汇编》。这类命名有着深厚的群众基础，是南海诸岛地名中使用率最高的地名，目前仍在海南岛渔民中流传和使用。

在更路簿中记载的南海诸岛琼人俗名，具有命名具体、位置确定、形象生动等特点，能反映岛礁的主要特征。如海南岛渔民称礁环和礁湖为"筐"（圈）和"塘"，环礁常有缺口，是礁湖与外海沟通的水道，海南岛渔民因其可供船舶进出，犹如门户，故称之为"门"。这些名字或来自外形，或来自海产、传说、颜色。以岛礁的形状来命名，是渔民们最常用的方法。南沙群岛中的司令礁，因为环礁中有一沙洲，把潟湖一分为二，形似眼镜，渔民便称之为"目镜铲”。还有，称华光礁为“大筐”、永兴岛为“巴注”、甘泉岛为“圆峙”、渚碧礁为“丑未”、皇路礁为“五百二”、太平岛为“黄山马”、中业岛为“铁峙”、南威岛为“鸟仔峙”、安达礁为“银饼”、仙宾礁为“鱼鳞”等。

单之蔷认为，看到这些来源于渔民的地名，便能想象渔民们是怎样在这些珊瑚礁中劳作的。“如果没有在生活和生产中与这些岛屿形成密不可分的关系，是难以取出这么多有着很深文化色彩的名字的，或者即使取了名，也很难使用和流传开来。这些质朴、形象的俗名，从地名学的角度证明了南海诸岛是中国的领土。”

（《海南日报》陈超）

第六节 深蓝航迹孕育南海文明

居于古代“海上丝绸之路”要冲的南海诸岛，
蕴藏着极为丰富的我国古代文化遗产，
它们是中国人最早到达、
最先开发南海诸岛的历史见证。

传说中的那片海，就在今天的海南省三沙市。

但凡有中国人行进的深蓝航迹，总会留下绵长的海洋文明。南海就是如此，三沙文明由此而生。在这片海中央，有数不清的岛礁沙洲，那里有中国人留下的炭粒，也有中国人烧制的陶瓷，还有难以计数的中国货币。

海上丝绸之路孕育南海文明

南海，是古代中国海上丝绸之路的大通道。

从汉唐时期开始，中国人就开辟了途经南海的海外交通线路。至明朝，中国进入大航海时期，郑和船队远涉重洋到达波斯湾、红海，以及非洲的蒙巴萨和南亚的吉里地闷（今帝汶岛），形成了著名的“海上丝绸之路”。

中国古代船舶分别在沿大陆边沿的“内沟”航线和沿西、南、中沙群岛航行的“外沟”航线上，留下大量的中国历朝历代的文化遗产，这些水下文化遗产是证明中国最早开发南海的珍贵文物史料，这些历史钩沉同样孕育了今天的三沙文明。

从20世纪90年代至今，国家文物局已经组织了七次南海水下考古调查，依靠实物资料所获得的科学结论，再次向世人昭示，居于古代“海上丝绸之路”要冲的南海诸岛，蕴藏着极为丰富的我国古代文化遗产。这些古代文化遗产是中国人最早到达、最先开发南海诸岛的历史见证。

◎出水石像（陈德雄 摄）

中国国家博物馆水下考古研究中心编著的《西沙水下考古》中的报告显示，在西沙群岛区域采集和发掘的文物，以瓷器为主，还有少量的铁器、铅锡、象牙、船板等。考古人员还打捞起数块碇石，有专家认为这类碇石是我国古代木石锚的一部分。

值得一提的是，西沙出水瓷器种类丰富，有宋元时期的青瓷、白瓷、青白瓷，也有明清时期的青花瓷，更有弥足珍贵的元青花，其器型有碗、碟、粉盒、瓶、壶、军持、罐、缸等。出水瓷器大多源自福建、广东、江西一带。

在海南省博物馆的基本陈列中，西沙出水瓷器占据相当大的展览规模。宋元时期的瓷器装饰图案有缠枝花卉、莲瓣纹、卷云纹等，有的青釉盘底刻有“吉”“大吉”等文字，有些器物的外底还有墨书题字。到了明清时期，青花瓷的装饰图案更加丰富多彩，题材有花鸟、动物、人物、山水、楼台等，文字有“福”“寿”等吉祥语，有的器物底部还有“上品佳器”等吉颂款。

中国古陶瓷学会副会长、研究员栗建安认为，中国陶瓷沉积于南海海底，再次以无可争辩的事实向世人证明，南海诸岛自古以来就是中国的神圣领土，这些陶瓷同时也为研究我国的航海史、海外贸易史、陶瓷外销史提供了重要的信息，具有非凡的学术价值。

◎青白瓷划花小碗

◎褐釉小口罐

◎旋纹鼓腹小罐（宋国强 摄）

除了数不尽的水下遗珍，散落在三沙各个岛礁沙洲上的陆上文化遗迹更是数不胜数。考古专家称，淡水是渔民耕海和登岛住宿不可或缺的生活必需品，为了生存的需要，渔民必须在各个岛屿的沙滩和丛林中寻找水源，并想方设法掘井以维持淡水供应，因此在岛上留下了众多生活遗迹。

例如，在西沙群岛的甘泉岛（因岛上有一泉眼而得名），考古人员发现了唐宋时期人类活动的遗迹，采集到了古代先民生活居住的文物遗存，例如烧煮食物留下的炭粒灰烬，吃剩的鸟骨、螺蚌壳等，还发掘到唐代青釉四耳罐、卷沿罐等一批珍贵文物。

从目前考古调查资料看，南海诸岛上凡有淡水汲取的地方都有我国渔民生产生活的文化遗迹。根据调查，在北子岛、永兴岛、南子岛、西月岛、太平岛、中业岛、南钥岛、鸿庥岛、景宏岛、马欢岛、南威岛等岛屿上都有海南渔民先后居住，这些岛屿上的水井都是他们为了生活需要挖筑而成的。而在长年劳作中，海南渔民因患病逝世或作业伤亡的事情时有发生，不少岛屿上留下了死者的葬坟和碑记。

另据了解，中央民族大学的王恒杰教授（1996年去世），曾多次在南海地区进行文物考古调查，他的足迹最远到达南沙群岛的太平岛。王恒杰教授首次在南沙群岛的南薰礁与鸿庥岛之间的沙洲上采集到唐代开元通宝，多次在西沙、南沙群岛发现早至新石器时代的有肩石斧、瓮棺葬等，以及战国、秦汉时期的水波纹硬陶、压印纹硬陶等源自中国内陆的文物。

沉没商船勾勒中国古代贸易航线

在我国前后七次进行的西沙水下考古调查中，2007—2008年西沙“华光礁一号”沉船遗址的发掘具有里程碑式的意义，这是中国进行远洋水下考古作业的第一次成功尝试。随着800年前中国古代商船的出水，沉积海底的三沙文明一同浮出水面。

“南海作为中华文明传播的前沿阵地，其辖区内遗存的历史文物越来越凸显其重要价值。全面、准确宣传水下文化遗产的价值及特殊作用，科学、有效利用文物资源和优势，展示中华民族在各个历史变革时期所展现的伟大创造力、生产力和强大的凝聚力，必将会为国家的强盛产生巨大的推进作用。”国家文物局原副局长张柏认为，南海区域的考古工作，为南海诸岛的水下文化遗产保护工作打下了良好的基础，对未来国家发展战略具有十分重要的意义。

正是在国家高度重视南海区域考古工作的背景下，我国于2007年正式发掘西沙“华光礁一号”沉船遗址，历时两年，发掘出水瓷器1万多件，出水船板511块。一艘800年前沉没海底的中国商船被考古人员成功发掘出水。

中国国家博物馆副馆长张威说，西沙“华光礁一号”沉船遗址的发掘是中国有史以来第一次完整的水下考古发掘。有别于广东“南海一号”沉船的工程打捞方式，考古人员借鉴田野考古的理论方法进行发掘，避免采用重型机械工程作业方式，使出水文物得到最大限度的保护，同时也可以减少对海洋生态的破坏，保护南海的生态平衡。此次考古活动实践填补了中国水下考古工作上的一个空白。

通过对瓷器的研究整理，栗建安研究员认为，西沙“华光礁一号”沉船的出水瓷器中青白瓷器数量最多，兼有青瓷器、酱褐釉器，样式包括碗、碟、瓶、盘、壶、罐、瓮、粉盒等，从产地上看，大部分源自福建闽江流域一带的民间窑场，也有少量是江西景德镇湖田窑的器物。

栗建安说，“华光礁一号”沉船的出水文物中，有一件瓷器底部清晰地标明“壬午载”，这是南宋高宗时的一个年号，由此推断这是一艘南宋时期的古船。

◎西沙“华光礁一号”沉船遗址的发掘是中国第一次完整的水下考古发掘。图为海南省博物馆展出的古船模型（宋国强 摄）

考古人员在发掘整理中发现保存相对完好的瓷器均位于船体的底部，多为质量一般、廉价的福建粗瓷，而造型优美、胎质细腻的江西景德镇湖田窑、福建龙泉窑的瓷器多存放于船体上部。古船触礁沉没后，这些少量的细瓷没能全部沉于海底，被珊瑚沙覆盖，所以完整保留的器物很少见。

栗建安说，通过这批船货可推测南宋时期的消费环境：大量廉价的福建粗瓷占据市场，精美细瓷量少价高，市场需求也小，多为少数贵族品评使用，一般百姓鲜有问津。

从陶瓷生产，到陶瓷贸易，再到陶瓷消费，综观海上丝绸之路的文物遗存，我们可以清晰地勾勒出“华光礁一号”古船的贸易航线——从中国福建泉州港出发，经西沙群岛，驶向东南亚地区的国家……

据了解，西沙“华光礁一号”沉船的船板层数达到五层，局部出现六层相互叠压现象，最长的船板达 14.4 米，宽度超过 0.45 米。经过 800 多年的海水浸泡，这艘船目前仅西半部保存较好，考古人员根据对称原理复原古船，这对研究我国的造船史和海外交通史有着非常重要的意义。

南海诸岛的娘娘庙依然香火旺盛

经过历史的沉淀，相信还有数不清的古代先民活动遗迹消失于岁月中，不曾为考古人员发现。但是，值得一提的是，西、南、中沙群岛上的一些建于明清时代的庙宇经过后人不断修缮，至今仍香火旺盛。

中国渔民在西、南、中沙群岛建了不少这种小庙，并流传这么一句话——“有庙就有井，有井就有人”，即凡有人住的岛，都有这种小庙。

据广东省博物馆和海南文化局考古人员1974年对西沙群岛的调查，仅在赵述岛、北岛、南岛、永兴岛、东岛、琛航岛、广金岛、珊瑚岛和甘泉岛就有古庙14座，在中岛、晋卿岛、金银岛等地也有古庙遗迹。

◎20世纪70年代，广东省考古工作者和守岛战士在西沙甘泉岛上发掘唐宋遗址（资料图片）

考古专家称，这些庙宇的形制以及祭祀风俗跟海南岛沿海一带相同，说明海南渔民世世代代因袭中国传统文化，面对海上不测风云与旦夕祸福之瞬息变幻，求神佑护平安，在与惊涛恶浪的抗争中，期盼渔业生产能如愿以偿。

香港《华夏纪实》杂志主编、作家王业隆是海南万宁人，长期关注西、南、中沙群岛上的庙宇研究。他认为，先代海南渔民遗留下来的孤魂庙和土地庙，是海南渔民开发、经营南海的历史见证。

据王业隆介绍，孤魂庙的由来有一段血泪斑斑的历史。相传在500年前的明代，有108位海南渔民到七洲洋（即西沙海域）捕鱼，不幸遇上台风，渔船翻沉，108位渔民葬身大海，成了海底冤魂。

多年后，另一批海南渔民再来这一带海面作业，突遇狂风恶浪，危急之际，这些渔民焚香祷告，祈求108位弟兄来解救。霎时间，

◎考古人员在西沙群岛"华光礁一号"沉船遗址作业（张茂石磊 翻拍）

风浪归于平静。于是，这些死里逃生的渔民便集资在永兴岛修建庙宇以祭祀108个孤魂，孤魂庙或兄弟庙由此得名。

王业隆说，孤魂庙一般规模较小，结构也较简单，多是就地取材，用珊瑚石堆砌而成。永兴岛上的孤魂庙就是用珊瑚石砌成的长方形的单间房屋，门前敞开，不设窗户，长宽在2米左右，高1米多，门口有对联："兄弟感灵应，孤魂得恩深。"神龛中有一座神主牌，牌上写有 "明应英烈一百有余兄弟忠魂神位"。

据了解，在晋卿岛上有两间小庙（或称土地庙），上面刻有"有求必应"四个字，庙里还有两个香炉，因年代久远已变得残缺不全。

东岛西南角的娘娘庙还有一副对联，上联为"前向双帆孤魂庙"，下联为"庙后一井兄弟安"，是20世纪30年代海南岛潭门港渔民莫经琳所题。

至于南沙群岛的神庙，一般不叫孤魂庙，而称公庙或土地庙。1975年台湾学者张振国到过南沙，回去后写成《南沙行》一书。书中记载，太平岛、中业岛、南威岛、西月岛及南钥岛上都有神庙。其中，太平岛的土地庙门上写有四字横批"有求必应"，中业岛的土地庙由几块宽大的石板搭成，高1米，宽约0.7米，中间供着石质的土地神像。

民俗学专家称，南沙群岛这些土地庙，亦称伏波庙，用来奉祀海神马援。伏波将军马援，东汉时因征服交趾而闻名于世。南海一带，早在魏晋南北朝时期已经把马伏波当作海神奉祀，有关记载见诸多种文献史料。

由此可见，我国先辈渔民们早已在南海诸岛上居住并建有天后婆庙或珊瑚石小庙，以奉祀天后、伏波或108位死于海难的兄弟，使孤魂有所归宿。岛上的庙宇无可辩驳地成为南海诸岛早已归属中国的有力证据。

（《海南日报》黄晶）

第七节 历史典籍中的南海

多位学者通过对古籍的反复考证，
发现早在公元前200多年前的秦汉，
我国先民已在南海航行和生产，
古代学者、旅行家、航海家及渔民等
对南海诸岛进行的论述、描绘，
散见于上百种古籍之中，
且各书所录，内容颇多相同，尤其是志书。
随着航海活动的持续开展，
以及造船技术的提高和渔业范围的扩大，
典籍中所体现的中国人民对南海诸岛的认识，
愈加丰满和准确。

“海客谈瀛洲，烟涛微茫信难求。”面对传说中的东海仙山，李白尚且发出如此感慨，那么更为浩渺的南海以及散落其中的南海诸岛，又是何时让远居中土的国人知晓它们存在的呢？

多位学者通过对古籍的反复考证，发现早在公元前200多年前的秦汉，我国先民已在南海航行和生产。古代学者、旅行家、航海家及渔民等对南海诸岛进行的论述、描绘，散见于上百种古籍之中，且各书所录，内容颇多相同，尤其是志书。随着航海活动的持续开展，以及造船技术的提高和渔业范围的扩大，典籍中所体现的中国人民对南海诸岛的认识，愈加丰满和准确。

“涨海”之初印象

地理史学家鞠继武认为，我国最早记载南海及南海诸岛的古籍，是公元 1—2 世纪东汉杨孚撰写的《异物志》，此书早已失传，但有不少类书引录其文。据 1964 年上海古籍书店影印出版的明朝正德残本《异物志》述：“涨海崎头，水浅而多磁石。”“涨海”是古代中国人对南海的泛称，“崎头”是古代中国人对岛礁、滩、沙洲的泛称，这是当时或以前的中国人对南海及南海诸岛原始性的地理认识。

◎元代民间航海家汪大渊在《岛夷志略》中提出对南海诸岛整体的认识，明确记述了包括今西沙、中沙、东沙和南沙群岛在内的南海（资料图片）

三国时，吴国派朱应和康泰远航南海，访问扶南国（今柬埔寨）。康泰在其所著的《扶南传》中提到：“涨海中，倒珊瑚洲，洲底有盘石，珊瑚生其上也。”“珊瑚洲”即露出水面不太久的珊瑚沙堆积成的沙洲，“盘石”即礁盘，这明确描述了南海诸岛的结构。

另三国吴人万震所著的《南州异物志》中载：“东北行，极大崎头，出涨海，中浅而多磁石。”“磁石”指暗礁、暗滩，意为南海暗礁、暗滩多，来往船只搁浅难脱，像被磁石吸住一样。这是经营南沙群岛的中国古代人对南沙群岛航行方位、距离和海况的记录，表明他们已初步掌握南海的基本特点。

中国社会科学院中国边疆史地研究中心副主任李国强表示，至隋唐两代，中国人民在南海的活动范围已到达西沙群岛。

《隋书》记载，公元607年，“(常)骏等自南海郡乘舟，昼夜二旬，每值便风，至焦石山，而过东南，泊陵迦钵拔多洲，西与林邑相对”。“焦石山”即礁石，从航程看指西沙群岛。

“千里长沙，万里石塘”名称渐统一

唐宋时，指南针应用于航海，中国人在南海的航行和生产更趋频繁，对珊瑚礁有了更多的认识。据厦门大学教授林金枝统计，“仅宋、元、明、清四代，记述南海诸岛石塘、长沙之类的文献、图籍多达百种，名称叫法20余种”，而地名相对集中，这表明人们对南海诸岛的认识趋向一致。

《旧唐书》卷四十一《地理志·岭南道·振州》和宋代赵汝适的《诸蕃志》“海南”条中记述，至唐末，中原王朝在琼州设置了都督府，把西、南、中沙群岛划入行政区，隶属振州管辖。此后，其对南海诸岛的行政管辖从未中断过。

南宋的周去非在岭南为官多年，他于1178年撰写的《岭外代答》中，具体指出南海中有“长沙、石塘数万里”“历上下竺与交洋，乃至中国之境”，这里的“交洋”即“交趾洋”，为现在的北部湾。

清代人徐松整理的《宋会要辑稿》载：“数日至占城，十日过洋，傍东南有石塘，名曰万里，其洋或深或浅，水急礁多，舟复溺者十七八。”据方位，这里的“石塘”指今南沙群岛。此后史书往往用“千里长沙，万里石塘”以及类似的称呼泛指或专指南海诸岛。

元代时，中原与南海诸岛的交通更为频繁，南海诸岛及其附近海域不仅成为中国人民生产、经营活动的传统区域，还是水师巡防的重要海域。据《元史·史弼传》记载，1293年，元将史弼率军五千去爪哇时，曾“过七洲洋，万里石塘，历交趾、占城界”。1329—1345年曾亲赴南海和印度洋一带的元代民间航海家汪大渊，在其1349年所著的《岛夷志略》中，提出对南海诸岛整体的认识，明确记述了包括今西沙、中沙、东沙和南沙群岛在内的南海。

明代政治家唐胄1521年编纂的《正德琼台志》“疆域”条中记载，琼州府有“千里长沙、万里石塘”，并把西沙、南沙群岛作为我国的海防区域。

南海诸岛被列入地方志“疆域”条记，进一步说明南海诸岛是我国领土的组成部分。在方志鼎盛的明清，由官方纂修的《广东通志》《琼州府志》《万州志》等许多地方志书，都辑录有西、南、中沙群岛的资料，并将其列为海南岛的附属岛屿。

直到20世纪70年代，以各种手抄本或口授形式流传于世代渔民手中的民间航海指南更路簿，因有关学术研究机构和学者的搜集、整理、研究工作而得到重视。更路簿所记载的地名、航线，所绘的海图，记录了海南渔民在南海诸岛的作业路线以及渔民对西沙、南沙有关岛、礁、滩、洲的命名情况。海南大学教授周伟民向海南日报社记者表示，更路簿深刻反映了我国渔民经过长期生产活动后对南海诸岛的认识及四个群岛及其附近海域是中国渔民传统的作业范围，虽然长时间没有收录于典籍中，可是它们作为指导渔捞实践活动的实用工具书，以及中国南海海洋文化遗产，价值不可低估。

◎西沙海沟（兰建琼 摄）

沉浮在古地图上的群岛

南海诸岛地名研究专家、华南师范大学教授刘南威考证，明永乐至宣德年间（1403—1435 年），伟大的航海家郑和、费信、马欢等人七下西洋，对西、南、中沙群岛进行了更为详尽的考察和记述，在这时出现了绘有南海诸岛的古地图。清代，中国人民对南海诸岛有了更深入的了解，因而出现了明确把南海诸岛划分为四个群岛的地图和专绘某一群岛的详细地图。

早在元末明初，中国就有李泽民绘于 1330 年前后的《声教广被图》和清浚绘于 1370—1380 年的《混一疆理图》。这两幅世界地图早已失传，但朝鲜的李荟和权近于 1402 年绘制的《混一疆理历代国都之图》的附记表明，它是以那两张世界地图为基础合绘而成的。而这幅地图，可以说是明代最早记载南海诸岛的地图，绘有两个石塘和一个长沙，就整个南海诸岛而言，图中靠东北的“石塘”从方位看应指东沙群岛，“长沙”应指西沙和中沙群岛，图中西南部的“石塘”应指南沙群岛。

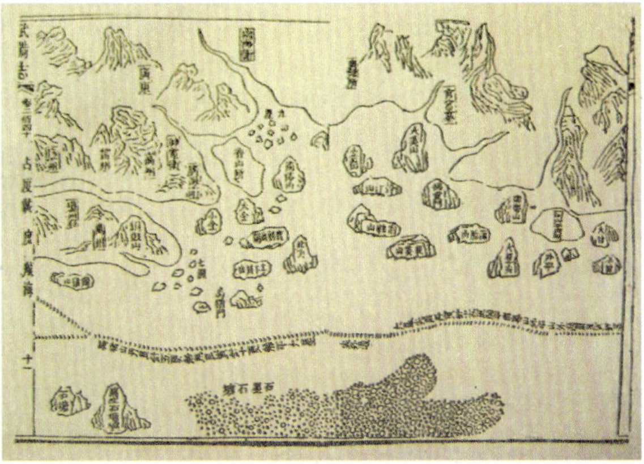

◎明《郑和航海图》（局部）绘出“石星石塘”“石塘”“万生石塘屿”等（陈超 翻拍）

我国著名南海史地专家吴凤斌在他的《古地图记载南海诸岛主权问题研究》中写道，明代比较有影响的地图中，有朱思本撰、罗洪先增补成于1554年左右的《广舆图》，其中的《东南海夷图》中，将“长沙”绘成一个圆圈的一半，中间有线条分开，另一半圆圈中无文字注明的图案。这种绘法在1621年茅元仪《武备志》中的《郑和航海图》里也可看到，说明长沙是个珊瑚岛，有的露出水面，有的则藏于水下，形象地表明了隐没于水中的中沙群岛和露出水面的西沙群岛，与今天中沙、西沙群岛的实际情况完全一样。

《郑和航海图》在南海中绘“石星石塘”“石塘”“万生石塘屿”等。据图上方位及符号判断，“石星石塘”绘在东面，用点和圈交错标注，表示水下礁沙，指东沙群岛；“石塘”绘在西面，应指西沙群岛；“万生石塘屿”一名，仅见于该图，疑是“万里石塘屿”之误，绘在“石塘”之东偏南，且范围画得比“石塘”大，应指南沙群岛。

及至清代，成书于1730年陈伦炯所著的《海国闻见录》中附的《四海总图》，已经明确标绘四大群岛的名称和位置。后来，清政府在开展大规模全国地图测量的基础上，编绘了多种地图，如1709年的《大清中外天下全图》、1767 年的《大清万年一统天下全图》和 1817 年的《大清一统天下全图》等，这些都是清朝官方绘制的，都在海南岛的东南方绘有南海诸岛，并将其列入中国疆域版图。

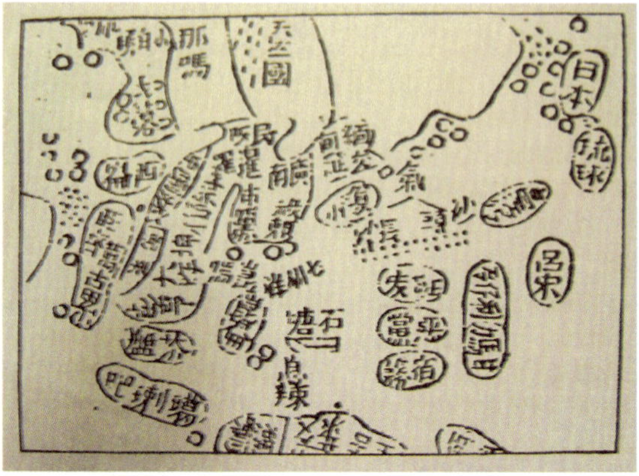

◎清《四海总图》（局部）已经明确标绘南海四大群岛的名称和位置（陈超 翻拍）

诗人眼中的南海诸岛

诗人的书生形象通常是文弱的，也许他们的脚步并没有到达南海，但他们瑰丽的想象及其力透纸背的思想，向世人展示了一幅另类的南海画卷。

海南籍史学家韩振华曾撰文称，秦始皇曾致力于开辟海外交通和经营南海诸岛，民间流传了很多故事、传说。据说在涨海（包括南海诸岛）上，有一石塘或石桥，石皆赤红，那是因为秦始皇要到海上看日出，神人为他架桥“驱石下海，石去不速，神辄鞭之，皆流血，至今，石悉赤”。后来唐朝诗人张乔作诗一首，描写涨海断桥和秦始皇的遗事，诗曰：“天涯离二纪，阙下历三朝。涨海虽然阔，归帆不觉遥。惊波时失侣，举火夜相招。来往寻遗事，秦皇有断桥。”

南朝宋武帝曾经锐意经营涨海（南海诸岛），在其 422 年驾崩后，以辞采闻名的山水诗人谢灵运所作的《武帝诔》中有“虎骑骛隰，舟师涨海”的词句。

海南大学周伟民教授告诉海南日报社记者，古代有关南海诸岛的诗歌，大致分为三类：一是描绘中国的气象，宣示南海主权的；二是描写与南海诸国在政治、军事、宗教、文化等方面交流的；三是表露诗人感怀与南海诸国交流时官风要正的。如唐代诗人韦应物在《送冯著受李广州署为录事》中写道："大海吞东南，横岭隔地维。……百国共臻奏，珍奇献京师。"宋代洪适在《海山楼》一词中写道："高楼百尺迩严城，披拂雄风襟袂清。云气笼山朝雨急，海涛侵岸暮潮生。楼前箫鼓声相和，戢戢归樯排几柁。须信官廉蚌蛤回，望中山积皆奇货。"周伟民说，这里的"海山楼"指当时设于广州的政府管理海外贸易的市舶司之所在。

（《海南日报》陈超）

第八节　眺望三沙的海上线路图

中国国家社科基金重大项目“环中国海海洋文化遗产调查研究”课题开展阶段性研讨时，国家社科基金重大项目首席专家、中国海洋考古权威学者吴春明教授，在繁复庞杂的文字信息中，留意到了一幅看似简单却又意蕴深远的图。

引起这位考古界权威关注的是一张手工勾勒的海南渔民西沙航海线路图。

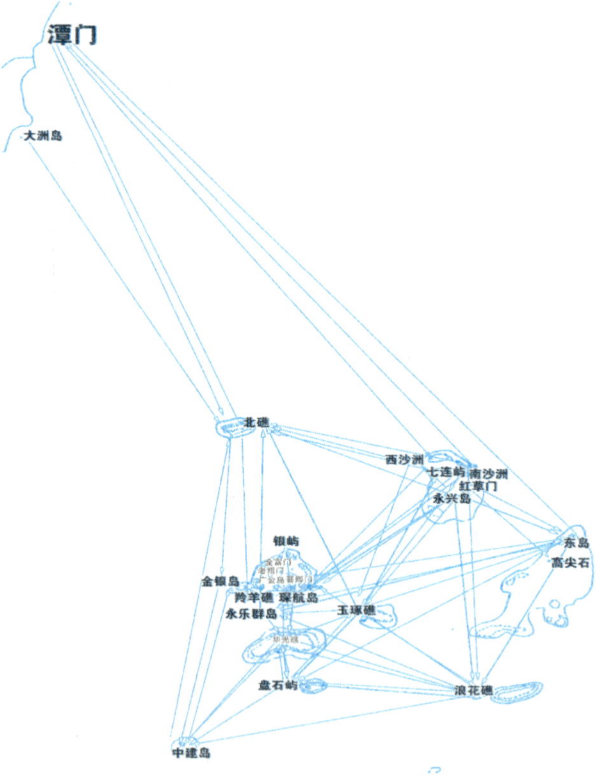

◎根据古代更路簿勾勒的海南渔民航海路线图（朱磊 绘制）

一张图胜过万千文字，寂寂地诉说着海南渔民远耕三沙的历史。

这张手工勾勒的海南渔民西沙航海线路图，是由海南省博物馆提供，由省博物馆该课题参与人朱磊手工绘制而成的。以解读馆藏的《顺风东西沙岛更路簿》为基础，绘图历时 90 余天。对照更路簿中记载的每一条航程航线，朱磊精心绘制出了这幅从海南岛潭门、大洲岛（属万宁）出发，与西沙诸岛之间往返的航线图。

一幅描绘航海历史的画面重新铺展开来：数百年前，海南渔民的祖辈随身带着传抄的航海小图册，在季风中劈波斩浪向南海进发。他们在耕海牧渔的劳作中积累了丰富的经验，在没有航海图标、电子通信和卫星定位系统的古代，只伴着这些船舟航行秘本，留下了一段段令人难忘的海上足迹。

古代海南渔民航线密集

记者仔细观看该图，发现从海南岛顺季风前往西沙群岛的航线中，北礁是很多渔船选择最先靠达的地点，其次才是永兴岛及其他海岛。从图中可以看出，渔民一般不会只在西沙一个岛屿周围耕海后返程，而是在该岛屿海域捕捞之后，再驾船前往西沙另一岛屿耕海，或去南沙群岛耕海。而在去往南沙的路上，多数渔船都将经过中建岛，途中的华光礁也是渔船停留较为密集的避风港之一。渔民到南海出海往返一次将近一年。

“东海”“北海”是海南渔民对西沙群岛和南沙群岛的别称。由于南海诸岛属热带海洋性季风气候，每年 5 月至 9 月盛行西南季风，11 月至翌年 3 月盛行东北季风。在帆船航行时代，熟悉季风规律的海南渔民便乘东北风顺风而下，赴西沙群岛和南沙群岛从事生产活动。

于是，海南渔民就取东北风的“东”，称先到达的西沙群岛及其附近海域为“东海”；取东北风的“北”，称后到达的南沙群岛及其附近海域为“北海”。

◎海南渔民远赴“三沙”耕海牧渔（马宏杰 摄）

有关去西沙群岛的古代路线，很多更路簿中都有记载，比如苏德柳抄本《更路簿》有 29 条，郁玉清抄藏本《定罗经针位》有 35 条，陈永芹抄本《西、南沙更路簿》有 16 条，林鸿锦抄本《更路簿》有 59 条，王国昌抄本《顺风得利》有 42 条，麦兴铣存本《注明东、北海更路簿》有 19 条。而从目前看，海南省博物馆馆藏的《顺风东西沙岛更路簿》是其中最为完整的一本，上面用毛笔小楷工整地记录了东海更路 42 条，还记录了北海更路 169 条，后又补充了东海更路 49 条。

令人遗憾的是，该更路簿是 20 世纪七八十年代琼海市水产局一名干部赴潭门从渔民手中收购的，具体出自何人之手已无从考证，但据其纸张判断，大概是从清末流传下来的，其部分页面已经破损严重。

朱磊告诉记者，在整理过程中发现，王国昌抄本《顺风得利》与《顺风东西沙岛更路簿》中记载的部分更路重叠。两本中第一部分都为东海更路 42 条。《顺风东西沙岛更路簿》的第三部分记载东海更路49条，其中14条更路与第一部分重复，2条为赴国外更路。这些更路中有35条没有具体更数，仅有相对针位。细数该本，共记载西沙群岛地名28处之多，虽范围不大，东至东岛，北至北礁，西南远至中建岛，但线路密集，涉及的航线有70余条，可见当时海南渔民前往西沙的频繁程度。

◎海南省博物馆馆藏民间手绘罗盘

梳理古人三沙耕海之貌

根据更路簿的记载，朱磊初步梳理出了渔民在西沙群岛的航行范围内的岛屿，即七连峙（七连屿）、三峙（南岛）、干豆（北礁）、石塘（永乐群岛）、大圈（华光礁）、二圈（玉琢礁）、三圈（浪花礁）、圈仔（羚羊礁）、白峙仔（盘石屿）、猫兴（东岛）、猫注（永兴岛）、三脚峙仔（广金岛）、三脚大峙（琛航岛）、四江门（晋卿岛）、半路（中建岛）、尾峙（金银岛）、老粗门（老粗门）、银峙（银屿）、红草门（红草门）、船暗尾（西沙洲）、红草（南沙洲）。

《琼海县志》记载："西沙、南沙、中沙群岛是本县远海捕捞的传统渔场。明代永乐年间，欧村港、冯家埠、潭门埠、草塘埠一带的渔民，就已往返于西沙、南沙、中沙群岛捕鱼和居住。每年农历十月，驾驶帆船乘东北风南下西沙、南沙、中沙渔场，从事海参、贝类等海珍品捕捞作业，然后将鱼鲜品运往南洋销售，换取食物和生活用品，至翌年农历四月乘西南风返航。"

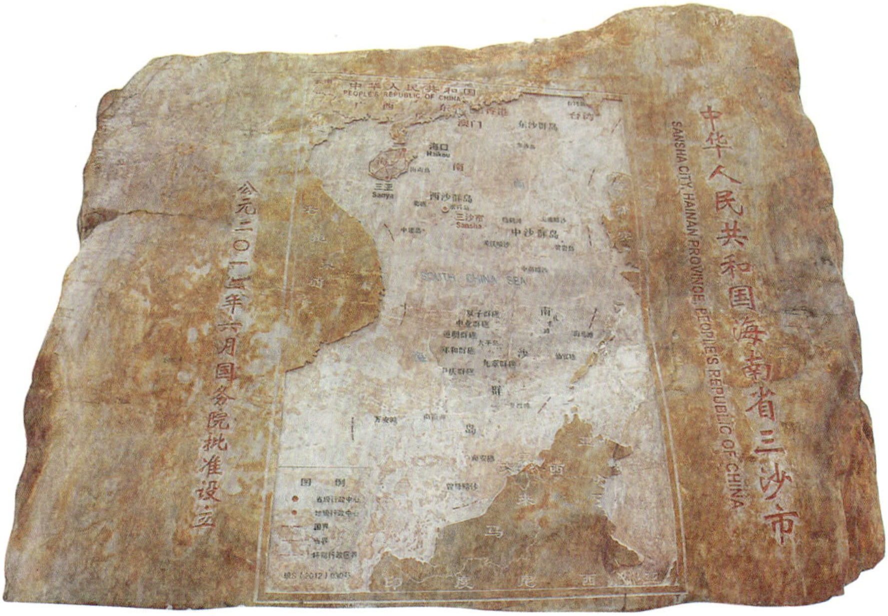

透过一张手工绘制的眺望三沙的海上线路图，中国古代海南渔民耕牧三沙的航海史次第呈现。今人仿佛看见，一条条古代风帆穿越历史的烟尘，正向南海的万顷碧波中驶去。

（《海南日报》记者 杜颖 见习记者 金昌波 / 文 海南省博物馆 / 图）

第九节 更路簿讲述海南世代渔民犁波耕海的故事 水下文物揭开古代海上丝路的神秘面纱

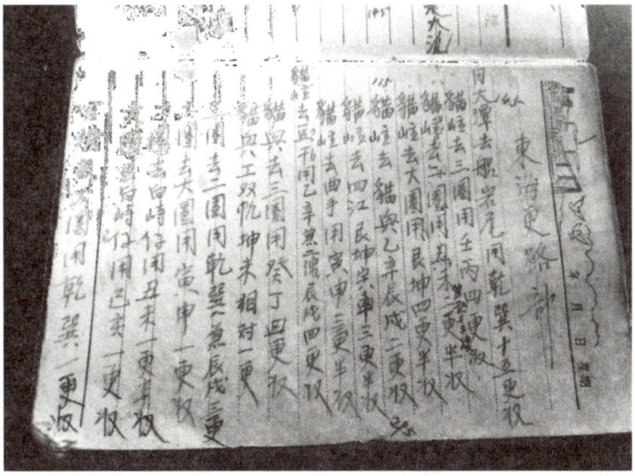

◎老渔民的更路簿

在考古队员眼中，南海每一处沉船遗址都有一个故事，都是一处宝藏，默默述说着昔日繁华。

不久前召开的南海水下考古协调会，确定打捞发掘三沙“珊瑚岛一号”沉船、“金银岛一号”沉船。考古队员们将再次揭开南海的神秘面纱，让世人亲见历史上繁忙的海上丝绸之路。

常年漂泊在这片大海上的老渔民，不会刻意提起丝绸之路。可他们知道，一辈又一辈渔民从这里出发，从汉朝到唐宋，直到今天，他们从这里走近南海、走向世界、走向未来。

如今，随着“一带一路”战略的提出，77岁的老渔民张宗纬又想起了那片海，那是一片充满希望的大海——南海。海的故事由此翻开新的篇章。

海南是一个至关重要的节点，是丝绸之路的见证者、参与者

南海，祖宗海。这是几乎每个渔民都会提到的词语。如今，77 岁的老渔民张宗纬依然记得第一次跟着父亲出海的情景。从潭门出发，驾驶着一条木船，往南直到永暑礁。

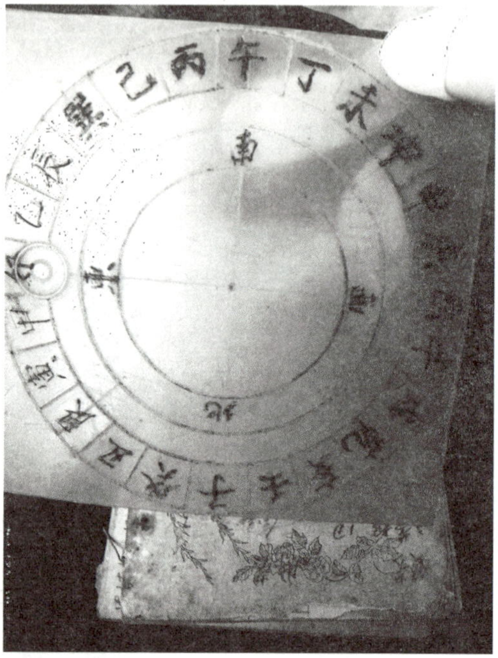

◎渔民自制的简易罗盘，配上更路簿便能远航

年轻时，张宗纬不知道自己所走的正是古代海上丝绸之路的重要一段，不知道这里布满了先人的足迹。这些先人足迹一直上溯，直抵汉朝。

海南师范大学教授张一平描述：公元前 138 年，汉朝张骞出使西域，悠悠的驼铃声拉开了东西方交流的帷幕。与此同时，在浩渺的南海上，在水手们的一滴滴汗水中，前往斯里兰卡、印度的海路也被打通了。

《汉书·地理志》所记载的海上航线就包括南海与印度洋上的航线。中国海运货物可以抵达今天的斯里兰卡、印度，再辗转至欧洲和地中海沿岸。

比起书上的记载，海南省博物馆水下考古部副主任蒋斌更愿意寻找一件件实物来证明。

2007 年 3 月 10 日至 5 月 13 日，蒋斌与其他考古人员一起，背上氧气瓶沉到海底，一点点挖掘出了西沙“华光礁一号”沉船上的

精美文物。

潜下去，看到一件件从沙砾间露出一星半角的南宋瓷片，蒋斌异常兴奋，“那种心情简直无法言表，就像是挖到了宝藏一般”。两个多月的考古，每天潜水挖掘，完整及可复原的瓷器有近万件出水。蒋斌几乎每天都沉浸在惊喜中，他知道他正一点点揭开唐宋时期南海上那一条繁忙“丝路”的神秘面纱。

南海水下考古协调会，更是开启了三沙“珊瑚岛一号”沉船遗址水下考古发掘、“金银岛一号”沉船遗址水下考古调查的序幕。届时，人们又将一睹古丝绸之路上的繁华。

文物部门调查发现，海南岛周边海域类似的沉船点、遗址超过百处，而在浩瀚的南海上更是无法尽计。

蒋斌说：“将这些点串联起来，就是一条完整的海上丝绸之路，也是中国文化传播的路径。这条路径上，海南就是一个至关重要的地理节点和文化节点，是见证者，更是参与者。”

海上丝绸之路的先行者——更路簿述说耕海故事

一件件出水文物正是海上丝绸之路的实物证据，而一部部渔民出海经验的总结——更路簿则包含着海上丝绸之路的航行知识。

“浮水洲渔场，自白兵马角架宾申更驶十二更船驶二十四小时可至水深二十八手。”“琼州行船，初十二三子丑时流东，辰时流西……”

翻开琼海潭门资格最老的船长、94 岁老人王诗桃家中那本满是时间印记、发黄的更路簿，里面的一笔一画记录着诸多海域的行船踪迹，详细到具体日子的行船经纬度、海水流向、鱼量等信息。

“我家高祖父等先辈不幸在远航中罹难，但带着这本簿出海就不怕了。”王诗桃的儿子王书保年近六旬，20岁便跟着父亲出海，一跑就是30年。他把平安出海归功于更路簿，“哪个岛在什么方位，哪个海域几月份流向怎么样，哪个渔场哪一处鱼量丰富，在以前没有卫星导航的年代，这些信息至关重要”。

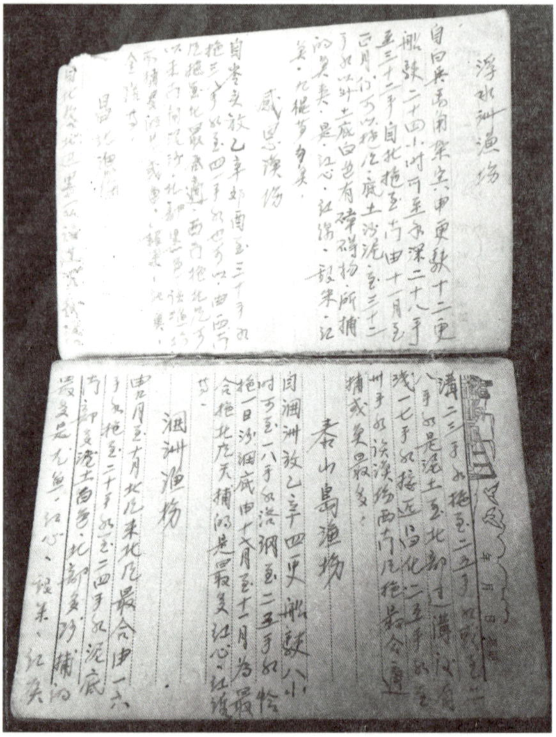
◎更路簿以手抄本的形式代代相传

每次出海前，拿出更路簿计算一番，王书保便知道行船轨迹，“根据出海时间，查询簿上的海域水流，便可计算出偏差，简单调整航向即可顺利抵达”。

潭门65岁渔民卢家炳将更路簿视若珍宝，偶尔拿出来翻看都是小心翼翼，生怕手抄本掉页损坏。“当年出海打鱼和到南洋都靠这本簿，从海南到新加坡、马来西亚，航行中有什么风，选什么角度开船，哪里有暗沙，簿里都有记录。”

77岁的老渔民张宗纬说：“有了这些经验总结，再带上一个罗盘，偌大的南海也仿佛是自己家的后花园，熟悉而自然。”

据了解，渔民传抄使用的更路簿，可追溯至明清时期，目前已发现十余个版本。彭正楷抄本《更路簿》记载有17条西沙捕鱼线路，200多条南沙捕鱼线路，29条从南沙返回海南的航线。

一个罗盘加一本更路簿，让渔民在没有精确的航海图标和卫星定位系统的时代，顺利前往南海作业，并下南洋进行交易，成为海上丝绸之路的先行者。

新一代耕海人蓄势待发　新战略孕育新希望

如今，卫星导航已经代替了更路簿，指导渔民出海捕鱼。然而更路簿承载的义无反顾的开拓精神，却以另一种形式在岸上传承，铸就了新的“更路簿”。

2013 年，王书保“北漂”玩音乐的儿子王振忠，敏锐地看到潭门南海风情小镇打造后的大变化，叫上在海口工作的姐姐一起回到潭门，租了 60 多平方米的铺面，创办起了“更路簿”海洋工艺品店。

市场反响热烈，让王振忠信心十足。短短一年多时间，他便注册了商标，开办了加工厂，和省外厂家合作开发产品，先后在琼海市区和北京朝阳区开起了两家分店，每个月销售额高达上百万，成为当地青年创业的榜样。

“我爷爷用更路簿指引过小帆船，我爸爸用它指引过机动船，我也继承了这种开拓精神，打造我梦想中的更路簿。”提起未来，王振忠“野心”很大，想法很多，“明年再过来，我的工艺产业园应该就开业了，我要打造前店后厂模式，打通工艺品生产、加工、展示、销售产业链”。

放眼潭门，旅游工艺品销售店近 3 年从 10 多家猛增至 400 多家，一个占地 800 亩的海洋经济加工园区即将拔地而起，许多渔民后代成了老板，吃起了“新海洋饭”。

“一带一路”战略提出后，王振忠似乎又看到了新的机遇，“一条繁荣的黄金水道将再次繁忙起来，潭门千年渔港也将更加热闹起来”。

77岁的老渔民张宗纬听到“21世纪海上丝绸之路”的提法后，有些激动，他说：“当年在国家的号召下前往西沙捡鸟粪，发展生产，我们是积极响应的。现在，又提出新的丝绸之路规划，要是可以，我真想再去南海走一走。”

张宗纬的二儿子张耀凡听了，说：“剩下的路让我帮你走吧。”如今，张耀凡接了父亲的班，带着新的希望，奔波在21世纪海上丝绸之路上。

新一代海的故事，由此展开，走向未来。

（《南国都市报》敖坤 孙学新/文 孙学新/图）

第十节 “天书”背后，多少海上传奇事

海南大学周伟民、唐玲玲教授撰写的专著《南海天书——海南渔民“更路簿”文化诠释》全文100多万字，对海南渔民自古以来自编自用的航海“秘本”——更路簿进行了全方位的文化诠释。周伟民、唐玲玲教授多年来致力于对南海诸岛的考察与研究，同时也对更路簿有着独到的学术见解。为了破解这航海“天书”背后的种种谜团，海南日报社记者日前采访了两位专家，探寻“天书”背后的传奇故事。

更路簿具有南海海洋文化史的学术价值

海南日报记者：两位教授是从什么时候开始关注、研究更路簿的？

周伟民、唐玲玲：关注、研究更路簿完全是出于工作需要。在20世纪80年代，由民政部牵头，有6个部委参加编纂全国地名词典。海南省卷由我（周伟民）任主编，因为南海诸岛287个地名要查究地名由来，必须调查、阅读海南渔民的南海更路簿。当时，我们还会同海南大学相关学院的教学和研究人员，从学术角度开展了研究工作。这样，最早接触并有计划、系统地征集海南渔民的南海更路簿，距今已有20多年。2011年初，中央电视台中文国际频道《南海天书》剧组聘我们任学术顾问进行拍摄工作，我们又进一步做了调查和研究。

海南日报记者：《南海天书——海南渔民“更路簿”文化诠释》有100多万字，这部书整体架构是如何考虑的？

周伟民、唐玲玲：这是首次全面解读更路簿的一本书，所以我们对全书的整体架构做过较长时间的思考，几经变动，最后定为三编。

第一编是文化诠释，重点讲什么是更路簿。第二编原先作为附录，因为更路簿的原本是渔民所创，后来书的责编提出：在某种意义上更路簿与诠释同样重要，读者需要见到更路簿本身，今注今译也极为重要。不然，非本地人读不懂，所以将原定为附录的内容作为第二编。第三编，考虑到更路簿成为“学”，成为一门学问，开展研究活动是十分必要的。

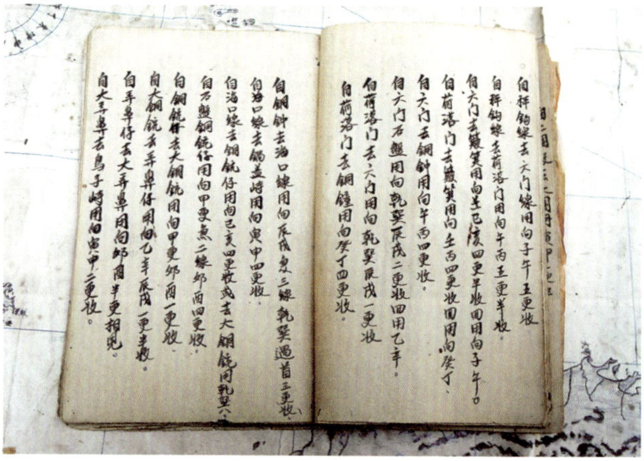

◎海南渔民使用的更路簿（宋国强 摄）

海南日报记者：《南海天书——海南渔民“更路簿”文化诠释》这本书学术视野开阔，珍视本土资源，创作中进行了大量田野调查，收集到丰富的文献资料，使研究者、读者均能找到源头活水。该书在学术上有哪些亮点？

周伟民、唐玲玲：学术界对更路簿存世的年代有不同看法，有的说产生于宋元，有的说是清代、民国。我们论证它产生于明初，即郑和下西洋之前。我们在田野调查中发现苏承芬的《更路簿》补足了渔民到中沙群岛的更路，填补了这个空白，并拓展了渔民世代捕捞的海域范围。他的本子，特别可贵的是，证明黄岩岛是海南渔民传统的捕捞地区，是中国神圣领土的一部分。新发现的郑庆能珍藏版《更路簿》说明了海南渔民的另一种生存状态。卢家炳藏本《更路簿》在纸质、墨色、印章、实践经验和原生态色彩等方面，证明这个本子有近百年的收藏史。郭振乾的《西、南沙群岛渔业更路图》，说明渔民在南海的捕捞已经形成了点、线、面相结合的南海交通体系。所有这些，都具有南海海洋文化史的学术价值，也是本书的亮点。

更路簿是船长航行南海的经验总结

海南日报记者：能否谈谈该书出版的学术价值？

周伟民、唐玲玲：学术价值可概括为四点：一是更路簿体现海南岛东南部人民的海洋文化自觉；二是见证明代以后海上丝绸之路对海南发展的贡献；三是说明了风帆时代船长群体和广大渔民拥有的海洋文化精神；四是海南渔民的海洋文化精神，纠正了黑格尔在《历史哲学》中对中国人民仅有农耕文明的误解。

海南日报记者：更路簿产生的历史背景是怎样的？

周伟民、唐玲玲：现在能见到的更路簿，多是琼海市潭门镇，文昌市东郊镇、铺前镇和清澜港的渔民所创造的。也有少数是临高渔民创造的。这些地方都是渔港，其形成有特殊的地理环境和人文因素，也因此成为更路簿的发源地：各镇土地条件不适合耕田，而所面对的海域又极适宜“耕海”。当地渔民长期“耕海”所形成的倔强性格，在历史上培养和造就了一批多年在南海航行、积累了丰富经验、有百折不挠事业心和历史使命感的船长，他们将自己航行南海的经验加以总结，形成诸多更路簿。

海南日报记者：更路簿盛行年代海南渔民的生存状况是怎样的？

周伟民、唐玲玲：海南渔民在南海进行渔捞作业，世代相传。每年农历十月间东北风起时，他们自清澜、潭门等渔港起航，途经西沙群岛，有些船就留在西沙作业，更多的船在永兴岛等地进行生活补给，再起航到南沙群岛进行渔捞活动，待到次年农历三至四月间西南风起时，渔船满载而归。

在船出发前，船长负责筹措足够全船人员在海上生活半年的各种生产资料、生活必需品。生产资料中除了船上应备的锚碇外，还要有遇到大风时“下尾扣”的大缆绳等。生活必需品是柴、火、水、米、油、盐等。其中柴和水到了西沙时还可以在有些岛上补充若干，但火柴或打火铁、火石等一定要备足，而且要保管妥当，以免遇风浪时受潮。由田野调查得知，因为蔬菜不能久贮，有经验的船长还备几百斤黄豆，海上发豆芽，以补充植物纤维和维生素。一路上钓鱼做菜及汤。船上还备两头肥猪，一头在路上慢慢吃，另一头到了南沙后，选个有淡水的岛放养。在耳上系红绳或剪开叉以免与其他船的猪相混淆。春节时，渔船回南沙休息三天，杀猪过年。

一般是四条船或五条船结成一帮出海，每条船上人员互相配合，一帮船驶向西沙，然后分散，驶向南沙，在不同的作业线上进行作业，相约在清明或什么时日在某岛礁集合。

海南日报记者：更路簿中的俗名在地名学、历史学上有什么意义？

周伟民、唐玲玲：渔民依据自己生产、生活中经常见到的物品形象，赋予南海 136 个岛礁富有特色的俗名，称为渔民土地名。如果我们把这些俗名放在一起，连成一幅地名景观图，就可以看到一幅极大的历史画卷。这幅画卷清楚地呈现出海南渔民历代经营和开发南海诸岛的全过程。

这些俗名，在地名学和历史学上有着重要的意义和价值，证明我国渔民开发南海诸岛的历史久远。渔民俗名随着渔民经营南海的生产需要而逐渐形成，也随着渔捞生产的发展而增加并且扩大流传范围。俗名一旦产生，它在航海史上就显示出价值。在风帆时代，渔船航海没有精确的海图和先进的航海设备，主要靠罗盘针位，这些俗名就固定了南海航海史上的方位和航向，也满足了渔民航海沿途识别岛礁的需要。

（《海南日报》魏如松）

第十一节 更路簿中的岛礁名称：土名透出浓浓海南味

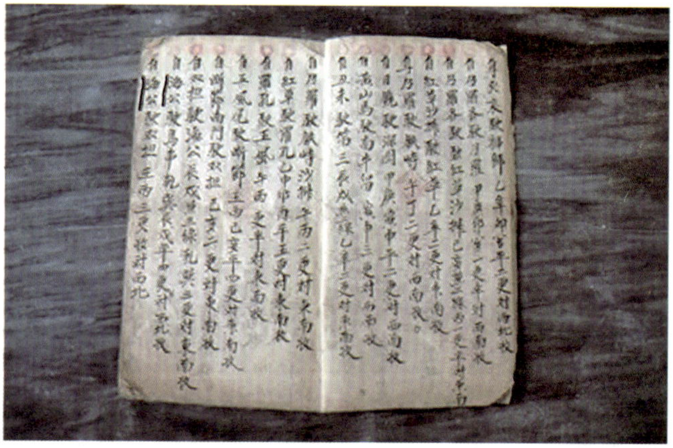

“更路簿上记载的南海各个岛礁的名字，都是由最先发现它们的海南老渔民特别是潭门渔民命名的，带有浓厚的海南话色彩。”与潭门老船长打了 17 年交道的潭门边防派出所原四级警士长符史宝，翻看着这些年来整理的南海岛礁传统称谓与现代名称对比这样解释。这些名称对比都是他通过比照更路簿的方位记载，再通过寻访老船长，从老船长口中一点点搜集、总结而来的。

“潭门老渔民口中的南海岛礁传统地名命名方法很多，有的按照岛屿上的所见所闻来命名，比如用渔获物的多少、种类来命名岛礁名称。”符史宝说，通过走访潭门老船长，他也弄明白了一些南海岛礁的命名含义。在这份古今对比的岛礁名单中，岛礁的古时旧称带着明显的海南话规则：对于南海中的各个岛礁、暗沙、暗滩的形态用圈、门（孔）、屿（峙）、线、塘这些名词来表示。

比如南沙群岛中的无乜礁在潭门渔民口中就被称为“无乜线”。

在海南方言中，“乜”字是“啥”或“什么”的意思，“无乜”就是海南方言中的“没有什么”。因为礁盘较小，渔民在那里什么也捕捞不到，因此他们就将这个礁盘命名为“无乜线”，意思一目了然，就是什么都没有的一个礁盘；而位于南沙的南屏礁被渔民们称为“墨瓜线”的原因，就是这里的礁盘上出产一种被海南渔民称为“墨瓜参”的海参。

◎西沙北礁被琼海潭门渔民称为“干豆”（宋国强 摄）

还有一些岛礁是根据渔民的所见所闻命名的。符史宝举例说，位于西沙群岛中的北礁在更路簿中记载为“干豆”。潭门老船长告诉他，那是因为潭门渔民出海总要在船上带一些豆子泡发豆芽，最初的渔船经常在北礁触礁沉没，后来的渔民们经常能在这里拾获不少沉船遗留下的豆子，而且豆子经过日晒，大都已经干瘪，因此潭门渔民就将北礁称为“干豆”。位于南沙群岛的弹丸礁，在更路簿的记载中名为“石公厘”，是因为弹丸礁的礁石边缘树立着一块块如同石人像一般的礁石，宛如给岛礁围上了一圈篱笆，石头人像在海南方言中俗称“石公”，“厘”则是篱笆的意思，因此渔民形象地称该礁为“石公厘”。而在潭门渔民闯南海的航线中最重要的淡水补给地——南沙南威岛，因为岛上有许多海鸟栖息，渔民就直接将其命名为“鸟仔峙”。

在更路簿对岛礁的命名中，还有一种是渔民们用岛屿的形状命名的，比如南沙群岛中的司令礁，在潭门渔民口中被称为“眼镜”，就是因为这个岛礁的形状像一副眼镜。西沙群岛中的华光礁、玉琢礁、浪花礁因为作为环礁形似一个个箩筐，又因它们距离较近，因此潭门渔民分别将它们称为“大筐”“二筐”“三筐”。

符史宝介绍，潭门渔民对位于南沙的日积礁的命名，则是依据更路簿定位时的方位。当年，海南渔民们去日积礁捕鱼时，多在南威岛补充淡水后出发，用罗庚定位时，渔民将指针指向乙辛方位即可到达。但在东边还有一个用“乙辛”方位能够到达的蓬勃暗沙，为了区别，渔民们便把日积礁称为“西头乙辛”，把蓬勃暗沙称为“东头乙辛”。

位于南沙的渚碧礁被称为“丑未”，也是因为渚碧礁在上一个渔业作业点中业岛的西南方，按照更路簿的记载，行船通过中业岛至此，需要在罗庚上使用“丑未”的方位，因此渚碧礁被渔民命名为“丑未”。

符史宝表示，这些年他走访了许多老船长，看了若干本更路簿，尽管不同版本的更路簿对地名称呼略有不同，但这种差别只是同音不同字，属于记录上的差异。如今，这些地名还在潭门渔民口中代代相传，仅仅从那一个个带有海南方言特色的岛礁名称中就能看出，南海早已是潭门渔民们经营多年的祖宗海。

符史宝用 17 年时间，走访数十位老船长和许多潭门渔民，探究潭门渔民口中的那些南海地名的奥秘。符史宝依据走访所得资料，整理出潭门渔民口中南海各个岛礁的传统称谓。

西沙部分岛礁现代名称与更路簿传统名称对比

现代名称	传统名称	现代名称	传统名称
赵述岛	船舰	东岛	猫兴
永兴岛	猫注	珊瑚岛	老粗
琛航岛	三脚	金银岛	尾峙
甘泉岛	圆峙	羚羊礁	筐仔
中建岛	半路	北礁	干豆
盘石屿	白峙仔	华光礁	大筐
玉琢礁	二筐	浪花礁	三筐

南沙部分岛礁现代名称与更路簿传统名称对比

现代名称	传统名称	现代名称	传统名称
美济礁	双门	永暑礁	上武
太平岛	黄山马	景宏岛	秤钩、钩屿
大现礁	劳牛劳	无乜礁	无乜线
奈罗礁	奈罗线仔	日积礁	西头乙辛
舶兰礁	高佛	南华礁	荷落门
柏礁	海口线	六门礁	六门沙
蓬勃堡	先头礁、浪花堡礁	毕生礁	石盘
鬼喊礁	鬼喊线	西礁	大弄鼻
东礁	大铜送、大铜铳	中礁	弄鼻仔
南子岛	奈罗下峙	鸿庥岛	南乙
南威岛	鸟仔峙	安波沙洲	锅盖
金盾暗沙	尼青屿	中业岛	铁峙
西月岛	红草峙	北子岛	奈罗上峙
马欢岛	罗孔	费信岛	罗孔仔
司令礁	眼镜	双黄沙洲	双黄

续表

现代名称	传统名称	现代名称	传统名称
南钥岛	第三峙	仁爱礁	断节
浪口礁	浪口	弹丸礁	石公厘
南海礁	铜钟	蒙自礁	线排头
信义礁	双担	仙宾礁	鱼鳞
仙娥礁	乌串	安达礁	银锅
南屏礁	墨瓜线	半月礁	海公

（《海南日报》李磊）

第十二节 让更路簿在现代"活"起来

◎海南大学周伟民教授在研究更路簿

随着现代航海技术的进步，动态的、发展的更路簿早已在历史中"停笔"。通过四处走访与调查，海南大学教授周伟民、唐玲玲发现，现存于世的更路簿仅有10余本。

更路簿的重大价值与意义不必赘述，那么，面对如此现状，我们又该如何采取措施保护它们呢？

大名鼎鼎却又"无人问津"

更路簿的境遇有些尴尬。

我国对文献资料有着明确的分类，如古籍（1912年以前）、民国文献（1912—1949年）等。除此之外，可移动文物也有着自己的定义标准。而更路簿的尴尬在于，现存的版本基本都在私人手中，

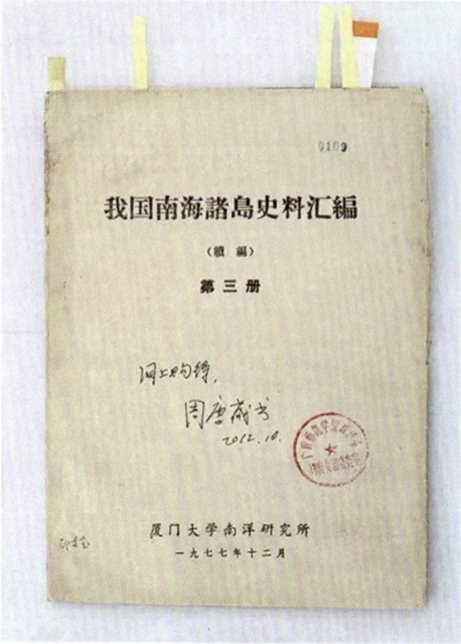

◎周伟民用于研究更路簿的资料

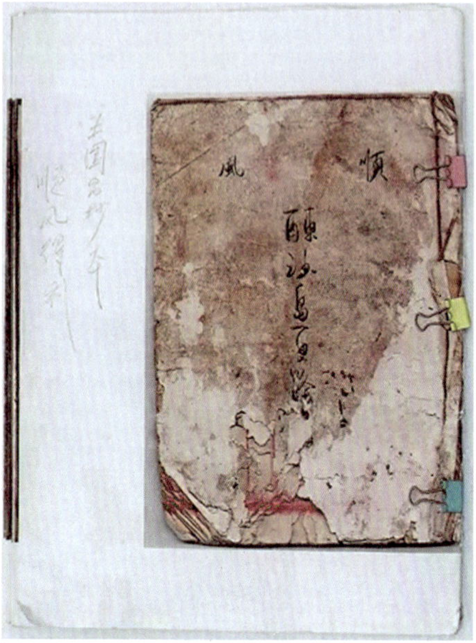

◎ 更路簿手抄本

导致国家在进行古籍、民国文献普查或可移动文物普查时，这些更路簿是完全“消失”的。换句话说，媒体与学界的关注让更路簿大名鼎鼎，但当人们在全国权威数据平台中寻找时，它却是难觅踪影。普查不到在一定程度上也就意味着保护的缺失。

“更路簿作为一种手抄文献，可按照古籍和民国文献进行分类，即使不属于以上两类的现代的更路簿，也可进入公藏机构，列入收藏类别。”海南省古籍保护中心办公室（海南省图书馆地方文献与古籍部）主任、副研究馆员乔红霞说。

虽然更路簿已被列入第二批国家级非物质文化遗产保护目录，但这仅是对更路簿这项技艺的保护而并非对这些纸质文献资源的保护。

那么，这些尚在私人手中的更路簿是否有可能放入公藏单位中呢？

◎周伟民与夫人唐玲玲共同出版的《南海天书——海南渔民“更路簿”文化诠释》原稿

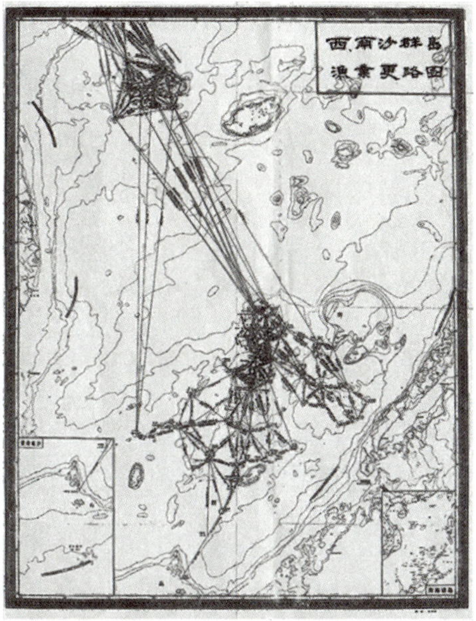

◎更路图

“对于这种情况，公藏单位可以进行征集。出于对老船长们的传承的尊重，可以用他们的名字来命名相应的更路簿。此外，私人也可以通过与图书馆或博物馆这些机构协商进行托管，所有权仍归私人。私人保管条件十分有限，因此对于这些宝贵的纸质文献来说最好是能由图书馆、博物馆这样的公藏单位征集或托管，纳入国家文献资源保护体系。专业的机构拥有完善的保管条件及制度化的文献管理办法。所以，由它们来保管，更路簿的寿命会更长。”乔红霞说。

挖掘深层价值，发展现代学术

“更路簿记载的是航线，但它的意义绝不仅仅就是航线，还有古代渔民的出海情况。”乔红霞说，人们应该看到这背后更为丰富的资源。犹如丝绸之路所蕴含的并非只是一条线路上的往来，“虽是航道、线路，但其实已辐射为文化圈。应该以文献带动文化，让更路簿这样的珍贵资源从小众走向大众”。

当更路簿从私人收藏转为面向公众时，学术研究、展览宣传等都可以让它在现代“活”起来。同时，人们可以对它进行从内容到形式的全面研究，从而逐步形成学术类别、知识门类。乔红霞说：“它所代表的其实是南海文化。辐射开来，水文、生态资源、政治、经济等都是可以进行学术研究的。”

莫高窟里发现的敦煌文献承载的内容极为丰富，通过学术组织等的研究已形成敦煌学。海南省社科联研究员赵康太也曾表示，得益于周伟民、唐玲玲两位教授的努力，“也许因为《南海天书》的出现，一门新兴的学科——‘更路簿学’会随之而生”。周伟民在其著作中也提出基于资料丰富、拥有学理基础和学术空间等，可以尝试建立一门国际性的独立学科——“更路簿学”。

（《海南日报》尤梦瑜 / 文 宋国强 / 图）

南海诸岛
曾母暗沙
南
沙
群
岛

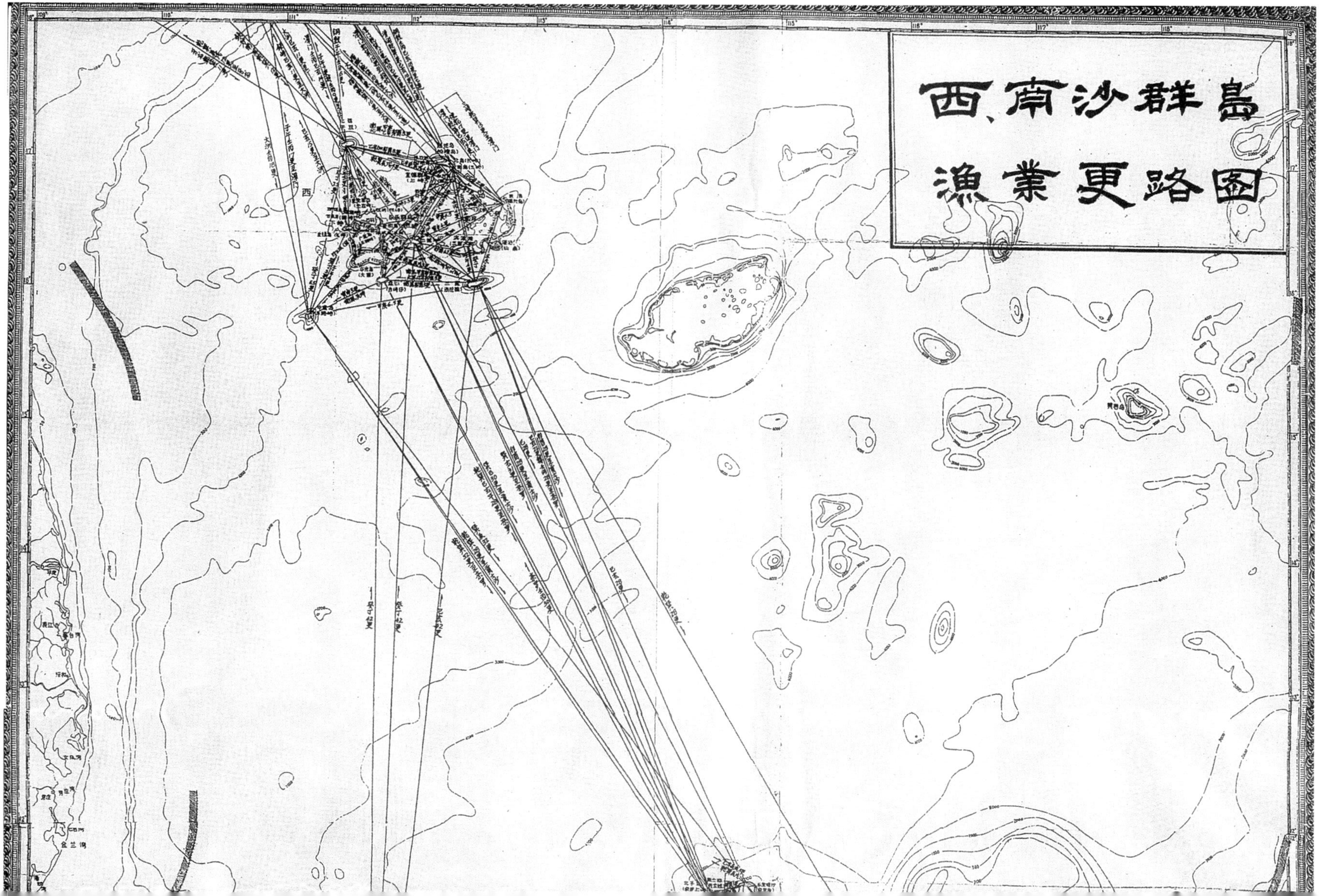
西、南沙群島
漁業更路图